就业与创业指导

JIUYE YU CHUANGYE ZHIDAO

邢志丽 白妮 薛伟 ◎ 主编

首都经济贸易大学出版社
Capital University of Economics and Business Press
·北京·

图书在版编目（CIP）数据

就业与创业指导/邢志丽主编． --北京：首都经济贸易大学出版社，2018.9
ISBN 978-7-5638-2867-8

Ⅰ.①就… Ⅱ.①邢… Ⅲ.①职业选择—高等职业教育—教材 Ⅳ.①G717.38

中国版本图书馆 CIP 数据核字（2018）第 214939 号

就业与创业指导
邢志丽 白 妮 薛 伟 主 编

责任编辑	刘元春 田玉春
封面设计	砚祥志远·激光照排 TEL：010-65976003
出版发行	首都经济贸易大学出版社
地　　址	北京市朝阳区红庙（邮编 100026）
电　　话	（010）65976483　65065761　65071505（传真）
网　　址	http：//www.sjmcb.com
E - mail	publish@cueb.edu.cn
经　　销	全国新华书店
照　　排	北京砚祥志远激光照排技术有限公司
印　　刷	北京玺诚印务有限公司
开　　本	787 毫米×1092 毫米　1/16
字　　数	486 千字
印　　张	19
版　　次	2018 年 9 月第 1 版　2018 年 9 月第 1 次印刷
书　　号	ISBN 978-7-5638-2867-8/G·423
定　　价	45.00 元

图书印装若有质量问题，本社负责调换
版权所有　侵权必究

内容简介

本教材以立德树人为宗旨,从筑梦领航——设计职业生涯,素养奠基——确立职业支点,准确定位——掌握就业知识,扬帆远航——创业指导,保驾护航——法律法规常识五大模块着手,详细阐述了解职业、认识自我、分析环境对职业生涯设计的指导意义,论述职场人应具备的职业素养,介绍就业准备、创业准备、职场权益维护等知识。

本教材作为职业院校的素质教育教材,从基本的工作情境入手,通过角色扮演、故事分享等激励学生主动学习和掌握职业指导知识,促进学生全面发展。

本教材适合高职和中职学生的素质养成教育。

前　言

本书是在认真学习理解把握习近平新时代中国特色社会主义思想的前提下，根据《国家中长期教育改革和发展规划纲要（2010—2020年）》、《高等职业教育创新发展行动计划（2015—2018年）》和教育部印发的《中等职业学校职业指导工作规定》（2018年5月）中关于对学生进行职业指导教育的要求，结合学生的实际编写的，旨在把工匠精神刻入职业院校学生的心中，并以此指导自己进行合理的职业生涯设计，顺利找到合适工作的素质教育教材。

教材的特色

1. 以习近平新时代中国特色社会主义思想为指导，紧紧把握时代的脉搏，与时俱进。

2. 以学生体验为切入点，注重知行合一。教材共设计工作情境、活动体验、自我评估等栏目为学生提供体验的情境。

3. 案例引领，让学生更易于理解和掌握，同时激发学生的学习兴趣。

4. 本教材的架构是模块教学，既有联系又自成体系，可以根据素质教育的要求在不同学期学习不同的模块内容。

教材的主要内容

本教材以"立德树人"为引领，设计五大模块的内容。模块一：筑梦领航——设计职业生涯。这一模块介绍习近平新时代中国特色社会主义思想，引导学生肩负新时代使命，将青春梦融入中国梦，正确认识自己，客观分析环境，设计职业生涯，做好学业规划。模块二：素养奠基——确立职业支点。这一模块介绍四部分内容，分别是职业道德、工匠精神、职场感恩、可持续发展。模块三：准确定位——掌握就业知识。这一模块主要阐述企业实践、就业心理准备、就业求职准备、就业能力准备四部分内容。模块四：扬帆远航——创新创业指导。这一模块主要阐述专注细节——为创业提速，优质服务——助创业成功，创业者特质，创业实施流程等四个方面的内容。模块五：保驾护航——法律法规常识。这一模块主要介绍就业方面涉及的法律常识，比如就业协议书、劳动法、劳动合同法，创业方面的法律如合同法、公司法、合伙企业法等。

本书为素质教育系列教材之一，素质教育系列教材由刘玉娟担任总主编，本教材的主编是邢志丽、白妮、薛伟，副主编是孔跃、于艳娜、鲁晓静、王玉。参与编写的教师有蔡一品、单越、徐鹏、丁俏竹、王雪、张晔、韩威。

由于编者水平所限，书中如有不足之处敬请使用本书的师生与读者批评指正，以便修订时改进。如读者在使用本书的过程中有其他意见或建议，恳请向编者提出宝贵意见。

目 录 Contents

模块一 筑梦领航——设计职业生涯 / 1
 职业生涯设计，奋斗的青春更美丽 / 2
 项目一 筑梦领航 / 3
  第一节 习近平新时代中国特色社会主义思想 / 3
  第二节 肩负新时代使命，将青春梦融入中国梦 / 9
 项目二 职业规划 / 16
  第一节 正确认识自我——职业生涯设计的基础 / 16
  第二节 客观分析环境——职业生涯设计的条件 / 31
  第三节 合理制定目标——职业生涯设计的关键 / 45
  第四节 科学规划学业——职业生涯设计的保证 / 55

模块二 素养奠基——确立职业支点 / 71
 培育工匠精神，追求无悔青春 / 72
 项目一 职业素养 / 73
  第一节 培养职业道德，提升职业素养 / 73
  第二节 培育工匠精神，提高职业能力 / 81
 项目二 助力起航 / 92
  第一节 做到职场感恩，为职业发展扬帆 / 92
  第二节 拥有可持续发展思维，为职业发展续航 / 106

模块三 准确定位——掌握就业知识 / 121
 脚踏实地，拥有亮丽的青春 / 122
 项目一 企业实践——入职前的必修课 / 123
 项目二 就业指导 / 134
  第一节 就业心理准备——让职业定位更准确 / 134
  第二节 就业求职准备——让职业选择更有效 / 148

目录 Contents

第三节　就业能力准备——让第一份职业更出色 / 165

模块四　扬帆远航——创新创业指导 / 181
开拓创新，放飞青春梦想 / 182
项目一　扬帆远航 / 183
第一节　专注细节——为创业提速 / 183
第二节　优质服务——助创业成功 / 201
项目二　创业指导 / 212
第一节　创业者特质 / 212
第二节　了解创业流程——让创业更顺利 / 225

模块五　保驾护航——法律法规常识 / 239
学法、懂法、守法——让青春无憾 / 240
项目一　就业法律常识 / 241
第一节　就业协议书 / 241
第二节　《中华人民共和国劳动法》有关常识 / 248
第三节　《中华人民共和国劳动合同法》有关常识 / 257
项目二　创业法律常识 / 273
第一节　《中华人民共和国合同法》有关常识 / 273
第二节　《中华人民共和国公司法》有关常识 / 282
第三节　《中华人民共和国合伙企业法》有关常识 / 287

参考文献 / 295

模块一

筑梦领航——设计职业生涯

职业生涯设计，奋斗的青春更美丽

职业生涯是一个人终生经历的所有职业发展阶段，即职业、职位的变动以及工作理想实现的整个过程。职业生涯不仅仅是职业活动，而且包括与职业有关的行为和态度等内容，据调查统计，大部分人平均职业生涯用的时间占可利用社会活动时间的71%~92%。所以，职业生涯的状况直接影响着人生的质量，职业生涯的成功与失败成为我们人生成功与否的重要参照系，如此也就决定了我们必须对自己的职业生涯进行提早准备和规划。

那么，如何选择和设计自己的职业生涯？作为职业院校的学生来说这也是入学后必须面对的第一课。在这一模块中，我们对职业生涯设计应该参考的几个部分进行了详细的阐述。

时代造英雄，任何人的成长都离不开自己所处的时代，我们现在正处于实现伟大复兴中国梦的中国特色社会主义新时代。所以在第一章将贯彻落实十九大精神，深刻领会习近平新时代中国特色社会主义思想作为重要内容进行概括性的阐述，这一部分内容的增加也在告诉我们要时时关注和了解国家的政策方针，了解和掌握国际国内的形势，明确自己肩上的责任。

内因是变化的根据，设计自己的职业生涯首先要了解"我是谁""我要做什么""我能做什么""我会做什么"，并以此为基础对自己的职业生涯进行合理的设计。客观环境分析：一是要明确客观环境的制约作用；二是要充分了解客观环境，包括了解社会环境、就业形势、企业的用人标准，还要了解自己的家庭环境，从现实出发，客观合理地设计自己的职业生涯。

有目标才有方向，有梦想才有动力。大学生活应该如何度过？首要的是要确立职业目标，从而设计好学习目标，制定出学习规划。

当然，设计职业生涯起决定作用的是知行合一。知道了怎样设计自己的职业生涯只是一个前提，关键是如何去践行，让自己的设计得以实现。这就需要不断的努力，需要不懈的坚持，更需要不断的调整，用自己的勤奋与拼搏去赢得今后更加精彩的人生。

项目一　筑梦领航

第一节　习近平新时代中国特色社会主义思想

2017年10月18日，在中国共产党第十九次全国代表大会上习近平总书记首次提出"新时代中国特色社会主义思想"。新时代中国特色社会主义思想是全党全国人民为实现中华民族伟大复兴而奋斗的行动指南。2017年10月24日，中国共产党第十九次全国代表大会通过了关于《中国共产党章程（修正案）》的决议，习近平新时代中国特色社会主义思想写入党章。

　**工作情境**

测一测你对党的十九大精神和习近平新时代中国特色社会主义思想知识掌握多少？

（1）新时代中国特色社会主义思想，明确坚持和发展中国特色社会主义，总任务是实现（　①　）和（　②　），在全面建设小康社会的基础上，分两步走，在本世纪中叶建成富强民主文明和谐（　③　）的社会主义现代化强国。

（2）明确新时代我国社会主要矛盾是（　④　）和（　⑤　）之间的矛盾，必须坚持以（　⑥　）为中心的发展思想，不断促进人的全面发展、全体人民共同富裕。

（3）明确中国特色社会主义事业总体布局是（　⑦　）、战略布局是（　⑧　），强调坚持（　⑨　）自信、（　⑩　）自信、（　⑪　）自信、（　⑫　）自信。

（4）党的十九大报告中"贯彻新发展理念，建设现代化经济体系"，包括：1.深化（　⑬　）结构性改革，2.加快建设创新型国家，3.实施乡村振兴战略，4.实施区域协调发展战略，5.加快完善社会主义市场经济体制，6.推动形成（　⑭　）新格局。

（5）党的领导是人民当家做主和依法治国的（　⑮　）。人民代表大会制度是坚持党的领导、人民当家做主、依法治国有机统一的（　⑯　）。

（6）培育和践行社会主义核心价值观。社会主义核心价值观是当代中国精神的（　⑰　），凝结着全体人民共同的价值追求。

（7）坚持和平发展道路，推动构建人类命运共同体。中国将高举和平、（　⑱　）、（　⑲　）、（　⑳　）的旗帜，恪守维护世界和平、促进共同发展的外交政策宗旨，坚定不移在和平共处五项原则基础上发展同各国的友好合作，推动建设相互尊重、公平正义、合作共赢的新型国际关系。

（8）新时代中国特色社会主义思想，是对（㉑）、（㉒）、（㉓）、（㉔）、（㉕）的继承和发展，是马克思主义中国化最新成果，是党和人民实践经验和集体智慧的结晶。

答案：
①社会主义现代化　②中华民族伟大复兴　③美丽　④人民日益增长的美好生活需要　⑤不平衡、不充分的发展　⑥人民　⑦"五位一体"　⑧"四个全面"　⑨道路　⑩理论　⑪制度　⑫文化　⑬供给侧　⑭全面开放　⑮根本保证　⑯根本政治制度安排　⑰集中体现　⑱发展　⑲合作　⑳共赢　㉑马克思列宁主义　㉒毛泽东思想　㉓邓小平理论　㉔"三个代表"重要思想　㉕科学发展观

每空四分，满分一百分，测测你得了多少分？

情境分析

青年学生要认真学习习近平新时代中国特色社会主义思想，深入贯彻党的十九大精神，不忘初心、牢记使命，在习近平新时代中国特色社会主义思想指引下做一名讲规矩、守纪律、敢担当、有作为的新时代青年。

知识泉眼

（一）习近平新时代中国特色社会主义思想

党的十八大以来，以习近平同志为核心的党中央坚持以马克思列宁主义、毛泽东思想、邓小平理论、"三个代表"重要思想、科学发展观为指导，坚持解放思想、实事求是、与时俱进、求真务实，坚持辩证唯物主义和历史唯物主义，紧密结合新的时代条件和实践要求，以全新的视野深化对共产党执政规律、社会主义建设规律、人类社会发展规律的认识，进行艰辛理论探索，取得重大理论创新成果，创立了习近平新时代中国特色社会主义思想。

1. 思想内核

八个明确、十四个坚持，是习近平新时代中国特色社会主义思想的具体展开和内涵逻辑，从世界观和方法论的高度，系统全面地回答了中国特色社会主义进入新时代后，中国共产党的"新目标""新使命"，以及面临的"新矛盾"等一系列带有根本性的问题，与治党治国治军的各方面工作紧密相连，既有理论高度，更具实践价值，将指导我们更好地坚持和发展中国特色社会主义。

（1）八个明确如下。

——明确坚持和发展中国特色社会主义，总任务是实现社会主义现代化和中华民族伟大复兴，在全面建成小康社会的基础上，分两步走在本世纪中叶建成富强民主文明和谐美丽的社会主义现代化强国。

——明确新时代我国社会主要矛盾是人民日益增长的美好生活需要和不平衡、不充分的发展之间的矛盾，必须坚持以人民为中心的发展思想，不断促进人的全面发展、全体人民共同富裕。

——明确中国特色社会主义事业总体布局是"五位一体"、战略布局是"四个全面"，强调坚定道路自信、理论自信、制度自信、文化自信。

——明确全面深化改革总目标是完善和发展中国特色社会主义制度、推进国家治理体系和治理能力现代化。

——明确全面推进依法治国总目标是建设中国特色社会主义法治体系、建设社会主义法治国家。

——明确党在新时代的强军目标是建设一支听党指挥、能打胜仗、作风优良的人民军队，把人民军队建设成为世界一流军队。

——明确中国特色大国外交要推动构建新型国际关系，推动构建人类命运共同体。

——明确中国特色社会主义最本质的特征是中国共产党领导，中国特色社会主义制度的最大优势是中国共产党领导，党是最高政治领导力量，提出新时代党的建设总要求，突出政治建设在党的建设中的重要地位。

（2）十四个坚持发如下。

——坚持党对一切工作的领导。

——坚持以人民为中心。

——坚持全面深化改革。

——坚持新发展理念。

——坚持人民当家做主。

——坚持全面依法治国。

——坚持社会主义核心价值体系。

——坚持在发展中保障和改善民生。

——坚持人与自然和谐共生。

——坚持总体国家安全观。

——坚持党对人民军队的绝对领导。

——坚持"一国两制"和推进祖国统一。

——坚持推动构建人类命运共同体。

——坚持全面从严治党。

以上十四条，构成新时代坚持和发展中国特色社会主义的基本方略。

2. 载入宪法

2018年3月11日，习近平新时代中国特色社会主义思想载入宪法。宪法修正案明确了习近平新时代中国特色社会主义思想在国家政治和社会生活中的指导地位。习近平新时代中国特色社会主义思想是马克思主义中国化的最新成果，是党和人民实践经验和集体智慧的结晶，是党的十八大以来党和国家事业取得历史性成就、发生历史性变革的根本的理论指引，其政治意义、理论意义、实践意义，在党内外、在全国上下已经形成了广泛的高度认同。

3. 现实意义

习近平新时代中国特色社会主义思想，是对十八大以来我们党理论创新成果的最新概括和表述，系统回答新时代坚持和发展什么样的中国特色社会主义、怎样坚持和发展中国特色社会主义等重大问题。这是全党全国各族人民为实现中华民族伟大复兴而奋斗的行动指南，为新时代坚持和发展中国特色社会主义、推进党和国家事业提供了基本遵循，为发展21世纪马克思主义、当代中国马克思主义做出了历史性贡献。

孙春兰：办好新时代职业教育，培养高素质技术技能人才

中共中央政治局委员、国务院副总理孙春兰2018年5月6日至7日在天津调研职业教育工作，并出席2018年全国职业教育活动周启动仪式暨全国职业院校技能大赛开幕式。她强调，要坚持以习近平新时代中国特色社会主义思想为指导，认真贯彻党中央、国务院决策部署，加快构建现代职业教育体系，培养更多高素质技术技能人才，为建设现代化经济体系、加快实体经济发展、推动产业转型升级、促进就业创业、增进民生福祉提供有力支撑。

在天津期间，孙春兰实地考察了天津轻工业职业技术学院、城市职业学院、第一商业学校、职业技术师范大学，深入了解鲁班工坊、实训基地、人才培养等情况，并召开职业教育工作座谈会，听取有关省市、行业企业和职业院校师生的意见建议。她指出，推动经济高质量发展，加快发展先进制造业和现代服务业，助力精准扶贫，为青年提供更多人生出彩的机会，迫切需要发展高质量职业教育。要坚持服务发展、促进就业的办学方向，围绕培养社会主义建设者和接班人的根本使命，完善人才培养体系，深化产教融合、校企合作，建设一批高水平职业院校和专业，提升人才培养质量。加强"双师型"教师队伍建设，打通校企人才双向交流渠道，吸引更多具有深厚理论知识和丰富实践能力的人才到职业院校任教。加快形成多元办学格局，统筹财政、税收、土地等政策，为企业兴办职业教育降成本、清障碍，激发社会力量参与职业教育的内生动力。加强职业教育标准体系建设，探索完善国家资历框架，推动学历、学位同职业资格及其他学习成果互认衔接。健全人才评价体系，畅通人才成长"立交桥"，广泛宣传技术技能人才的劳动成果和价值，推动提升他们的地位待遇，营造劳动光荣、技能宝贵、创造伟大的良好社会氛围。

孙春兰勉励广大职业院校学生志存高远、脚踏实地、苦练本领，干一行、爱一行、精一行，弘扬劳模精神和工匠精神，用精湛技艺书写精彩人生，展现新时代技术技能人才的良好风采。

——摘自新华网

（二）提高技术工人待遇

提高技术工人待遇，是习近平新时代中国特色社会主义思想的重要组成部分。

党的十九大明确指出，我国的人才基础是技能人才，特别是高技能人才。技能人才是推动产业转型升级、经济发展迈进中高端的主力军，高技能领军人才担负着高精尖制造领域技术攻关和重大科技成果转化的重大任务。培养更多的高技能领军人才和稳定高技能领军人才队伍尤为重要。完善高技能领军人才的年均工资，要充分体现他们逐年积累的劳动贡献和技能贡献，稳定高技能领军人才企业工作岗位，鼓励他们在技术岗位上多做贡献。总之，既要为高技能领军人才创造职业发展环境，又要稳定提高他们的待遇，才能培养出更多的高技能领军人才，使他们在企业中创造出更多的经济价值和发展成果。

让劳动者得实惠、享荣光，是激发劳动者创造力的必由之路。习近平总书记强调，"要努力让劳动者实现体面劳动、全面发展"。从《新时期产业工人队伍建设改革方案》规划的路径，到《关于提高技术工人待遇的意见》释放的红利，劳动者更有保障、更有尊严。大力弘扬劳模精神和工匠精神，涵养劳动情怀和劳动品格，在全社会营造劳动光荣、知识崇高、人才宝贵、创造伟大的氛围，才能让一切活力竞相迸发、一切源泉充分涌流，凝聚起亿万人民劳动创造的磅礴力量。

让技能报国成为新时代强音

2017年10月13日，历史写下了值得记录的一笔，中国上海申办2021年第46届世界技能大赛成功！让我们为繁荣发展的祖国欢呼，为广大的技能劳动者欢呼。

习近平总书记对此高度重视，不仅在申办报告中作书面致辞，更在申办现场陈述中发表视频讲话，这是期盼更是坚定的支持。李克强总理在今年4月初，专门会见了到中国进行考察评估的世界技能组织主席西蒙·巴特利一行，表明了中国政府支持上海申办世界技能大赛，愿意同世界技能组织加强合作、推动技能运动理念传播、提升中国数以亿计劳动者技能水平的坚定态度。当前，我国技能人才队伍正在蓬勃发展，拥有技能劳动者1.65亿人，高技能人才达到4 791万人，每年接受职业教育和培训的人数超过1亿人次，为经济建设提供着强大的人力人才支撑。随着产业升级、技术进步、动能转换步伐的加快，时代的新发展对技能人才队伍建设提出新要求。如期举办世界技能大赛，让全球最优秀的技能青年齐聚中国同台竞技，必将带动我国广大高技能人才瞄准国际先进水平、潜心钻研技术的信心，更能不断提高我国技能人才素质和能力，形成支撑中国制造、中国创造的高素质技能人才队伍，为推动中国制造迈上中高端提供坚强保障。

——摘自2018年5月1日人民日报社《用劳动书写我们的新时代》

 "我"的观点

世界技能大赛（以下简称世赛）享有"世界技能奥林匹克"的美誉，是最高层级的世界性职业技能赛事，代表着职业技能发展的世界先进水平。当此大发展大变革大融合的伟大新时代，技能发展需要新的活力，青年需要新的经济发展，产业升级和技术进步赋予职业技能新内涵、新要求。举办世赛，必将带动全国民众尤其是近2亿青少年关注、热爱、投身技能活动，进一步厚植精益求精的工匠精神，涵养技能报国的时代文化，让技能人才成为实施制造强国战略源源不断的内生动力。

（三）用劳动书写我们的新时代

如今，中国特色社会主义进入新时代，新的征程在我们脚下展开，更需要弘扬劳动的精神价值、唱响劳动的时代赞歌，以拼搏赓续传统、以奋斗开创明天。

劳动最光荣、劳动最崇高、劳动最伟大、劳动最美丽。"民生在勤，勤则不匮"。具有伟大奋斗精神的中国人民，始终革故鼎新、自强不息。我们今天所拥有的一切，莫不凝聚着劳动者的聪明才智，浸透着劳动者的辛勤汗水，蕴涵着劳动者的牺牲奉献。从温饱到小康，从封闭到开放，迎接从站起来、富起来到强起来的伟大飞跃，最大的变化源于劳动者，最高的成就属于劳动者，最美的梦想系于劳动者。千千万万的劳动群众，共同书写下伟大事业的崭新篇章，共同收获了中华民族的无上荣光。

 小资料

教育部原副部长鲁昕："一带一路"建设须发挥职业教育作用

"推进'一带一路'建设关键在人才，根本在教育。职业教育是国民教育和人力资源开发的重要组成部分，是广大青年打开通往成功成才大门的重要途径，肩负着培养多样化人才、传承技术技能、促进就业创业的重要职责。"中央新疆工作协调小组办公室副主任、教育部原副部长、第十三届全国政协委员鲁昕在深圳职业技术学院召开的"一带一路"职业教育国际研讨会开幕式上做出如上表述。

鲁昕认为，深圳是中国改革开放的前沿，是创新发展的典范。深圳职业技术学院是培养高素质技术技能人才的中国示范，是向实体经济、现代服务业输送一线技术技能人才的"中国榜样"。

鲁昕向与会代表介绍说，中国具有世界上规模最大的职业教育，每年在校生2 900万人，培训各类技术技能人才200多万人。中国具有覆盖所有制造业和服务业的职业教育专业，从中职到高职，各类专业已达1 000多个，且覆盖了所有行业、企业、生产一线的专业岗位、技术技能岗位。

"中国政府有能力、有意愿与'一带一路'沿线国家密切合作和相互学习。"鲁昕说。推进"一带一路"建设,必须要充分发挥职业教育的作用,因为职业教育可以对"一带一路"建设项目提供其他教育不可替代的人才和技术技能支撑。

"中国愿意与各国加强职业教育合作,积极推进职业教育服务'一带一路'建设。"鲁昕向与会代表表示,中国将继续吸收借鉴各国职业教育的好经验、好做法,不断提升中国职业教育的质量和水平,在世界职业教育发展中继续发挥建设性作用,为世界各国职业教育迈向更高水平做出新的贡献。

——摘自2018年5月1日人民日报社《用劳动书写我们的新时代》

"我"的观点

凯歌奋进,扬帆远航。我们用劳动书写新时代,在变革中成就伟大梦想。决胜全面建成小康社会、建设社会主义现代化强国、实现中华民族伟大复兴,党的十九大描绘了未来中国的宏伟蓝图,这一蓝图必将在改革开放的进程中变成现实。我们只有继续鼓起敢闯敢试的勇气,激荡自我革新的智慧,肩负舍我其谁的担当,才能迸发出劳动创造的力量,推动梦想之舟在新时代破浪前行,抵达梦想的彼岸。

第二节 肩负新时代使命,将青春梦融入中国梦

小资料

中国梦属于中国青年

泱泱华夏,源远流长。青年一代的理想信念、精神状态、综合素质,是一个国家发展活力的重要体现,也是一个国家核心竞争力的重要因素。习近平总书记深刻指出,青春理想、青春活力、青春奋斗,是中国精神和中国力量的生命力所在。

回望历史,青春也是我们党与生俱来的优秀基因。中共一大的13名代表平均年龄仅27.7岁。从那时起,我们党取得的所有成就都凝聚着青年的热情和奉献。

十年树木,百年树人。习近平总书记在庆祝中国共产党成立95周年大会上强调:"全党要关注青年、关心青年、关爱青年,倾听青年心声,做青年朋友的知心人、青年工作的热心人、青年群众的引路人。"他要求各级党委和政府要充分信任青年、热情关心青年、严格要求青年,为青年驰骋思想打开更浩瀚的天空,为青年实践创新搭建更广阔的舞台,为青年塑造人生提供更丰富的机会,为青年建功立业创造更有利的条件。

对于这个要求,他率先垂范,身体力行。

"五四",一个专属于青年人的符号。每年的这一天,不仅是青年人自己的节日,更是纪念五四运动、弘扬五四精神的重要日子。回顾党的十八大以来这些年,习近平总书记夙夜在公、日理万机,但不管他有多忙,五四的时间总是留给青年人的!

——2013年5月4日,习近平总书记来到中国航天科技集团公司中国空间技术研究院,参加"实现中国梦、青春勇担当"主题团日活动,同各界优秀青年代表座谈,共话中国梦。

——2014年5月4日,恰逢五四运动95周年,在这个充满纪念意义的时刻,习近平总书记来到了五四运动的策源地北京大学,并就如何树立和践行社会主义核心价值观,与北大的师生进行了交流。

——2015年5月4日,习近平总书记在北京会见时任中国国民党主席朱立伦时,也谈到了两岸青年的共同成长。他说,青年是民族的未来,也是两岸的未来。我们要更多关注两岸青年成长,为他们提供更多机会和舞台,让他们多交流多交心,成为共同打拼的好朋友好伙伴。

——2016年五四前夕,习近平总书记在安徽合肥主持召开知识分子、劳动模范、青年代表座谈会并发表重要讲话。他亲切勉励广大青年要充分展现自己的抱负和激情,胸怀理想、锤炼品格、脚踏实地、艰苦奋斗,不断书写奉献青春的时代篇章。

——2017年五四前夕,习近平总书记参加了中国政法大学青年学生们的主题团日活动,勉励当代青年要树立与这个时代主题同心同向的理想信念,勇于担当这个时代赋予的历史责任。

——2018年5月2日,在五四青年节和北京大学建校120周年校庆来临之际,习近平总书记再次来到北京大学考察,同师生座谈并发表重要讲话,向广大青年提出"爱国、励志、求真、力行"的四点希望。

"古今中外,每个国家都是按照自己的政治要求来培养人的""我衷心希望每一个青年都成为社会主义建设者和接班人,不辱时代使命,不负人民期望。"总书记的关怀足迹和殷殷话语真诚坦荡,闪耀着理性的光芒,如同一轮皎皎明月高悬空中,向世人昭示着,中国的未来属于青年,中华民族的未来也必定属于青年!

——摘自新华网

 工作情境

2018年5月16日,在杭州西湖府苑小学一个班级自发组织的关于"我的梦想是什么?"这一主题的演讲比赛中,一名小学生的短短两分钟的演讲视频瞬间传遍网络,被各大媒体、网络争相转载!原因竟是这个学生一口说出"我的梦想是发财!"当别的孩子谈及自己的梦想时,答案是科学家、宇航员、老师、警察,等等,这个孩子的答案瞬间震惊了现场的家长,"我的梦想是发财!我不像前面几个人那么伟大,赚了钱就捐款什么的,努力了一辈子,好不容易发了点财,还是为别人发的,太不实际了!"孩子的话音刚落,台下响起了家长的阵阵笑声和掌声。

看到以上这则新闻，某技工院校的几名学生在课间发表了自己的看法。

甲同学说："这个孩子比较率真，童言无忌，梦想本来就没有标准答案，发财梦肯定戳中了很多人的心，他的话也说到我的心坎里，现在只有挣钱才是第一位的，将来咱们工作为了什么，不就是为了挣钱吗？"

乙同学说："在应该做梦的年龄，他说出了真诚的梦想，没有错，但是不应该金钱至上，这个小学生的家长应该积极引导孩子，树立孩子正确的价值观和人生观，除了金钱还有好多是我们年轻人应该追求的东西。"

丙同学说："我的梦想就是当一名企业家，有名的企业家对社会贡献很大，不仅自己获得了财富，还能为其他人提供就业岗位，引领行业发展呢。"

丁同学说："虽然他说的话有点幼稚，但是小学生就能思考人生，谈梦想，值得点赞。梦想，顾名思义，做梦都想，每个人都有自己的梦想，你有梦想，我有梦想，国家也有梦想，这就是中国梦，也是每个中国人的梦。"

…………

情境分析

孩子演讲中的一句"我的梦想是发财"，想有钱并没有错，但"君子爱财，取之有道，用之有度。"关键是看如何得到金钱，怎么使用金钱。生活中不乏很多一夜暴富的人，但由于没有把控这些财富的能力，用在不正确甚至违法的地方，挥霍无度，一贫如洗。每个人都想生活富裕，幸福健康，习近平总书记说："人民对美好生活的向往，就是我们的奋斗目标。"大家都在讨论中国梦，每个人也应有自己的梦想，那么什么是中国梦？如何让自己的梦想变成现实？如何实现我们的中国梦呢？

知识泉眼

（一）中国梦

1. 中国梦的提出

2012年11月29日，与人民大会堂隔天安门广场相望的国家博物馆，当选中共中央总书记不久的习近平在参观"复兴之路"展览时，第一次阐释了"中国梦"的概念。他说："大家都在讨论中国梦。我认为，实现中华民族伟大复兴，就是中华民族近代以来最伟大的梦想。"他称，到中国共产党成立100年时全面建成小康社会的目标一定能实现，到新中国成立100年时建成富强民主文明和谐的社会主义现代化国家的目标一定能实现，中华民族伟大复兴的梦想一定能实现。2013年3月17日，中国新任国家主席习近平在十二届全国人大一次会议闭幕会上，向全国人大代表发表自己的就任宣言。在将近25分钟的讲话中，习近平9次提及"中国梦"，44次提到"人民"，共获得了10余次掌声，有关"中国梦"的论述更一度被掌声打断。他说,中国梦归根到底是人民的梦,必须紧紧依靠人民来实现,必须不断为人民造福。

 小资料

习近平谈中国梦

我们不能有丝毫自满,不能有丝毫懈怠,必须再接再厉、一往无前,继续把中国特色社会主义事业向前推进,为实现中华民族伟大复兴的中国梦而努力奋斗。每个人都有理想和追求,都有自己的梦想。大家都在讨论中国梦,我认为,实现中华民族伟大复兴,就是中华民族近代以来最伟大的梦想。这个梦想,凝聚了几代中国人的夙愿,体现了中华民族和中国人民的整体利益,是每一个中华儿女的共同期盼。历史告诉我们,每个人的前途命运都同国家和民族的前途命运紧密相连。国家好,民族好,大家才会好。实现中华民族伟大复兴是一项光荣而艰巨的事业,需要一代又一代中国人共同为之努力;空谈误国,实干兴邦。中国梦追根究底是人民梦。中国梦的最大特点,就是把国家、民族和个人作为一个命运共同体,把国家利益、民族利益和每个人的实际利益紧紧联系在一起。所以习近平总书记说,"中国梦是民族的梦,也是每个中国人的梦;国家好,民族好,大家才会好;人民对美好生活的向往,就是我们的奋斗目标。"

——摘自新华网

2. 中国梦的内涵和实现路径

中华民族伟大复兴的中国梦,包含着丰富的思想内涵,其中最核心的内容是国家富强、民族振兴、人民幸福。实现中国梦必须坚持走中国道路、弘扬中国精神、凝聚中国力量。

走中国道路,就是走中国特色社会主义道路。道路决定命运。没有正确的道路,再美好的愿景、再伟大的梦想,都不能实现。我们必须坚定中国特色社会主义的道路自信,自信就是凝聚力、自信就是精气神。有了坚定的自信才有自觉,有了坚定的自信才有自强,才能矢志不渝地为中国特色社会主义共同理想而奋斗,才能实现伟大的中国梦。

弘扬中国精神,就是弘扬以爱国主义为核心的民族精神和以改革创新为核心的时代精神。伟大的梦想,需要伟大的精神作为支撑。没有振奋的精神、没有高尚的品格、没有坚定的志向,一个民族不可能自立于世界民族之林。实现中国梦,我们不仅要在物质上强大起来,更要在精神上强大起来。

凝聚中国力量,就是要凝聚全国各族人民大团结的力量。中国梦是民族的梦,也是每个中国人的梦。只要我们紧密团结,万众一心,为实现共同梦想而奋斗,实现梦想的力量就无不强大,我们每个人实现梦想就拥有更广阔的空间。

（二）新时代青年人如何实现自己的中国梦

当代青年是同新时代共同前进的一代。这是他们最大的人生际遇，也是最大的人生考验。每个青年都应该珍惜这个伟大时代，将自己的梦想融入中国梦中，在实现中华民族伟大复兴的中国梦时，刻苦学习、开拓创新，做新时代的奋斗者。

1. 在学习实践中实现中国梦

新时代的青年，首要任务就是刻苦学习科学文化知识、掌握过硬本领，将来为实现中国梦做出更大贡献。习近平总书记十分重视青年一代的学习，希望青年一代让勤奋学习成为青春飞扬的动力，他教导青年一代不能满足于碎片化的信息、快餐化的知识，同时，在掌握丰富知识、打深打牢基石的基础上，要做到掌握和发现事物发展的内在规律，求真学问，求真理，悟道理，明事理，在不断学习、不断实践中善于创新。这些都是习近平总书记对当代青年如何树立正确的学习观提出的新要求。

新时代的青年应认真学习党的十九大报告精神，努力学习，树立正确的世界观、人生观和价值观。坚定理想信念、练就过硬本领、勇于创新，作为新时代的年轻人，努力通过自身的学习实践锻炼增强本领，在基层工作中，学习好科学文化知识，并将所学的知识运用到工作实践中。每一项事业，不论大小，都要靠脚踏实地、一点一滴干出来；不论学习还是工作，更要面向实际，深入实践，实践出真知；更要严谨务实，一分耕耘一分收获。

2. 在开拓创新中实现中国梦

勇于创新，在创新中发展。时代在变迁，社会在进步，陈旧的思想已经适应不了广大青年胸怀理想，只有创新才能实现我们的梦想，最终实现民族复兴。个人梦想融入中国梦，既胸怀梦想、面向未来，又脚踏实地、艰苦奋斗，更要用自己爱岗敬业、创新创造、苦干实干的实际行动来实现梦想。年轻人刚踏入社会，对社会生活的现实问题难免认识不足，容易"空谈误国"，将实现"中国梦"停留在口号上。因此，学生们必须利用周末和节假日，走入社会，根据各自的专业实际，参加各类社会实践，发现现实的问题，然后根据自己所能解决一个又一个的现实问题，在现实中学会脚踏实地，立足国情，立足自身现实，敢于吃苦，勇挑重担，与时俱进，开拓创新。

3. 在青春奋斗中实现中国梦

"中国梦"里，有期盼也有实干。习近平总书记强调，中华民族的伟大复兴，绝不是轻轻松松、敲锣打鼓就能实现的，中国特色社会主义是干出来的。因此，我们要培养奋斗精神，永久奋斗，为实现中国梦而奋斗；要有严谨务实的作风，苦干实干，在新时代干出一番事业。

只有民族、国家全面科学发展，个人才能实现梦想。同样，只有每个人都充满激情，在青春中奋斗，"中国梦"才够美丽，才够坚实。我们要坚定理想信念，志存高远，脚踏实地，勇做时代的弄潮儿，在实现中国梦的生动实践中放飞青春梦想，我们要在报效祖国、服务人民中书写人生篇章。

 小资料

全国优秀共青团员袁强：奋斗的青春最美丽

2017年10月，第44届世界技能大赛（以下简称世赛）在阿联酋阿布扎比举行。在这次比赛中，中国代表团一举斩获历史最好成绩：金牌数、奖牌数、团体总分均位列世界第一。中国青年向世界展示了中国技能青年的青春风采，展示了"技能强国"的伟大力量。

在第44届世赛上，袁强获得工业控制项目金牌，这是山东省冲击世界技能大赛的首枚金牌，同时也是我国在世界技能大赛工业控制项目上首次实现金牌"零"的突破。

世界技能大赛被誉为"职业技能界的奥林匹克"，是目前世界上规模最大，人数最多，最具影响力的全球性职业技能赛事。在这次比赛中，袁强经过4天22小时奋力拼搏，战胜了来自世界21个国家和地区的选手。

身披五星红旗，站在世界冠军领奖台上的那一刻，袁强激动地喊出了"中国！中国！"袁强说："作为一名技校学生，很荣幸能登上世界技能大赛的巅峰，回首曾经为之付出的一切，无怨无悔！"

幸福都是奋斗出来的，只有奋斗的人生才是幸福的人生。对于这句话，袁强感受尤其深刻。袁强来自农村，中考落榜后，真的是万念俱灰，不知道自己以后怎么办，最后，父亲让他走进山东工业技师学院。在这所技工学校，袁强非常珍惜这来之不易的学习机会，认真学习专业知识，使自己掌握了一技之长。

2015年底，学校举办工业控制选拔比赛。袁强因为是初中毕业，基础比较差，第一次参加选拔考试就被淘汰了。但是，袁强没有因此而放弃，主动找到教练说："我想再试试。"教练觉得袁强平时比较能吃苦，学习认真，有一定悟性，决定给他一次旁听观摩训练的机会。正是这次机会，让袁强在新一轮的比赛中成功复活，成为学校的种子选手。乘胜追击，袁强与来自全国各地的选手展开技能比拼，最终斩获工业控制项目国赛第一名的好成绩，进入国家集训队，代表中国参加第44届世界技能大赛。

在接下来的训练中，袁强每天训练时长都在15小时左右，总共休息不到20天。夏天是最难熬的，温度接近40度，训练基地没有空调，只有几个吊扇，汗水浸湿了裤子，干了之后留下的是一道道的汗渍。但是，教练们还是严苛地要求袁强，所有的训练都是用秒来衡量。在这近两年时间集训中的16场比赛中，袁强15次获得第一名，1次获得第二名。

在袁强获得大赛金牌后，学校让他毕业后留校工作。现在，袁强已经成为一名"准老师"。袁强的家庭生活也发生了很大的改观，一家人不仅有了房子，还有了车子。

第45届世界技能大赛将于2019年在俄罗斯喀山举行，袁强表示，自己将毫无保留地把大赛中积累的经验都教给学生，让他们"青出于蓝，更胜于蓝"。

——摘自技能中国公众号

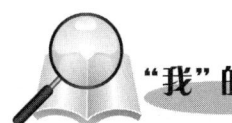 **"我"的观点**

习近平总书记在党的十九大报告中指出:"青年一代有理想、有本领、有担当,国家就有前途,民族就有希望。"通过参加世界技能大赛,袁强真心感到了"奋斗是幸福的","只有奋斗,才能成就无悔的青春!"希望同学们在学习中寻找乐趣,在奋斗中实现理想,勇做时代的弄潮儿,在实现中国梦的实践中,放飞青春的梦想!

马克思曾说,青春的光辉,理想的钥匙,生命的意义,乃至人类的生存、发展全包含在这两个字之中——奋斗!只有奋斗,才能治愈过去的创伤;只有奋斗,才是民族的希望和光明所在。1939年5月30日,庆贺模范青年大会在延安召开。毛泽东同志在讲话时说:"中国的青年运动有很好的革命传统,这个传统就是'永久奋斗'。我们共产党是继承这个传统的,现在传下来了,以后更要继续传下去。"习近平总书记也召唤中国当代青年:在奋斗中释放青春激情、追逐青春理想,以青春之我、奋斗之我,为民族复兴铺路架桥,为祖国建设添砖加瓦。

壮哉中国梦,美哉劳动者。新一轮改革大潮正在澎湃,宏伟的愿景目标已计日程功。让我们紧密团结在以习近平同志为核心的党中央周围,以辛勤劳动和不懈奋斗,绘就新时代的辉煌画卷,奏响民族复兴的雄浑乐章。新时代需要有新担当、新作为。实现中华民族伟大复兴的中国梦,广大青年生逢其时,也重任在肩。

 **活动体验**

与优秀毕业生面对面

步骤一:从历届毕业生中寻找本专业(或本系,甚至本校)工匠、劳模、技术能手、岗位能手等。

步骤二:组织与这些优秀的学哥、学姐进行沟通交流,确定交流会的时间、内容、地点。

步骤三:充分了解同学们要和优秀毕业生交流的问题、要解决的困惑、要获得的指导,设计好各种问题,并找好提出问题的代表。

步骤四:精心组织现场交流程序,留存有价值的资料。

步骤五:交流会后同学们可以写心得、交流体会,举办辩论赛、演讲比赛、征文比赛,等等。

项目二　职业规划

第一节　正确认识自我——职业生涯设计的基础

外国民间有句谚语：认识你自己，你就能认识整个世界。这说明，在认识自我和认识世界的过程中，最根本的是要充分地了解自己。认识自我是职业生涯规划的重要基础，要想成功规划自己的一生，首先必须去探索自己、发现自己、了解自己。能否打好这个基础，将关系着我们的职业生涯发展是否取得成功，即关系着能否容易找到自己职业生涯规划目标。我们要确定具体策略，规划一个适合自己、让自己满意的未来。

 工作情境

（一）活动——角色扮演

场景：教室中，课间。

袁仁同学每天拿着新买的手机爱不释手，一会儿玩游戏、一会儿看电影、一会儿塞上耳机……（有同学围在他身边议论着）。

上课铃声响起，老师走进教室，袁仁把手机放到了桌里。

老师开始提问："发动机点火前需要注意什么问题？"

"欧巴刚囊 Style……"激昂的乐曲瞬间穿透教室，原来他把彩铃设置为江南 Style，同学哄堂大笑，袁仁笑了笑，潇洒地说："搅扰，搅扰。"稍后大家恢复了平静。这时老师继续提问，可刚说了一半，激昂的旋律再次响起！

老师皱了皱眉，袁仁稍稍为难地说："这人真是的，电话挂了，还打，真是的！抱歉抱歉！"

说完索性接了电话："哥们，上课呢，挂你电话怎么还打？关照了啊，回头联系啊！啊！"

啪！撂了电话："怎么样？老师，我有决心吧，就是配合你工作！这哥们和我老铁了……"

话音没落"欧巴刚囊 Style ……"手机再次响起！

"这人怎么这么烦人！"一看号码，是另外一个电话，"这一天天的，老师你看看，你看看，我想我哥们肯定不会这么招人烦，这是另外一个电话！"

…………

（二）讨论

（1）袁仁同学是一个什么样的人？性格怎么样？他了解自己吗？

（2）上课电话响了这件事他处理得怎么样？有没有其他的处理方式？

（3）袁仁同学在看到别人不足之处，想没想到自己有哪些方面做得不对吗？

（4）如果走向工作岗位后，在处理一些工作问题时，这样做是否合适？若是你，你会怎样做？（可表演一下自己的做法）

情境分析

你的性格是什么？你的兴趣是什么？你处理问题都是如何进行的？你的思维方式通常是什么样的？你的能力如何？你会进行自我分析、自我评价吗？你思考过自己的价值观、人生观吗？

只有清晰地认识了个人特质后，才能正确选择适应社会、适合自己的职业，只有正确认识和实现社会角色的转变，才能准确认识人生价值、规划职业生涯。认识得越深入、越准确越能确定合乎实际的职业理想。这就需要掌握培养良好行为习惯的基本方法，完善自己的人格修养。

知识泉眼

认识自我

我是谁？我有怎样的性格？我有什么天赋？我能做什么？此类关于自身的问题，不知困扰多少人。要想在未来的社会中成就自己，就必须首先对自己有一个全面、深刻的认识。认识自我，是人生职业生涯规划的前提条件。

自我认知也称自我意识，即人对自己的行为和心理状态的认知，是指人在社会实践中，对自己的生理、心理、社会活动以及自己与周围事物关系的洞察和理解。"人贵有自知之明"，自我认知是自我调节的重要条件。如果一个人不能正确地认识自我，看不到自我的优点，觉得处处不如别人，就会产生自卑感，进而丧失信心，做事畏缩不前；相反，如果一个人过高地估计自己，则会骄傲自大、盲目乐观，导致工作出现失误。因此，清晰地认识自己，实事求是地评价自己，是调节自我和完善人格的重要前提。

（一）性格

性格是一个人对现实的稳定态度以及在习惯了的行为方式中表现出来的人格特征，是人对现实的态度和行为方式中比较稳定的心理特征的总和。如诚实或虚伪、勤劳或

懒惰、自信或自卑、勇敢或怯懦、果断或优柔寡断等都属于性格特征。每一个人都有这样或那样的性格特征，有些是和别人相似的、有些是个人独有的，有些是积极的、有些是消极的。一个人的各种性格特征交织在一起构成了他的性格。

1. 性格的形成

（1）遗传性与生理性的决定因素。每个人都有遗传的特征，如身高、体重、发色、容貌等，都受到父母所给予的基因的影响，而行为也是可以遗传的，行为遗传学中有一部分，是研究性格的遗传，同胞兄弟姐妹与遗传基因不相干的陌生人相比，遗传因素相近，其性格特质也相似。

（2）环境性与社会性的决定因素。在成长的过程中，一个人的种种经验都可能影响他性格的发展，人被管教得太严，或保护得太厉害，其依赖性也就比较大。

2. 性格的类型

（1）按心理活动的指向性分。按心理活动的指向性分为两类：内倾（内向）型——重视主观世界，常沉浸在自我欣赏和幻想之中，仅对自己有兴趣，对别人则冷淡或看不起；外倾（外向）型——重视客观世界，对客观的事物及人都感兴趣。

（2）按个性的独立性分。按个性的独立性分为两类：独立型——独立思考，不易受干扰，临阵不慌；顺从型——易受暗示，紧急情况下易慌乱。

（3）按心理过程的优势方面分。按心理过程的优势方面分为四类：理智型——以理智来衡量一切并支配行动；情绪型——情绪体验深刻，行为主要受情绪影响；意志型——有较明显的目标，意志坚定，行为主动；理智—意志型——兼有理智型和意志型的特点。

（4）按人的情绪特征分。按人的情绪特征分成五类：A型——情绪特征不安定，社会适应性较差，性格粗暴，脾气急躁，争强好胜，急于求成，群众关系较差，容易和他人发生摩擦，不注意改进；B型——情绪特征和社会适应性都较为平稳，但缺乏主导性，交际能力不强，智力也不太发达，其精力、体力等都平常，平时既不思上进，也不甘落后；C型——情绪特征安定，社会适应性良好，不急不躁，性格温顺，较稳重，不易得罪人，但较被动，领导工作能力差；D型——情绪特征安定，社会适应性强，群众关系好，有工作能力、组织能力，工作认真负责，积极主动，肯动脑筋，能独当一面；E型——情绪特征不安定，社会适应性差，喜欢独自思考问题，不太与人交往，有自己的偏爱和兴趣，有钻研精神，具有一定的修养和专长，性格较孤僻、清高，常感"怀才不遇"，对现实某些问题看不惯，又不想去改变。

3. 性格与气质

气质是人的高级神经活动类型特点在行动方式上的表现，它使人的性格表现形式具有显著的个人色彩，也就是说它影响人心理活动的速度和稳定性、心理活动的强度，以及心理活动的指向性。

盖伦最先提出了气质这一概念，用气质代替了希波克拉底体液理论中的人格，形成了四种气质学说，此分类方式一直在心理学中沿用至今。四种气质类型分别为：胆汁质、多血质、黏液质以及抑郁质。

第一，胆汁质的人富有精力，情绪兴奋性高且比较强烈，反应迅速，具有外倾性。

第二，多血质的人活泼，对外界刺激反应迅速，情绪兴奋性高，具有外倾性。

第三，黏液质的人一般表现安静，动作迟缓，反应速度慢，情绪兴奋性低，较少在外部表现心理状态，即具有内倾性。

第四，抑郁质的人一般表现不够活泼，对外界刺激反应不强烈，反应速度慢，情绪兴奋性低，具有内倾性。

在判断人的气质时，要观察和测定其具有哪些气质特点，大多数人是近似于某一种气质，同时又具有其他气质的某些特点。

气质类型与择业

1. 胆汁质与择业

胆汁质类型的特征是直率，热情，精力旺盛，脾气急躁，情绪兴奋性高，容易冲动，反应迅速，心境变换剧烈，具有外倾性特点。胆汁质的人面临毕业择业时，往往表现出很高的积极性，主动出击，求职和竞争意识强烈。这种热情和主动性往往为用人单位所赏识，易于被录用。一般说来，他们倾向于选择且适合于竞争激烈、冒险性和风险意识强的职业或者是社会服务型的职业，比如：体育运动员、企业改革者、航空、勘探、探险者、演说家、教师、营业员等，甚至愿意选择到偏远的山区开创事业或者是到开发地区闯世界。

2. 多血质与择业

多血质类型的特征是活泼，热情，好动，敏感，反应迅速，喜欢与人交往，注意力容易转移，兴趣和情绪容易变换，具有外倾性的特点。多血质的人情绪丰富，求知欲强，兴趣广泛，工作能力较强，容易应付和适应新的环境场面，善于交际。他们在职场上往往很受青睐，具有较强和有利的竞争优势，相对来说有较宽广的选择范围和机会。他们一般适合于抛头露面、出风头的和需要人际交往方面的职业，比如记者、律师、公关人员、艺术工作者、秘书和其他一些社会性工作等。

3. 黏液质与择业

黏液质类型的特征是安静，稳定，反应缓慢，沉默寡言，情绪不易外露，注意力集中稳定但又难于转移，善于忍耐，具有内倾性的特点。黏液质的人容易养成自制、镇静、安静、有耐心而不急躁的品质，在职业选择中一旦认准自己满意的职业目标便耐性十足，不达目的决不罢休，这种坚持不懈的韧性往往能弥补其他方面素质的欠缺而帮助就业者获得成功。从职业对气质的要求来说，他们适合于医务、图书管理、情报翻译、营业员、教师、思想教育等方面的工作。

4. 抑郁质与择业

抑郁质类型的特征是情绪体验深刻，孤僻，行动迟缓而且不强烈，具有很强的感受性，善于觉察他人不易觉察的细节，具有内倾性的特点。抑郁质的人感情比较细腻和敏感，观察力敏锐，悟性很高，但因孤僻迟缓和不善言辞，常给人以木讷和大智若愚的感觉，在职场上往往"貌不惊人"。不过，"人不可貌相"，他们往往通过权衡比较，可找到适合于自己的工作，这类气质的人，一般适合于诗人、作家、画家，在人们的印象中，这些人往往是多愁善感、忧郁压抑的人。另外，抑郁质的人也适合于从事哲学、心理学、实用科学、理论方面的研究工作等。

——摘自《大学生气质类型与职业选择关系探讨》

（二）兴趣

兴趣是指一个人经常趋向于认识、掌握某种事物，力求参与某项活动，并且有积极情绪色彩的心理倾向。兴趣是对于事物特殊的认识倾向，它是一种心理活动，当兴趣发展成为爱好时，就成为一个人的较长久而相对稳定的行为倾向，影响着人能力的发挥。如：你对某种职业感兴趣，就会对该种职业活动表现出肯定的态度，并积极思考、探索和追求。

我刚进入大学那会儿，心中充满着一点好奇和小惊喜，对我来说校园里的一切还是新鲜的，可很快新鲜感就消失了，随之而来是失落与茫然，不知道自己所学的东西有什么用处，不知道以后自己能干什么，学校的活动我也懒得参加。大二时，有准备升学的同学忙着复习，准备就业的同学忙着应聘，转眼大三到来，有的同学去顶岗实习，干得好的有望签约，可我对实习工作的岗位也不感兴趣，觉得没什么意思，想一想要是签约后，被束缚了还挺可怕的。总之，我也不知道自己适合什么、能干什么，我感觉自己的前途茫茫。

这个案例是来自一位同学的自述，这位同学对自己想干什么还不是十分清楚，能干什么就更是一无所知了，这对一个人确立职业目标是极大的障碍。

如果提前了解自己要学什么、要干什么、对什么更感兴趣，就容易将身心全部倾注其中，就会有高度的自觉性和积极性，因而也就越容易获得成功，而之后在工作中获得的愉悦和满足，又会转化为更大的动力，如此良性循环，就会使一个人步入理想的职业境界。

1. 兴趣的分类

（1）物质兴趣。物质兴趣与你的需要相关联，表现为对物质的迷恋和追求，例如收藏的兴趣。

（2）精神兴趣。精神兴趣主要是指对文化、科学、艺术的迷恋和追求，例如旅游、写作、绘画、书法、摄影、发明创造等兴趣。

（3）社会兴趣。社会兴趣主要是指对社会工作等活动的兴趣。

兴趣还分为直接兴趣和间接兴趣，直接兴趣和间接兴趣可以相互转化，也可以相互结合，从而更有效地调动积极性。

2. 兴趣的作用

兴趣作为个体进行成就事业活动的基础，是发挥和发展其创造能力的心理推动力之一，可以激发个体进行创造性活动的内部动机，充分发挥潜能的作用，使其感知力敏锐，创造性思维活跃，想象丰富，从而提高事业成功的效率；同时兴趣能激发个体强烈的创造热情，增强克服困难的信心和决心。强烈而稳定的兴趣是从事活动、发展才能的重要保证。

"兴趣是最好的老师"。一个人如果做他感兴趣的事，他的主动性将会得到充分发挥，即使是十分疲倦和辛劳。也总是兴致勃勃、心情愉快；即使困难重重也绝不灰心丧气，而是想办法，百折不挠地克服它。

 小资料

2001年5月，美国内华达州的麦迪逊中学在入学考试时出了这么一个题目。

比尔·盖茨的办公桌有五只带锁的抽屉，分别贴着财富、兴趣、幸福、荣誉、成功五个标签，比尔·盖茨总是只带一把钥匙，而把其他的四把钥匙锁在抽屉里，请问比尔·盖茨带的是哪一把钥匙？其他的四把钥匙锁在哪一只或哪几只抽屉里？

——摘自豆瓣 2016.3.27

 "我"的观点

比尔·盖茨说过："在你最感兴趣的事物上，隐藏着你人生的秘密。"由此可知比尔·盖茨带的是兴趣抽屉的钥匙，其他的四把钥匙锁在兴趣抽屉里。

（三）能力

能力是直接影响活动效率，使活动、任务得以完成的个性心理特征，是个性的那些与活动的要求相符合、能保证活动顺利完成的稳定的心理特征的综合。通常说一个

人解决问题速度快、任务完成质量高，是指这个人的能力强。

能力总是和人的活动联系在一起，是在具体活动中体现出来的。能力是顺利完成活动的一种必备的心理条件，如感觉力、观察力、记忆力、想象力、思考力、操作力等，人的能力有两种含义——人的实际能力和人的潜在能力。

人的能力一般可以分为以下几种。

1. 一般能力和特殊能力

一般能力是指在不同种类的活动中表现出来的能力，包括注意力、想象力、观察力、思考力、记忆力、创造力等，其中思考力是一般能力的核心；特殊能力是指在某种专业活动中表现出来的能力，是顺利实现某种专业活动的心理条件。

2. 认知能力、操作能力和社交能力

认知能力是指人脑加工、储存和提取信息的能力，即人们常说的智力；操作能力是指人操作自己的肢体以完成各项活动的能力；社交能力是人们在社交活动中表现出来的能力。

3. 模仿能力和创造能力

模仿能力是指人们通过观察别人的行为、活动来学习各种知识，然后以相同的方式做出反应的能力；创造能力是指产生新思想和新产品的能力。

4. 流体能力和晶体能力

流体能力是指信息加工和问题解决过程中所表现的能力，如对关系的认识、类比、演绎推理能力等，它较少依赖于文化和知识内容，而决定于个人的禀赋；晶体能力是指获得语文、数学知识的能力，它决定于后天的学习，与社会文化有密切的关系。

 小资料

职场达人必备的十种能力

在职场中，综合素质超群的人才能够脱颖而出。职场达人都应该具备哪些能力呢？

第一，善于沟通能力。沟通是人与人之间交往的桥梁，分为语言沟通和书面沟通。语言沟通方面要知道如何用最合适的方式表达，知道哪些话该说，哪些话不该说。同时，成功的沟通是双向的，既要有好的表达能力，也要有好的倾听能力。当发现与领导面对面的沟通效果不佳时，可以采用迂回的办法，如电子邮件，或以书面信函、报告的形式尝试沟通一番。因为，书面沟通有时可以达到面对面语言沟通所无法达到的效果，可以较为全面地阐述想要表达的观点、建议和方法。

第二，学习能力。职场中的学习能力将决定你将会走多远。要学会摸索适合自己的学习方法；要不断开动脑筋，懂得灵活变通；要善于借鉴他人好的学习技巧，让自己不断进步。

第三，较强的自律能力。用目标决定行为，而非情绪控制行为。面对工作还是娱

乐的选择时，自律能力会有效控制人的言行，更加专注在自己的目标上。

第四，高效完成任务的能力。在同样的时间里，谁能更好更快地做好工作，谁就能创造更多价值。面对大大小小的各类工作事项，要学会合理安排规划。在上班之前，可以按轻重缓急给工作排序；在工作结束之后再进行整理回顾，看看哪些地方还可以提高效率。

第五，守时能力。守时是诚信的表现。要掌握时间的主导权，做到守时，遵守各种时间规定并按时完成工作任务，不拖延、不懈怠。

第六，独立思考能力。科学思维能力会使做事的调理清晰，能够客观、全面、辩证地看问题。要学会适时地静心反思，做最好的自己。

第七，担当责任的能力。对工作负责，对他人负责。在面对急难险重的任务时要挺身而出，勇挑重担。在面对问题、出现失误时不掩饰、不找借口，主动承认错误并分析失误原因。责任会让人在工作中不断完善自我，不断进步。

第八，平衡生活能力。要善于在工作和生活之间找到一个平衡点，不要把工作上的压力带回家。留出休整的空间：与他人交谈倾诉、阅读、冥想……在工作之外可以培养一种有益身心的兴趣爱好，持之以恒地交替用你喜爱的方式建立理性的习惯，逐渐体会它对你身心的裨益。

第九，抗压能力。抵抗压力与挫折是新时代职场达人必须具备的心理素质，在工作中能做到不浮躁、不气馁，从小事做起，脚踏实地，做好小事方能成大事。

第十，团队合作能力。团队合作能力是任何企业对员工的基本要求。具备团队合作能力要求员工有大局意识、服务意识和协调意识。在工作中相互信任、相互包容、相互补充、相互谦让。

——摘自《共产党员》

（四）如何认识自我

一般来讲，通过下面四个方法来认识自我。

1. 内省

认识自我，一般要求认识主体必须有一定认识水平。在自己独处时，完全是在真实自我的情况下，通过自己的反思，来探索我能干什么、我喜欢干什么、我是什么样的性格等等，进而认识自我的职业禀赋。

一天，有一个年轻人，在街角的小店借用电话。他用一条手帕，盖着电话筒，然后说："是王公馆吗？我是打电话来应征园丁的，我有很丰富的经验，相信一定可以胜任。"电话接线人说："先生，恐怕你弄错了，我家主人对现在聘用的园丁非常满意，主人说园丁是一位尽责、热心勤奋的人,所以我们这儿并没有园丁的空缺。"

年轻人听罢,便有礼貌地说:"对不起,可能是我弄错了。"接着便挂了电话。小店的老板听了这年轻人的话,便说:"年轻人,你想找园丁工作吗?我的亲戚正要请人,你有兴趣吗?"年轻人说:"多谢你的好意,其实我就是王公馆的园丁。我刚才打的电话,是用来自我检查,确定自己的表现是否合乎主人的标准而已。"

——摘自《优秀孩子成长细节全书》

"我"的观点

在工作中,只有不断自我反省,才能使自己不断进步。现实生活中,的确有很多人都曾这样抱怨:"我每天都在拼命地工作,我一刻也没闲过,可如此努力为什么却总是不能成功呢?"正如成功多是由内因起作用一样,失败也是自己缺点引起的,一个人必须懂得不断自我反省和自我总结,改正自己的错误才不会老在原处打转或再次被同一块石头绊倒。人只有通过"反省",时时检讨自己,才可以走出失败的怪圈,走向成功的彼岸。

一般而言,自信而开朗的人会坦然地承认自己的缺点和优点。事实上,他们并不过多地关注自己。他们知道即使是那些最健康的个体,也有弱点和不足,所以,他们并不感到羞愧和内疚。他们按其本来面貌承认他们的天性,因为他们有面对现实的勇气。也正是这种勇气,让他们在不断的自省中正确地认识和评价自己,也袒露出他们真实的一面。

2. 交流

在与亲友、老师、同学严肃认真的交流中,从他们的眼中来看真实的自己,我能干什么、我喜欢什么、我有怎样的性格。

邹忌讽齐王纳谏(译文)

邹忌身高八尺多,而且身材容貌光艳美丽。有一天早晨他穿戴好衣帽,照着镜子,对他的妻子说:"我与城北的徐公相比,谁更美呢?"他的妻子说:"您美极了,徐公怎么能比得上您呢!"城北的徐公,是齐国的美男子。邹忌不相信自己会比徐公美,于是又问他的小妾说:"我和徐公相比,谁更美?"妾说:"徐公怎么能比得上您呢!"第二天,有客人从外面来拜访,邹忌和他坐着谈话。邹忌问客人道:"我和徐公相比,谁更美?"客人说:"徐公不如您美啊!"又过了一天,徐公前来拜访,(邹忌)仔细地端详他,自己觉得不如他美;再照着镜子看看自己,更觉得远远比不上人家。晚上,他躺在床上想这件事,说:"我的妻子认为我美,是偏爱我;我的小妾认为我美,是惧怕我；客人认为我美，是有求于我。"

"我"的观点

在与人的交往中，我们提意见时要讲究说话的技巧，要看对象，注意场合，要得体，动之以情晓之以理，让对方心悦诚服。同时，也要虚心听取别人的意见，胸怀宽广，这才利于自己的成长。

3. 实践

通过参加具体的社会活动或劳动，在与人交往中，在生活的历练和感受中逐步深入地认识自我。这种方法最可靠，但需要长时间的观察、摸索和积累。

学生社团，让我收获更多体验

学生社团活动的目的在于提高学生文化修养、丰富校园文化生活。随着活动的深入开展，学生社团带给学生的更多深切体验逐渐显露出来。参与学校社团的学生纷纷坦言，精彩纷呈的社团活动不仅让他们开阔了眼界、学到了比日常课堂更多的东西，而且还在轻松欢乐的氛围中增强了自信，学会了团队合作，收获了成就感。更值得一提的是，他们还在社团活动中发现了老师们或博物多闻，或多才多艺的另一面。

以下是几位同学稿件中的部分内容。

参加街舞社团，让我认识了很多志趣相投的同学，我们都是喜欢街舞的一群人。在跳舞的过程中，我不仅感受到了快乐，锻炼了身体，我也学习到了很多舞蹈技术，在演出中展示了自己。我希望自己能够每天跳舞，用舞蹈诠释生活，释放热情。

参加吉他社团，以前一直想拥有一把吉他，因为觉得弹吉他的男生特别帅，但是没有机会学习，现在，社团为我提供了这样一个机会，我可以跟社团里的学长们学弹吉他，当我弹出第一首乐曲时，别提多兴奋了。吉他社团让我的大学生活充实而充满乐趣，我会抱着我的吉他一直弹下去，我喜欢充满音乐的大学社团。

"采得百花方成蜜，日积月累方成文"。世人读书，正如蜜蜂采百花蜜，这个过程漫长而艰辛。积淀思想，才可厚积薄发；笔耕不辍，方能文思泉涌。在阅读欣赏社团里，我们一起阅读美文，一起品味思想；见识在增长，思绪在跳跃，我已沉醉而不知归。

学生社团活动，作为学生紧张学习之余的一个兴趣拓展，给学生带来了真正的实惠。这样的活动，不仅能够增长学生的见识，还能使学生全面了解自己、认识自己、完善自己。

4. 心理测试

心理测试是一种比较先进的测试方法，它是指通过一系列手段，将人的某些心理特征数量化，来衡量个体心理因素水平和个体心理差异的一种科学测量方法。通过测试，个体能对自己的性格、能力、兴趣等有更加充分的认识。但是需要指出的是，心理测试只能提供一个专业的心理学方面的参考，并不能为一个人下终生的论断。无论任何人，在对测评结果进行解释的时候必须慎之又慎，不要把心理测评结果当成是"终生的标签"。

自我评估

提示：想测试一下您适合选择哪种职业吗？请按要求做下面测试题。

下列测试题目有两组共20题，根据你的实际情况，做出"是"或"否"的选择。

第一组测试题如下。

（1）就我的性格来说，我喜欢同年龄小而不是年龄大的人在一起。

是（ ）否（ ）

（2）我想我心中的伴侣应具有与众不同的见解和活跃的思想。

是（ ）否（ ）

（3）对于别人求助我的事情，总乐意帮助解决。　是（ ）否（ ）

（4）我做事情考虑较多的是速度和数量，而不是在精雕细琢上下功夫。

是（ ）否（ ）

（5）我喜欢新鲜这个概念，例如新环境、新旅游地点、新朋友等。

是（ ）否（ ）

（6）我讨厌寂寞，希望和大家在一起。　是（ ）否（ ）

（7）我读书的时候就喜欢语文课。　是（ ）否（ ）

（8）我喜欢改变某些生活惯例，以使自己有一些充裕的时间。

是（ ）否（ ）

（9）我放不下那些零散、琐碎的事情。　是（ ）否（ ）

（10）假如我进入招聘职员的经理室，经理抬头瞅了我一眼，说声请坐，然后就埋头阅读他的文件不再理我，可我一看旁边并没有座位，这时我没有站在那里等，而是悄悄搬个椅子坐下来等经理说话。　是（ ）否（ ）

第二组测试题如下。

（1）我读书的时候很喜爱数学课。　是（ ）否（ ）

（2）看了一场电影、戏剧后，喜欢独自思考其内容，不喜欢与别人讨论。

是（ ）否（ ）

（3）我书写整齐清楚，很少写错别字。　是（ ）否（ ）

（4）我不喜欢长篇小说，喜欢读议论文、小品文或散文。　是（　）否（　）

（5）业余时间我爱做智力测验、智力游戏一类题目。　是（　）否（　）

（6）墙上的画挂歪了，我看着不舒服，总想设法将它扶正。　是（　）否（　）

（7）收录机、电视机出了故障时，我喜欢自己动手摆弄、修理。

是（　）否（　）

（8）我做事情时总希望精益求精。　　　　　　　　　是（　）否（　）

（9）我对一种服装的评价是看它的设计而不大关心是否流行。

是（　）否（　）

（10）我能控制经济开支，很少有"月初松、月底空"的现象。

是（　）否（　）

评价规则：选择"是"记1分，"否"不记分，各题得分相加，分别计算两组的得分。假设第一组得分为A分数，第二组得分为B分数。您的A与B分数的比较有如下解释。

A：你具有耐心、谨慎、肯钻研的品质，是个精深的人。适宜从事编辑、律师、医生、技术人员、工程师、会计师、科学工作等职业。

B：你思想活跃，善于与人交往。你喜欢把自己的想法让别人去实现，或者与大家共同去实现，适宜从事记者、演员、推销员、采购员、服务员、人事干部、宣传机构的工作人员等职业。

A＝B：你具备A、B两种类型人的长处，不仅能独立思考，也能处理好人际关系。供你选择的职业包括教师、护士、秘书、美容师、理发师、各类管理人员（如科长、厂长、经理等）。

1. 知人者智，自知者明。

——老子

2. 知己知彼，百战不殆。

——孙子

3. 认识你自己。

——古希腊德拉斐神庙里的石碑上刻着的象征人类最高智慧的神谕

活动一：画自画像（认识自我）

活动目标：①通过画自画像，进一步认识自我，学会接纳自我；②通过分享交流，认识每个"我"都是不同的，加深对自己的了解。

活动准备：每人一张16开的白纸，彩笔若干。

活动过程如下。

（1）鼓励学生可以任意画：具体或抽象，简单或复杂都可以，只要代表你即可。说明：自画像就是你心灵中的"我"，是你无意识中的"自我"。作画不在于技术，而在于更真实地展现自我。

（2）画好后，小组讨论和交流。小组派代表展示自己的自画像，并作简要说明。

活动二：我是谁（探索自我）

活动目的：探索现实中的"我"、理想中的"我"和别人眼中的"我"的关系，建立三个不同"我"的和谐统一。

活动准备："我是谁"问卷。

活动过程如下。

（1）填写问卷：我是谁。

现实中的"我"_____

理想中的"我"_____

别人眼中的"我"_____

真实的我_____

（2）启发思考并分享。

①比较理想中的"我"和现实中的"我"、别人眼中的"我"和真实的"我"在哪些方面存在差距？差距大吗？

_____

_____

_____

如若别人眼中的"我"和真实的"我"差距大，很可能说明自己经常违背自己的意愿，太委屈自己讨好别人，长期这样，对自己的身心健康是极为不利的，要学会爱自己。

②哪些差距可以改变？哪些是不可以改变的？对它们应该有怎样的态度呢？

_____

_____

对不能改变的，要愉快地接受，如家庭、出身、性别、相貌、身高等；对能改变的，如人际关系、爱好、文化程度等，要努力去改变。总之，对自己的现状要持积极乐观的态度。

 自我评估

你认识你自己吗？

本心理测试是以美国著名的兰德公司（战略研究所）拟制的一套经典心理测试题

为蓝本,根据中国人心理特点加以适当改造后形成的心理测试题,目前已被一些著名大公司作为对员工心理测试的重要辅助试卷,效果很好。试着测试一下,认识一下也许你不知道的自己!

注意:每题只能选择一个答案,应为你第一印象的答案,把相应答案的分值加在一起即为你的得分。最后有一个分值分析,供你参考。

(1)你更喜欢吃哪种水果?
A. 草莓 2 分   B. 苹果 3 分   C. 西瓜 5 分   D. 菠萝 10 分
E. 橘子 15 分

(2)你平时休闲经常去的地方?
A. 郊外 2 分   B. 电影院 3 分   C. 公园 5 分   D. 商场 10 分
E. 酒吧 15 分   F. 练歌房 20 分

(3)你认为容易吸引你的人是?
A. 有才气的人 2 分   B. 依赖你的人 3 分
C. 优雅的人 5 分   D. 善良的人 10 分
E. 性情豪放的人 15 分

(4)如果你可以成为一种动物,你希望自己是哪种?
A. 猫 2 分   B. 马 3 分   C. 大象 5 分   D. 猴子 10 分
E. 狗 15 分   F. 狮子 20 分

(5)天气很热,你更愿意选择什么方式解暑?
A. 游泳 5 分   B. 喝冷饮 10 分   C. 开空调 15 分

(6)如果必须与一个你讨厌的动物或昆虫在一起生活,你能容忍哪一个?
A. 蛇 2 分   B. 猪 5 分   C. 老鼠 10 分   D. 苍蝇 15 分

(7)你喜欢看哪类电影、电视剧?
A. 悬疑推理类 2 分   B. 童话神话类 3 分
C. 自然科学类 5 分   D. 伦理道德类 10 分
E. 战争枪战类 15 分

(8)以下哪个是你身边必带的物品?
A. 打火机 2 分   B. 口红 2 分   C. 记事本 3 分   D. 纸巾 5 分
E. 手机 10 分

(9)你出行时喜欢什么交通工具?
A. 火车 2 分   B. 自行车 3 分   C. 汽车 5 分   D. 飞机 10 分
E. 步行 15 分

(10)以下颜色你更喜欢哪种?
A. 紫 2 分   B. 黑 3 分   C. 蓝 5 分   D. 白 8 分
E. 黄 12 分   F. 红 15 分

(11)下列运动中挑选一个你最喜欢的(不一定擅长)?
A. 瑜伽 2 分   B. 自行车 3 分   C. 乒乓球 5 分   D. 拳击 8 分

E. 足球 10 分　　　　F. 蹦极 15 分
（12）如果你拥有一座别墅，你认为它应当建立在哪里？
A. 湖边 2 分　　B. 草原 3 分　　C. 海边 5 分　　D. 森林 10 分
E. 城中区 15 分
（13）你更喜欢以下哪种天气现象？
A. 雪 2 分　　B. 风 3 分　　C. 雨 5 分　　D. 雾 10 分
E. 雷电 15 分
（14）你希望自己的窗口在一座三十层大楼的第几层？
A. 七层 2 分　　B. 一层 3 分　　C. 二十三层 5 分　　D. 十八层 10 分
E. 三十层 15 分
（15）你认为自己更喜欢在以下哪一个城市中生活？
A. 丽江 1 分　　B. 拉萨 3 分　　C. 昆明 5 分　　D. 西安 8 分
E. 杭州 10 分　　F. 北京 15 分

下面是分值分析。

180 分以上：意志力强，头脑冷静，有较强的领导欲，事业心强，不达目的不罢休；外表和善，内心自傲，对有利于自己的人际关系比较看重，有时显得性格急躁，咄咄逼人，得理不饶人，不利于自己时顽强抗争，不轻易认输；思维理性，对爱情和婚姻的看法很现实，对金钱的欲望一般。

140 分至 179 分：聪明，性格活泼，人缘好，善于交朋友，心机较深；事业心强，渴望成功；思维较理性，崇尚爱情，但当爱情与婚姻发生冲突时会选择有利于自己的婚姻；金钱欲望强烈。

100 分至 139 分：爱幻想，思维较感性，以是否与自己投缘为标准来选择朋友；性格显得较孤傲，有时较急躁，有时优柔寡断；事业心较强，喜欢有创造性的工作，不喜欢按常规办事；性格倔强，言语犀利，不善于妥协；崇尚浪漫的爱情，但想法往往不合实际；金钱欲望一般。

70 分至 99 分：好奇心强，喜欢冒险，人缘较好；事业心一般，对待工作，随遇而安，善于妥协；善于发现有趣的事情，但耐心较差，敢于冒险，但有时较胆小；渴望浪漫的爱情，但对婚姻的要求比较现实，不善理财。

40 分至 69 分：性情温良，重友谊，性格踏实稳重，但有时也比较狡黠；事业心一般，对本职工作能认真对待，但对自己专业以外事物没有太大兴趣，喜欢有规律的工作和生活，不喜欢冒险，家庭观念强，比较善于理财。

40 分以下：散漫，爱玩，富于幻想；聪明机灵，待人热情，爱交朋友，但对朋友没有严格的选择标准；事业心较差，更善于享受生活，意志力和耐心都较差，我行我素；有较强的异性缘，但对爱情不够坚持认真，容易妥协；没有财产观念。

第二节　客观分析环境——职业生涯设计的条件

知己知彼，方能百战不殆。要做好职业生涯设计，仅仅了解自己是不够的，还必须了解自己所处的职业环境。在一个合适的单位做着一份喜欢的事，发挥自己的技术特长、实现自身的价值——为企业为国家为社会做出贡献的同时，提升自己的生活质量，是职业生涯规划的主要目标。合适的单位、喜欢的事、实现自身价值，都受环境的影响，可以说环境因素会直接影响人的职业取向。

工作情境

某职业学校一名大三学生，成绩优异，品行端正。因为从入校开始就对自己的职业生涯有切实可行的规划，学习目标明确，曾获得省市级技能大赛的冠军。在顶岗实习期间获得了大家都渴望去的单位的实习机会，在30个月实习期满后，他却放弃了留在单位工作的机会。当大家都惋惜的时候，他向辅导员道出了放弃工作的真正原因是他不适应倒班工作。他说上夜班时不能集中精力、不能全身心投入工作是一个因素；身体吃不消，更担心长此以往会影响工作质量和生产安全是另一个因素。

回到学校后，经过一段时间的调整，他很快找到了新的学习目标，学习模具设计，功夫不负有心人，几个月以后他和几名下一届的同学代表学校参加了沈阳市大学生（企业）模具设计师技能大赛，并和另外一名同学组成的团队获得了本次比赛的一等奖。幸运的是他在这次大赛上受到一家模具企业领导的赏识，因此获得了一份朝八晚五的工作。

情境分析

以上案例是某职业院校模具专业一位同学的真实经历，他由开始的忽略环境因素到最后的重视环境因素对自己职业选择的影响，并重新寻找自己的兴趣点，认真学习，取得成绩，为自己在选择职业上积蓄能量，最终被幸运之神射中，获得满意的工作岗位。

所以，我们在确立职业生涯规划的目标时，不仅要正确了解自己，还要了解工作环境，找到自己与工作环境的最佳契合点，明确自己的优势与不足、个性与爱好，再理性分析工作环境。对物质环境方面——是商场还是工厂、4S店还是流水线、是文字编辑还是机械操作、是技术维修还是售后服务等等；人文环境方面——企业文化是否与心中的价值观相符、领导风格是否得到钦佩、同事的素养是否适应、客户群体是否喜欢等等，要进行契合实际的分析，量体裁衣，按照自己的本事和能力去理性选择，如果没有能力那就先就业再择业，慢慢地长本领，寻求机会改变。

知识泉眼

环境是相对于某一事物来说的，是指围绕着某一事物（通常称其为主体）并对该事物会产生某些影响的所有外界事物（通常称其为客体），即环境是指相对并相关于某项中心事物的周围事物。相对于某一个人来说，就是该人周围并对他（她）存在影响的其他的人和物。

在职业生涯设计中，要充分了解的环境有很多，我们这里重点介绍以下几个：一是时代重任，二是经济环境，三是自己的家庭环境，四是就业形势，五是企业及企业的用人标准。这些都严重影响着你的职业生涯设计。

（一）时代重任

当前，中国特色社会主义已经进入新时代。在这个伟大的时代背景下，我国迫切需要培养一大批适应技术进步和生产方式变革的、满足社会公共服务需要的知识型、技能型、创新型技能劳动者大军。李克强总理在会见第44届世界技能大赛中国代表团成员时指出，推动中国制造和服务迈上中高端、实现经济高质量发展，新一代青年技能人才肩负不可替代的使命。他说，要全面深入贯彻落实党的十九大精神和部署，实施创新驱动发展战略，激发"双创"澎湃活力，弘扬工匠精神，这是推动中国经济转型升级的强大动能。在全面建成小康社会和全面建设社会主义现代化国家的进程中，技能人才可以大有作为，也必将大有作为。

技能强则中国强，虽然我们在第44届世界技能大赛中获得了奖牌第一的好成绩，踏入世界技能竞技第一阵营，但不能简单地说，我们就是技能强国了。因为，长期以来在人们的观念里，学技能、当蓝领并不是大多数人向往的事，因为工人的荣誉感不强，上升通道不畅。有一份调查显示，我国技能人才的总量不高，在就业人口中，技能人才只占21%，其中高技能人才占6%。从质量上看，顶尖的先进制造业和新兴产业项目人才稀缺，尤其是生产和服务一线严重缺乏高技能工人。所以，作为职业院校的学生，我们要肩负起时代赋予的重任，去创造美好的未来。

小资料

1. 走向技能强国：风正一帆悬

党的十九大报告提出，建设知识型、技能型、创新型劳动者大军，弘扬劳模精神和工匠精神，营造劳动光荣的社会风尚和精益求精的敬业风气。在刚刚召开的全国人力资源和社会保障工作会议上，人社部部长尹蔚民在讲话中要求，要加快人才强国建设步伐，做大做强高层次、高技能人才队伍，持续推进技工教育改革创新。

在经济发展由高速度增长转向高质量发展的背景下，我国需要不断深化供给侧结构性改革，加快建设起一支规模宏大、结构合理、素质优良、技艺精湛的高技能人才大军，从而推进中国制造向中国创造转变，中国速度向中国质量转变，制造大国向制造强国转变。

2. 世界技能舞台迎来"中国时代"

刚刚过去的2017年，是中国高技能人才最为闪耀的一年，我国职业能力建设取得了丰硕成果。

2017年10月13日，在阿联酋阿布扎比举行的世界技能组织全体成员大会决定，2021年第46届世界技能大赛在中国上海举办。

而在10月19日闭幕的第44届世界技能大赛上也是喜报频传。在52位中国年轻工匠的努力拼搏下，中国代表团共获得15枚金牌、7枚银牌、8枚铜牌和12个优胜奖，位居金牌榜、奖牌榜和团体总分榜首。我国选手宋彪以全场最高分的成绩获得了参赛选手最高奖项——阿尔伯特·维达大奖，登上技能之巅。

世界技能大赛中国研究中心副研究员陈晓曦认为，中国代表团取得优异成绩，是中国作为世界第二大经济体综合实力的体现。

"本届世赛是我国技能人才培养的一个历史性转折点，意味着在世界技能大赛舞台上'中国时代'的到来。"陈晓曦说。

第44届世界技能大赛中国代表团回国后，随着鲜花、掌声而来的还有实实在在的物质奖励。

根据《世界技能大赛参赛管理暂行办法》有关规定，人社部对第44届世界技能大赛工业机械装调等15个项目金牌获得者宋彪等16人，予以通报表扬，各奖励人民币30万元，并由其所在地省级人社部门或所属行业主管部门，晋升高级技师职业资格或职业技能等级。同时，对上述15个项目中国技术指导专家组，人社部各奖励人民币30万元。

人社部职业能力建设司司长张立新表示，奖励的主要目的是发挥"杠杆效应"，由此撬动各方重视和社会关注，促进技能人才事业发展。从产生的社会效益来看，奖励世赛获奖选手营造了尊重劳动、崇尚技能的良好环境，促进形成技能成才的社会共识。

3. 打造制造强国需要技能人才

习近平总书记指出，"工业强国都是技师技工的大国，我们要有很强的技术工人队伍""作为一个制造业大国，我们的人才基础应该是技工"，他还要求"大力培育支撑中国制造、中国创造的高技能人才队伍"。这些重要论述把技能人才的地位提升到一个新高度。

2015年5月，国务院印发《中国制造2025》，部署全面推进实施制造强国战略，确定"三步走"的战略目标，从国家战略层面描绘了建设制造强国的宏伟蓝图。《中国制造2025》把"人才为本"作为制造强国建设的"五大方针"之一，强调坚持把人才作为建设制造强国的根本，建设一支素质优良、结构合理的制造业人才队伍，走人才引领的发展道路。

根据2016年12月教育部、人社部、工信部等部门共同编制的《制造业人才发展规划指南》（以下简称《指南》），目前，我国制造业规模以上企业人力资源总量8 589万人，装备制造业规模以上企业人力资源总量近1 794万人。

《指南》同时指出，制造业人才队伍建设还存在一些突出问题。制造业人才结构性过剩与短缺并存，传统产业人才素质提高和转岗转业任务艰巨，领军人才和大国工匠紧缺，基础制造、先进制造技术领域人才不足，支撑制造业转型升级能力不强。

中国机械工业联合会执行副会长于清笈认为，目前需求量最大的技能人才存在"四多、四少"的问题。"初级工多，高级工少；传统型技工多，现代型技工少；单一型技工多、复合型技工少；短训速成的技工多，系统培养的技工少，'绝活绝技'出现断档。"于清笈说。

4. 技能人才培养未来可期

河北省邢台技师学院院长荀凤元指出，落实好《指南》，突出制造业技能技术人才培养是关键。

"要创新人才培养模式，完善校企协同育人机制，对接职业标准和岗位规范，加快专业教学标准体系建设，强化学生实际操作能力培养，整体提升企业职工技术技能水平。在积极应对制造业传统行业结构调整、产业升级过程中，引导制造业企业与职业院校积极开展企业新型学徒制培训，广泛开展各级各类职工职业技能竞赛和岗位练兵活动，努力提升制造类技能技术人才培养质量。"荀凤元说。

如今，高技能人才已成了"香饽饽"。前不久，河南郑州举行人才政策发布会，决定对获得世界技能大赛金、银、铜牌和优胜奖的选手，分别给予200万元、50万元、20万元、10万元奖励。

"以后恐怕各地要出现技能人才的'抢人大战'了。"郑州市一位主管职业能力建设工作的负责人感慨地说。

....

随着劳动光荣、技能宝贵、创造伟大成为新的社会风尚，技能人才队伍建设的相关政策制度不断完善，相信高技能人才助力打造制造强国未来可期。

——摘自2011年1月18日《中国劳动保障报》

（二）经济环境

我国经济发展进入新常态，我国发展面临大有作为的重要战略机遇，以发展方式转变推动发展质量和效益提升，调整优化产业结构，推动创新驱动发展，保障和改善民生，深化全方位对外开放，妥善应对外部环境变化，促进我国经济长期稳定健康发展。

2018年6月28日，第十届APEC中小企业技术交流暨展览会在沈阳开幕，这届技展会的关键词是高智能、新科技。本届技展会聚集了21个APEC成员经济体和国内各省市的优秀企业、优秀人才、先进产品，而且吸引了 APEC 成员经济体之外的国家和地区的关注和参加。此次展会有利于将沈阳经济镶嵌在"一带一路"国家战略框架之中，发展更高层次的开放型经济，构建更广阔的利益共同体，为沈阳实现跨越式发展起了推动作用。这对于我们职业院校的学生来说是一个振奋人心的消息，对我们的职业设计是一个重要的依据。

社会的进步和科技的发展所带来的产业结构变化也是我们进行职业生涯设计时必须参考的条件。产业结构是指农业、工业和服务业在一国经济结构中所占的比重。产业结构的变化一方面为某些行业带来良好的市场机会，一方面也会对其他行业带来生存的威胁。通常在经济成长的过程中，服务业的重要性会与日俱增，服务业的比重会日益扩大，服务业从业者有较大的市场机会。

微信、支付宝、滴滴打车等的出现，使电信业、银行业、出租车行业等面临挑战，许多曾经稳定的职业已经消失或即将消失。大数据、人工智能时代，催生了许多新兴行业，出现了大量诸如数据分析师、色彩搭配师、公共营养师等新职业。一部电视纪录片的热播，使"章丘铁锅"意外走红。铁锅锻造这一老行当迅速得到人们的追捧，传统工艺重新焕发生机。

包容开放，取精去芜，发现丰富多样的人生选择。信息技术的爆炸式崛起，将时代列车推向生死时速的快车道。我们不难发现许多新兴产业一夜崛起，"共享经济"曾几何时还被轻视和嘲笑，"大数据"的到来也一度被定为痴人说梦……还有无数如今与我们生活息息相关的行业，都实现了从零到繁的飞跃。这就意味着，此时此刻正有无数仍不知名的事物，很有可能在明天改变我们的生活方式。由此观之，怀有一颗包容的心，接受了解新兴职业，将给我们的人生规划带来更多选择。

小资料

近年来，上海职业教育根据经济发展调整专业设置。2015 年，本市公布《上海现代职业教育体系建设规划（2015—2030 年）》，对职业教育的发展规模和层次、布局结构和体系建设等作了前瞻性的顶层设计。自 2013 年以来，上海中职校新开设 30 多个与本市重点产业发展相对应的专业，占新设专业数的 1/3 以上；高职校新增专业 84 个，包括机场运行（航空港管理）、大数据技术与应用、数字媒体应用技术、园林工程技术、物联网应用技术、老年服务与管理等。另外，全市中职专业点从近 700 个调整到 621 个，逐步建立布局合理、结构优化、特色鲜明、品牌纷呈的专业体系。职业教育正为打响上海服务、上海制造、上海购物、上海文化四大品牌提供有力支撑。

过去，职业教育一直面临着"高就业率"和"低社会认可度"的矛盾。如今，在调整优化专业布局、"中职—高职"学制纵向贯通、产教横向融通等改革探索后，职业技能型人才在就业中抢得先机。

（三）家庭环境

家庭环境是影响职业定位的重要因素，一方面，每个人性格的养成都离不开家庭的影响，另一方面，家庭的经济条件、父母的意愿，也是职业定位、职业选择必须考虑的因素。比如有的父母希望子女留在身边，有的父母不愿子女到民营或个体企业就业。再比如，孩子的意愿是继续深造，但由于家庭经济条件的限制需要先就业，之后再确立学习方向等。

1. 家庭期望

家庭期望即父母对于子女的期望值，各个家庭对于子女的期望值是不同的。通常来讲，家庭期望值越高，子女相对来讲就更容易选择一些社会较为热门和大众化的职业，尤其会热衷一些社会地位和收入相对较高的职业。相反，如果家庭的期望值比较低，子女在选择职业时就会更随意，通常会以自己的兴趣爱好作为职业目标，以便于达到兴趣和职业更好的匹配。当然，也有少数子女会选择与家庭期望相反的职业方向，这类子女比例占少数。

2. 家庭需要

家庭需要对于子女职业的选择会产生较大的影响。每个家庭对于子女的职业需求都是不同的，许多家庭甚至会对子女的职业选择有着严格的要求。例如，偏远山村或者家庭经济状况相对较差的家庭，父母以及本人更希望选择一些易就业且相对较为稳定的岗位。

3. 家庭的支持力度

家庭的支持力度具体指的是家庭对于子女今后职业生涯的指导和帮助，不同家庭的支持力度和方法是不同的。例如，传统的国有企业管理模式中，对于职工子女有着特殊的优待，可以轻易进入企业就职。此类家庭中多数子女毕业之后就直接被家庭成员安排到了固定的工作岗位就业。而如果家庭的支持力度较弱，父母没有能力为子女安排工作，此时大学生毕业就会选择一些较为顺利就业的岗位。又如，有的家庭中家长受教育程度高，给予子女以精神和思想上极大的支持，鼓励子女去追求自己喜欢、热爱的岗位，而此类学生在职业生涯规划上相对来讲也更加清晰和成熟。

4. 家庭教育

家庭教育所涵盖的范围十分广泛，包括直接的言传身教，也包括家庭成员与学生之间的沟通和工作经验交流，这些都会对学生今后的职业取向产生潜移默化的影响。因此，可以说家庭成员的职业体验和人生体验，将直接影响学生今后如何规划自己的职业生涯、如何融入职场和社会。

（四）就业形势

虽然职业生涯设计由一个个阶段性的目标构成，但总的来说它是一个长远的规划。就业形势相对来讲是一个变量，也就是说学生刚刚入学就要制定自己的职业规划，但是入学时的就业形势与毕业时的就业形势不一定完全一致，所以就业形势最直接影响的是学生对学业的规划，进而影响学生的职业生涯设计。所以怎样用长远的目光和准确的判断力来分析一段时间的就业形势就显得尤为重要。

人力资源社会保障部副部长张义珍 26 日在国新办发布会上，谈及当前和今后一个时期的就业形势，张义珍指出，总体判断就业总量高位运行，结构性矛盾依然存在，就业质量需要进一步提高。具体体现在以下三个方面。

一是劳动力的供给持续高位运行，就业总量一直处于比较大的状态。2017 年 16～59 岁劳动年龄人口一直在 9 亿以上，预计 2035 年之前都会保持在 8 亿以上的水平。就 2018 年来说，劳动力的供给还是比较高位的状态，需在城镇就业的新成长劳动力在 1 500 万以上，高校毕业生 2018 年就有 820 万人。

二是结构性矛盾还会依然存在。集中表现为一定程度上的招工难和一定程度上的就业难并存。从招工的角度来讲，一些用人单位的普工和技术技能人才的招用面临短缺的状况。从人力资源市场状况可以看出，技术技能人才的求人倍率比较高，在 2 左右的水平。从劳动者的角度来看，有一部分专业的高校毕业生，还有一些大龄、低技能的劳动者找工作相对比较困难。

三是就业质量有待于进一步提高。随着社会经济发展、人民生活水平不断提高，劳动者对美好生活的向往也在不断提高。劳动者都希望工作条件好、工作环境好、劳动报酬高、成长发展空间大这样的劳动岗位。

对此，张义珍表示，为适应这样一个就业形势，下一步需要高度密切关注就业形势的变化，及时完善相关政策措施。多措并举，做好各个群体的就业工作，特别要抓好高校毕业生的毕业工作、去产能职工安置工作、农村劳动力的转移，还有一些就业困难群体的就业工作，要兜好民生的底线。

——摘自中新经纬客户端

以上新闻告诉我们，虽然就业形势不乐观，但是对于技术技能人才的求人倍率仍比较高，一些用人单位的普工和技术技能人才的招用面临短缺的状况，所以，我们在职业生涯设计时就要对准这一需求，努力把自己培养成为一名技术技能方面的人才，才会服务社会，才会有用武之地。

职业院校毕业生虽然受社会客观因素和自身因素的影响，在就业环节的某些方面缺乏竞争力，但是随着国家对职业教育的重视与教育改革的不断深化，职业教育的培养目标与定位越来越受到社会的认可，毕业生的就业优势也越发凸显出来，越来越受到企业的追捧和青睐。

1. 高等职业院校以其明显的就业优势，就业率超过本科生

近两年，高职院校将教学与就业紧密结合，专业建设紧跟社会需求，积极开展校

企合作，进行订单式培养，保证了高职院校的就业签约率。在当前严峻的就业形势下，一些职业院校的某些专业就业率仍能达到100%，甚至出现企业对人才的竞争现象。

小资料

  目前，全国独立设置的高职院校已有1 246所，占普通高校的52%。每年招收全日制新生超过300万人。近10年来，高职招生数占高等教育本专科招生的比例从8.8%上升到49%。根据最新数据显示，我国高等职业技术院校毕业生的就业率已连续两年高于普通本科高校，部分高职院校的专业招生录取分数线已高于一些普通本科第二批次院校的录取投档线。

  据介绍，经过多年的经济发展，许多高职院校，尤其是109所国家示范性高职院校已从规模发展转向内涵发展，并形成了各自的教育特色和职业教育品牌。高职教育的办学越来越符合社会发展的一般规律，优势和成效也逐渐显现。数据显示，2011年和2012年，全国绝大多数省份的高职院校毕业生的就业率已高于本省普通本科高校毕业生的就业率。

  经过连续4年的调查研究，由中国社会科学院社会学研究所开展的"中国大学生就业、生活及价值观追踪调查"成果在京发布。项目首席研究员、中国社科院博士生导师李春玲介绍，在被称为"史上最难就业年"的2013年，截至2013年9月底，进入劳动力市场的大学毕业生中，82.4%找到了工作。经过比较发现，高职院校毕业生就业率高达91.9%，而普通本科毕业生同期就业率仅为77.7%。

  职业院校对就业市场有着敏锐的反应，为了保证就业率和就业质量，职业院校选择直接为企业量身定做、培养所需人才的校企合作方式开展就业工作。沈阳职业技术学院汽车学院目前就分别与上海通用北盛汽车，沈阳航天三菱发动机制造公司、华晨金杯汽车集团进行了校企合作项目，在汽车检测与维修、模具设计与制造、汽车技术服务与营销等专业课程设置上充分考虑企业的要求，进行订单教育，就业率不降反升。据汽车学院就业办主任提供的数据显示，截至2013年10月，学院毕业生就业签约率已达到95.72%。

2. 职业院校毕业生的竞争优势

  职业院校的毕业生之所以在严峻的就业形势下凸显优势，主要原因在于：第一，职业院校毕业生在学校的职业指导下，转变了就职观念，对自身的期望值有准确的定位；第二，职业院校毕业生相对比较脚踏实地，不好高骛远，工作态度端正；第三，职业院校对实习训练较为重视，学生在最后一年基本安排在企业进行顶岗实习；第四，多数职业院校对学生的培养实行双证制，除了有学历毕业证书外，学生一般在毕业前都能拿到一个工种甚至多个工种的职业资格证书，毕业后就可以直接上岗，这在就业市场上非常有竞争力；第五，比起本科毕业生、研究生而言，职业院校学生特别是那

些善于沟通、表达能力好、勇于挑战自己的职业院校毕业生，更愿意选择自主创业。

从经济和社会发展的趋势上看，职业技术教育的前景是十分广阔的，其毕业生就业以其自身的优势和特点正逐步得到社会的理解和认同，成为经济建设和社会发展的主力军。

小资料

11名高职生到清华当老师

高职生到清华当老师？很多人会把它当作天方夜谭。而近日，陕西工业职业技术学院（以下简称陕西工院）6个专业的11名学生真的被清华大学基础工业训练中心录用，聘任为"实验老师"，负责指导本科学生的基础工业实训工作。

这次，陕西工院机电维修、电气自动化、材料成型与控制技术、数控技术等6个专业的11名学生在校期间均表现优秀，多次获得各项奖励，最终凭借扎实的基础知识、娴熟的专业技能、良好的专业素养、极强的可塑性，从而获得清华大学的青睐。

其实，陕西工院的毕业生已不是第一次在名牌高校就业。2008年，该院数控技术、模具设计与制造专业牛银迪、龚鑫等5名学生就应聘到清华大学基础工业中心任职，实训工作繁忙，任务量大，新仪器设备也比较多，需要解决的问题很多，由于专业基础过硬，再加上他们本身好学，踏实能干，很快就进入角色，设备的调试、辅导工作都做得井井有条；2010年，该院文秘专业毕业生黄晶入职浙江工业大学之江学院，担任法学专业速录教师；2012年，模具设计与制造、材料成型与控制技术专业王文佩、胡兵等被聘为北京航空航天大学工程训练中心实训指导教师……

清华大学基础工业训练中心主任傅水根教授评价说："陕西工院的毕业生，知识基础扎实，专业技能娴熟，职业素质优良，发展后劲有力。"

近年来，陕西工院多种渠道分专业对学生进行技能培养，并把课外活动纳入课程化、学分制管理框架。该院毕业生初次就业率一直稳定在97%以上，特别是在2013年严峻的就业形势下，初次就业率达97.45%。

2013年11月到12月间，该院2014届42个专业的6 300余名毕业生与省内外百余家用人单位进行面对面的就业洽谈，挑选自己心仪的工作岗位，中联重科、中铁宝桥、中天建设、海尔、美的等大中型企事业单位向毕业生提供了超过2∶1专业对口、待遇优厚的工作岗位。截至2013年底，大部分毕业生已落实了就业单位。

——摘自《中国青年报》

3. 就业单位面向职业院校毕业生的利好

（1）招聘单位更加理性化。大部分用人单位一改招聘中非名牌高学历毕业生不用的状况，更重视学生的综合素质和动手能力。一些企业招聘高级技工的薪酬甚至超过研究生。可见，用人单位更多的是从实际需要出发来选择适合企业发展的毕业生，其招聘行为更加理性化。而这样一种选才心理和用人态度，无疑将给职业院校毕业生带来更大的就业发展空间。他们当中也许会有更多的人凭借自身的能力和创造的价值成为国家紧缺的"高技能人才"。

（2）民营企业将成为就业机会的最大提供者。民营企业相对国企及事业单位更注重人才的实际能力和可持续发展能力。随着个体、民营经济的继续发展，需求岗位进一步增加，中国毕业生网分析，民营企业将成为未来几年内毕业生就业机会的最大提供者。这要求广大毕业生，积极转变就业观念，不要将目光仅仅局限在事业单位、大公司、大企业上，要适应形势要求，投身到无限生机的民营企业中去。

（3）企业更愿意接受职业素养好的毕业生。近几年的调查显示，不论何种类型的就业单位，在注重学生职业技能的同时，更注重学生的职业素养。工作能力可以通过后期的学习加以弥补，而为人的基本素质要靠长时间的熏陶和养成，这也是企业用人时考虑的首要条件。职业院校的学生在校期间往往都接受过在敬业精神、团队精神、吃苦耐劳、职责担当等方面的职业指导，在生产实习过程中得到过锻炼，在求职面试以及职业能力测试中所表现出来的优势令企业青睐。

小资料

一个动作让企业老总看上了他

李浩，一个从丰田金杯技师学院走出来的普通学生。毕业当年，和大多数求职者一样面临着招聘单位的一次又一次考试和面试。其实每一次面试，企业的人力资源管理人员提出的问题都大同小异，但是这一次要面对的是一家日资企业的副总。在回答完副总提出的关于薪酬待遇方面的问题以及对自己未来的憧憬后，他被通知可以离开了，就在他起身离开座位后，他把自己坐过的椅子轻轻地推到了桌子下面，摆正位置。在一同参加面试的六个人中，只有他做出了这样的动作。副总把他叫住了，问他为什么要那样做，他说："这是我在学校通过4S训练养成的习惯，把用过的东西放回原位，这样可以给以后再用的人提供方便。"副总满意地点点头。接下来，人力资源部通知李浩面试成绩合格，李浩顺利地成为该企业的试用员工。

李浩的学习成绩并不突出，可是他能够在众多求职者中脱颖而出，凭借的就是他的职业素养。一件小事往往可以反映出一个人的品质和修养。李浩的成功告诉我们，在学生的求职过程中，企业看重的不光是员工靠能力给企业带来的经济效益，更看重他们身上存在的隐性产品附加值，也就是个人素养。

（4）薪酬底线逐年提高。职业院校的毕业生依靠其较强的动手能力多数工作在企业的生产一线，在企业员工中占有较大比例，是企业完成生产任务的核心。近年来，随着企业对生产一线操作人员的重视，薪酬待遇不断增加。如华晨宝马汽车公司、上海通用汽车公司、航天三菱发动机制造有限公司等知名企业在招聘从事生产的技术工人时，尤其是在招聘人才短缺的技术工种时，薪酬待遇逐年提升，顶岗实习时就已经给出 2 600 元的薪酬，正式转正入职后，企业为了能留住技术过硬的人才，更是在员工的文化生活、福利待遇等方面给予很多关怀，有的甚至超过了管理人员，工资薪酬更是随着技术能力的提高不断增加。

（5）就业空间将进一步扩大。中国经济的快速发展提供了广阔的就业空间。按照国家未来的发展目标，经济生产总值每年至少要保持7%的增长，专家预测将会提供80～100万个就业岗位。西部大开发战略的实施等都会增加更多的就业机会。国企改革的逐渐完成也将使企业在近几年大规模储备人才。职业院校的毕业生只要能转变择业观念，满足企业的需求，将大有用武之地。

（6）人才市场趋向在转变。据前程无忧调查显示，人才市场未来长期的趋向是，具有新知识和高技能的人才最有发展空间，而非大学生身份，这就要求我们职业院校的毕业生在毕业后，仍然要具有继续学习的能力，可持续发展的能力，不断提高自己的综合素质，给自己创造更广阔的发展空间和机遇。

杭州"85后"高级蓝领"薪"情不错

"在身边的同龄人里，能拿到10万元以上年薪的，一只手就数得过来"，杭州汽轮机股份有限公司特级机械加工技师朱佳龙自豪地告诉记者。这位1985年出生的小伙子，凭着对数控机床的熟练掌控，挣到了一份很不错的薪水。昨日下午，杭州汽轮机股份有限公司的总装车间里，秦曙光师傅正在车床前紧张地忙碌着。在他的身边，是赫赫有名的全国劳模班组的成员。钳工高级技师、浙江省职工技术创新能手、杭州市职业技能带头人、全国技术能手、全国机械工业质量模范……秦师傅身上有着这样那样的光环，还先后被评为杭州市首席技师、浙江省首席技师，是当之无愧的技术带头人。

拥有着这样的"江湖地位"，当然会获得相当丰厚的回报。据杭州汽轮机股份有限公司相关负责人介绍，秦师傅目前的年薪已经超过了20万元，而他所带领的班组，平均年薪也超过了10万元。

——摘自《杭州网—杭州日报》

（五）企业的用人标准

对于职业院校的学生来说，到各类企业，成为一名优秀的企业员工是大多数学生的初心,所以,企业的用人标准就是我们的努力方向。

俗话说得好,企业聘用员工,不是为了供养,而是因为需要。那么,企业到底需要什么样的员工呢?

人才是指具有一定的专业知识或专门技能,进行创造性劳动并对社会做出贡献的人,是人力资源中能力和素质较高的劳动者。具体到企业中,人才是指具有一定的专业知识或专门技能,能够胜任岗位能力要求,进行创造性劳动并对企业发展做出贡献的人,是人力资源中能力和素质较高的员工。

人才的标准应当具备良好的修养,在某一个领域或某些领域有所专长,效率高,讲方法,洞察力强,吃苦耐劳,有创造性思维。

小资料

有一次福特公司的一台马达坏了,公司所有的工程技术人员没有一个人能修复,公司只得另请高明。几经寻找,找到了坦因曼思。他到了现场后,在马达旁听了听,要了把梯子,一会儿爬上一会爬下,最后在马达的一个部位用粉笔画一道线,写上几个字"这儿的线圈多了16圈"。果然把多余的线圈去掉,马达立即恢复正常。亨利·福特非常赏识坦因曼思的才华,就邀请他来福特公司工作,但坦因曼思却说:"我现在的公司对我很好,我不能忘恩负义。"福特马上说:"我把你供职的公司买下来,你就可以来工作了。"

福特为了得到一个人才不惜买下一个公司,人才的重要性不言而喻。在现代企业的建设和管理中,"以人为本"的理念已经越来越被领导阶层所重视。尊重知识、尊重人才已经成为一个时代的追求。人才就是效率,人才就是财富。得人者得天下,失人者失天下。人才已经成为关系企业生死存亡的大事。比尔·盖茨曾经说过,如果可以让我带走微软的研究团队,我可以重新创造另外一个微软。

——摘自搜狐科技《电商行业企业人才流失的原因及应对策略,已惊呆!》

企业优秀员工往往具备以下几种能力。

1. 认同企业价值观,适应文化

企业文化是一个组织由其价值观、信念、仪式、符号、处事方式等组成的特有的文化形象,简单而言,就是企业在日常运行中所表现出的各个方面。企业文化的形成是一个企业历史的积淀,是企业所有员工共同建立的心理规则。只有认同企业文化和其核心价值观的人才能成为支撑企业发展战略的人才。

2. 要把敬业当成一种习惯

敬业,就是要敬重自己的工作,就是要在任何环境下,把敬业当成一种习惯。敬业与你从事的工作无关,不管你做什么工作,只要有敬业精神,你就更容易成功。在企业里,很多人认为,只要把本职工作做好,把分内事情做好,就万事大吉。当接到额外的工作时，不愿做额外工作，这就不是有职业精神的表现，也就是不敬业。因为额外工作对公司来说往往是紧急而重要的，尽心尽力完成它是敬业的良好体现。如果你想成功，除努力做好本职工作以外，还要经常去做一些分外的事，因为只有这样才能时刻保持斗志，才能在工作中不断得到锻炼，充实自己，才能引起别人的注意，对你的成功大有益处。做一些分外工作一定会使你获得良好的声誉，是一笔巨大的无形财富，在你的职业发展道路上会起到关键作用。多做一些分外工作，会使你尽快地从工作中成长起来。

小资料

有一位本领高超的木匠，因为年事已高就要退休了。他告诉他的老板：他想离开建筑业，然后和妻子儿女享受一下轻松自在的生活。老板实在是有点舍不得这样好的木匠离去，所以希望他能在离开前再盖一栋具有个人品位的房子来。木匠欣然答应了，不过令人遗憾的是，这一次他并没有很用心。他草草地用劣质的材料就把这间屋子盖好了。其实，用这种方式来结束他的事业生涯，实在是有点不妥。房子落成时，老板来了，顺便看了看，然后把大门的钥匙交给这个木匠说："这就是你的房子了，是我送给你的一个礼物！"木匠实在是太惊讶了！当然也非常后悔。因为如果他知道这间房子是他自己的，他一定会用最好的木材，用最精致的工艺来把它盖好。其实我们每个人自己正在做的活儿，归根结底都是在准备为自己建造一间房子。如果我们不肯努力去做，那么我们只能住进自己为自己建造的最后的也是最粗糙的"房子"里。

平凡孕育伟大。如果你真正珍惜自己的生命，就请立足于平凡，做好自己岗位上的工作吧！

——摘自百度文库

3. 要遵守准则，用心做事，具有规矩意识

在企业工作很长时间并获得高工资的人都是守规矩的人。所谓守规矩，就是能遵守企业的各种规定，特别是生产规定，能服从企业的安排踏实做好工作。具体到制造类企业，就是能严格地执行7S管理，这些员工总是把工作环境收拾得整整齐齐，细心维护自己的设备与工具，使它们处于良好的工作状态。管理者还发现，这些员工在自我管理方面是自觉自愿的，不用外来的检查督促，因为这样做，"他们自己感觉舒服"。规矩意识实际上是人的一种素养，员工有规矩意识，企业的管理成本就会大大降低，因此企业自然愿意为他们支付更高的工资。对企业而言，这样的员工越多，企业的品质也就越高。

 **小资料**

有一次，上班时，我看见公司的清洁阿姨在门口准备清扫，清扫前有个程序，就是先洒水。那天，清洁阿姨正在洒水，我一看，正好下着小雨，为什么还要洒水呢？但是，我没去问她。第二天，依然看见清洁阿姨在洒水，可是，那天下的雨比昨天还要大了，还需要洒水吗？后来，我的同事终于忍不住，就去问她。她回答说，操作规程里要求必须要洒水，一定要按规程办。我同事反驳，就不能变通下吗？白搭功夫！可她说，新的建议报告已经呈交到总部，但是新的操作规程没出来之前，必须按旧的规程办，所以扫地前必须洒水。

——摘自百度贴吧

 **"我"的观点**

这个例子看起来很平常，甚至有人会笑话清洁阿姨脑袋不灵通，不会转变思维，但是正是她们严格按照规程办事，她们的服务才赢得大家的赞誉。工作有程序，必须规范化，这也是成功的要素之一。

4. 带着思考工作，能妥善解决问题

在企业的发展过程中，总会不可避免地遇到各种问题和困扰，所以，企业迫切需要的是那种能及时解决问题的人才。在制造类企业，许多生产流程都实现了机械化、自动化，但对于员工来说，并不是不需要思维，而是对于思维的要求更高了。"我能为公司做什么？"这应该是每一位员工从进公司起就该搞清楚的事情。要主动地、积极地、创造性地把你的工作做得尽善尽美，然后才能获得"公司能给我什么"的报酬。以数控加工为例，生产产品的过程是一个可以不断优化的过程，所谓改进思维就是这种优化的思维。那些在企业拿到高工资的员工，在生产过程中会不断地去思考生产的环节，哪些方面可以改进，如工艺流程、工具装夹、物品摆放等，这样的改进可以不断降低成本、减少生产时间，从而获得效率提升。改进思维本质上是一种创新性思维，对于员工个人而言，他们可以用同样的时间生产更多更好的产品；对于企业来说，他们的个人改进会成为企业共同的经验，推动企业的技术落地与进步。当周围的人们都喜欢找你解决问题时，你就取得了胜人一筹的优势，企业必然就会知道你是个良才。身为企业的一员，如果我们能积极主动地提出合理化建议，将对整个公司的发展产生十分积极的意义。

 **活动体验**

第一，查找国家关于职业院校专业人才培养方案，并查找自己所学的专业标准。

第二，查找近五年国家指定的关于职业教育，尤其是关于技术技能型人才的奖励政策。

第三，查找世赛、国赛、省赛、市赛的竞赛项目、竞赛标准和参赛要求。

第四，查找国家领导人对职业教育的相关论述。

第五，写一篇文章，谈一谈自己心理预期和努力的方向，制定或修改自己的学习目标和计划。

第三节 合理制定目标——职业生涯设计的关键

职业生涯规划是指学生在学业期间对职业生涯进行系统规划的过程。职业生涯规划的有无及好坏直接影响学习效果及质量，影响求职就业甚至未来职业生涯的成败。所以我们不仅要了解职业生涯的含义、特征和意义，更要做好树立职业理想、选择职业目标、培养职业能力、获取职业资格等职业生涯的各项准备。

工作情境

情境一：职业生涯规划早，工作才能找得好

某校经济学院举办了一次求职经验座谈会。当主持人介绍到管兵时，会场气氛一下子热烈起来。谁不知道财会专业的管兵呀，他可是院里的风云人物。大四下学期就和某跨国公司签订了劳动合同。院里的老师都把他的求职经历作为"经典"来宣传，可一提到他具体的求职过程，就语焉不详了。

一位小师妹早已按捺不住内心的急切，问道："请问管兵师哥，听说你一进校门，就早早做好了职业生涯规划，我们很想知道你是怎么做的。"管兵呵呵一笑："我一直相信：'凡事预则立，不预则废。'我立志做一名优秀的会计师，确实很早就制定了一个职业生涯规划，不过我觉得最有效的应该是它的'分计划'之一——大学四年规划。""能具体解释一下吗？"主持人问。"那我就开诚布公，把我的'大学四年规划'和大家分享一下，供师弟师妹们参考。记住，求职机密，不得外传呦。"现场笑声一片。

"我认为职业生涯规划做得越早越好。一入校门，我就在老师的指导下，依据自己的专业、性格和特长制订了'大学四年规划'，概括起来，就是'三步走'。

"第一步，就是打好知识基础。古语云，'临渊羡鱼，不如退而结网'。与其羡慕别人找到好工作，不如自己沉下心来扎扎实实提高自己。虽然财会专业在有些人看来，理论枯燥无味，数据令人头疼，我学起来却乐此不疲。当许多同学在上网玩游戏的时候，我总在啃着那些厚厚的课本。我深信，打好知识基础，才会拥有坚实的翅膀，才会在未来的职场天空飞得更高。因此大学四年，我专业课几乎门门都是优秀。公共课，我学起来也毫不含糊，尤其应用英语和应用计算机技术这两门课，学得非常扎实。不知大家知道不，我还结合自己所学专业，做了一套财务管理软件，在校内软件编程大赛中获得了一等奖呢。

"第二步，就是在初步打牢知识基础的前提下，多参加一些社会实践活动。大二下学期，通过比较，我报名参加了学校的'金融协会'，这个协会和我所学的专业联系紧密，因此我就可以不时地'露一手'。记得我们最成功的一次策划，是通过学院、院团委，联合市财政局，在市图书馆组织了一次全市'金融知识有奖问答大赛'。这次比赛，参赛者数量多，水平高。几天的比赛切磋，我学到了许多在课本上无法学到的实用技能，深深懂得了什么是'学无止境'。通过这些实践活动，我的专业知识，乃至组织和协调能力得到前所未有的提高。

"第三步就是从大三开始，到管理规范的公司认真实习。大三寒假，我通过老师的推荐，到一家大型超市做收银员，不要小看点钞和找零钱这些机械的活动，其实这里面也有技术含量，可以培养一个人敏锐的观察力和判断力。大四一开始，我就选择了一家有名的大公司实习，亲身感受了这家公司的企业文化，了解了他们的人才培养机制，招聘岗位要求等。通过这些锻炼，可以说，我已经初步做好了进入这些大公司的准备了。

"当然，我所说的'三步走'并没有严格的时间顺序，比如我在参加社会实践的时候也没放松学业，这点大家可不要忘记啊！"

主持人点了点头，问道："管兵师哥，师弟师妹们特别想知道你是怎么进入那家国际公司的？"

管兵笑了："其实有了前面的'三步走'，求职成功就是水到渠成的事了。我在招聘会上投了简历，前面的笔试都很顺利。最后面试的时候，主考官仔细查看了我制作的财务软件，用英语和我探讨了几个专业问题，又让我现场给他们制作了一个简单的财政预算方案，这些都难不倒我。面试后的第二天下午，我就接到了录用电话。我的求职过程并不曲折，大家是不是有些失望，觉得不够精彩？"

"哪里，哪里，非常精彩。让我们大家一起感谢管兵师哥不吝赐教。"主持人话音刚落，全场报以热烈的掌声。师弟师妹们纷纷上前和管兵师哥合影，座谈会在热烈的气氛中结束了。

情境二：大成未成

大成满怀信心地向一家合资企业投递了求职简历，面试时，考官提出的几个常见问题，由于大成做了准备，负责人点头称道。就在大成有望签约时，有人问："如果加盟了我公司，能否描述下五年后你的样子？"大成稍稍思考下说："那时的我会很勤奋尽职。""难道五年后，你只是勤奋尽职吗？"大成没有回话。这时负责人面带微笑说："回去还是好好想一想这个问题吧！"

 **情境分析**

通过以上管兵和大成的两个不同结果的案例，充分说明了一个人只有尽早做好职业生涯规划，认清自己，不断探索和发展自身潜能，才能正确地把握机会，创造成功人生。反之，如果从没认真思考过自己的职业生涯，随大流，看情况，推着来，在求职过程中就会"放眼四顾心茫然"或"四面出击难开颜"。职业生涯规划是对自己一生职业发展道路的设想和规划，是对自己的职业理想、未来职业发展目标与如何实现这一理想、目标的设计方案。因此，职业生涯规划极具个性化的特征，所以我们必须了解职业生涯规划相关知识，并做好职业生涯规划。

 **知识泉眼**

（一）职业生涯规划

1. 职业生涯规划含义

职业生涯规划是指个人和组织相结合，在对一个人职业生涯的主客观条件进行测定、分析、总结研究的基础上，对自己的兴趣、爱好、能力、特长、经历及不足等各方面进行综合分析与权衡，结合时代特点，根据自己的职业倾向，确定其最佳的职业奋斗目标，并为实现这一目标做出行之有效的安排。

职业生涯规划最早起源于1908年的美国。有"职业指导之父"之称的弗兰克·帕森斯针对大量年轻人失业的情况，成立了世界上第一个职业咨询机构——波士顿地方就业局，首次提出了"职业咨询"的概念。从此，职业指导开始系统化。到五六十年代，舒伯等人提出"生涯"的概念，于是生涯规划不再局限于职业指导的局面。

个体职业生涯规划并不是一个单纯的概念，它和个体所处的家庭、组织以及社会存在着密切的关系。随着个体价值观、家庭环境、工作环境和社会环境的变化，每个人的职业期望都有或大或小的变化，因此它又是一个动态变化的过程。对于个体来说，职业生涯规划的好坏必将影响整个生命历程。我们常常提到的成功与失败，不过是所设定目标的实现与否，目标是决定成败的关键。个体的人生目标是多样的：生活质量目标、职业发展目标、对外界影响力目标、人际环境等社会目标……整个目标体系中的各因子之间相互交织影响，而职业发展目标在整个目标体系中居于中心位置，这个目标的实现与否，直接影响着成就与挫折、愉快与不愉快的不同感受，也影响着生命的质量好坏。

 小资料

有三个人要被关进监狱三年，这三个人分别是美国人、法国人和犹太人。监狱长给他们三个人一人提一个要求的机会。

美国人爱抽雪茄,要了三箱雪茄。

法国人最浪漫,要一个美丽的女子相伴。

而犹太人说,他要一部与外界沟通的电话。

三年过后,第一个冲出来的是美国人,嘴里鼻孔里塞满了雪茄,大喊道:"给我火,给我火!"原来他忘了要火了。

接着出来的是法国人。只见他手里抱着一个小孩子,美丽女子手里牵着一个小孩子,肚子里还怀着第三个孩子。

最后出来的是犹太人,他紧紧握住监狱长的手说:"这三年来我每天与外界联系,我的生意不但没有停顿,反而增长了200%,为了表示感谢,我送你一辆劳斯莱斯!"

——摘自百度文库

"我"的观点

这个故事告诉我们,什么样的选择决定什么样的生活。作为大学生在校应该怎样做出选择?今天的选择将决定大学生毕业后的工作。要选择接触最新的信息,了解最新的趋势,从而更好地规划自己的生涯,创造自己的未来。

2. 职业生涯规划的主要目的

(1) 第一个目的是找到适合自己的工作。找工作最重要的就是要人岗匹配,适合自己。每个工作都有长处和短处,每个人都有优势和劣势。分析、定位是职业生涯规划的首要环节,它决定着个人职业生涯的方向,也决定着职业生涯规划的成败。求职之前先要进行职业生涯规划,进行职业生涯规划之前先要进行准确的自我定位。先要弄清自己想要干什么、能干什么,自己的兴趣、才能、学识适合干什么。可以通过可靠的量表工具进行测量,评估职业倾向、能力倾向和职业价值观,这是职业生涯规划的基础。职业规划就是根据测评结果的各项指标,以及自身的学历、经历、能力,了解一个人的内在、外在优势,并且把这些优势整合在一起,作为职场上打拼的核心竞争力。然后,由咨询师根据南北市场、行行业业的千千万万个职位,进行分析,找到这个人和岗位匹配的匹配点,也叫职位切入点。

(2) 第二个目的是通过规划求得职业发展。找到职业切入点之后,就能清楚今后各个阶段的发展平台,并且拿出攻占各个平台的计划和措施,然后由咨询师对切入点所在的市场状况、行业前景、职位要求、入行条件、培训考证、工作业务、薪酬提升、行业英语等运作进行详细指导。例如要上哪个平台,需要多长时间,补充哪些知识,增加哪些人脉等。而自己则沿着"主干道去充电",几年后努力成为业内的精英,从而使自己的薪水和职位得到升华。

 **小资料**

世界头号投资大师巴菲特，小时候是一个内向而敏感的孩子，无论是读书成绩还是在生活中的表现，巴菲特与一般孩子毫无区别，甚至有时还不如别的孩子。许多人都嘲笑巴菲特行动、思维缓慢，但巴菲特却将这一弱点转化为自己最大的优点——耐心；同时，他还发现自己对数字有天生的敏感，并对其充满了兴趣。

在27岁之前，巴菲特尝试过无数的工作，做销售、充当法律顾问、管理一家小厂，但最终他结合自己的优点——耐心、对数字敏感，将自己的职业发展转向成为一名投资家。在明确的职业规划引导下，巴菲特拒绝了许多外来的诱惑，也忍受住许多压力，坚定不移地按着自己的职业发展道路前进，最终成就一番惊人事业。

——摘自百度文库

 **"我"的观点**

职业规划的最大好处就在于，可以帮助我们将个人梦想、价值观、人生目标与我们的行动策略协调一致，去除其他不相关的旁枝末节，整合个人最大的优势与资源，从而向着终极目标快速前进。而这正是我们取得成功的重要保证。

对于学生来说，职业生涯规划就是个人成长发展的一盏指路明灯，让我们清楚自己未来的路与方向。在竞争激烈的现代社会，一个人越清楚了解自身的资源与优势，明白如何根据个人核心优势去制定未来发展道路，就越容易实现成功的梦想。

3. 职业生涯规划的基本分类

职业生涯规划按照期限分类一般划分为短期规划、中期规划和长期规划。
（1）短期规划为三年以内的规划，主要是确定近期目标，规划近期要完成的任务。
（2）中期目标一般为三至五年，在近期目标的基础上设计中期目标。
（3）长期目标其规划时间是五至十年，主要设定长远目标。

（二）职业生涯规划的意义

 **小资料**

"最美钳工"张文良

"全国技术能手""全国青年岗位能手""全国向上向善好青年""总公司十佳杰出青年"……很难想象，拥有这些荣誉的张文良只是个"90后"的青年。

17 岁异地求学，19 岁参加第三届全国技工院校学生技能大赛获得全国第七的好成绩，22 岁成为沈阳造币厂里最年轻的高级技师。感谢老师，感谢母校，是你们为我规划了成长的路径，是你们成就了我的技术，实现我的人生梦想。

1. 初识梦想，扎根心底的冠军梦

2008 年，年仅 17 岁的张文良独自背上行囊来到沈阳职业技术学院汽车分院模具专业求学。"当初我也不是十分了解这个专业，只知道我们生活中的大部分用品都是通过模具制造出来的。"

有一天，实习课间，他驻足在优秀实习课件展示柜旁边，凝神观看，实习老师说："这不是每个人都能轻松做出来的，需要不懈努力、得吃苦。"实习老师的激将法，既燃起了他向优秀课件看齐刻苦学习奋力拼搏的斗志，又激发了他努力学习技能的热情。从此后，他上课时珍惜每一分钟，认真听老师的讲解。吃苦的精神用在学习技能上，用在实践中，别人累了休息，他仍旧在反反复复地练习。功夫不负有心人，他保持了每个学期实习成绩第一名的记录。

"我相信，只要有'真材实料'的'一技之长'，技术工人也照样可以成就一番事业！"

入学教育后，在老师的指导下规划了自己的学习和今后的职业生涯，从练习站姿开始，向成为优秀学生努力。（为了掌握这个基本姿势，他找到老师帮他看着姿势是否标准，标准后用粉笔圈出两脚的轮廓，站好后就走开，再继续站，一次次练习。经过几天的边琢磨边训练，他的站姿被老师当众称赞为"标准站姿"。）直到有一天在老师的办公室里看到了一个刻着"全国技术能手"字样的漂亮奖杯，激发了他的新梦想，有了新的目标——以老师为榜样，参加比赛，直至参加全国比赛，夺得冠军。

张文良认为，一旦做出选择，就是背着负担和理想的。

2010 年，张文良参加了第三届全国技工院校技能大赛。张文良获得了辽宁省第三、全国第七的好成绩，成为同届钳工中最优异的学生。

2011 年，毕业后的张文良为了坚持自己的兴趣爱好，选择了做月薪只有 1 200 元的非公企业的临时工。每天 24 小时中，除了必要的吃饭睡觉时间，张文良都在努力提升自己的技能，争取做到分毫不差。

2012 年，张文良参加了第八届"振兴杯"全国青年职业技能竞赛并获得钳工组冠军。

"这次比赛给了我站在国家级舞台的机会，圆了我期盼多年的冠军梦。"张文良说。

2. 挑战自我，适应发展的复合型人才

2013 年 5 月，张文良终于如愿以偿，成为沈阳造币有限公司的一名维修钳工，主要从事造币设备的维修、装调等工作，也是公司里最年轻的高级技师。

"走上全新的岗位，我的心里满是压力。在这里，我该怎样实现技能的再突破？怎样才能体现自己的专业价值？学习是唯一的途径。在转型发展的'新常态'下，公司对复合型人才的培养十分重视。这为我搭建了更广阔的平台，我开始向新的目标攀登。"张文良说。

张文良再一次立足岗位、着眼未来，谋求发展并规划了自己的职业生涯。

张文良在设备维修的岗位上，张文良是一名虚心勤奋的"学徒工"，他踏踏实实地向有几十年工作经验的前辈和掌握丰富理论知识的技术人员学习造币技术。良好的专业基础优势让他更加大胆地参与到技术改造、攻关之中，以自己的才智为公司发展出谋献力。

同时，他仍旧积极参加比赛，以赛促学，以赛促成长。2013年张文良参加了第九届"振兴杯"比赛，并挑战了机械设备安装工这一全新工种。"自身发展的渴望与来自企业的期待，都化作了我从零开始，苦学、苦练机械设备安装技术的动力，最终取得了全国第三名的成绩。"张文良说。

3. 全力以赴，向行业首席技师进发

张文良十分享受全身心投入比赛中的状态，渴望在一次次挑战中不断提升能力。谈及"工匠精神"，张文良表示现在国家对此很重视，这是对一线技工的最大肯定和最佳鼓励。随着不断学习传统工匠技艺，张文良结识了很多踏实工作一辈子的钳工，那种纯手工技艺背后不断精益求精的精神深深感染着他。

"我从2010年开始参加比赛，一路走过来经常是最年轻的选手。作为90后，我想将'工匠精神'发扬光大并传承下去，让更多年轻人认识并走进这个行业，一起为之不懈努力。"张文良说。

2016年，张文良被评选为"全国向上向善好青年——爱岗敬业好青年"，面对荣誉，张文良这样说道："我觉得这不仅是对我个人的认可与激励，更是对爱岗敬业精神和实干兴国信念的肯定与发扬。"

张文良认为青年人应该尽早树立梦想："引用一段我挺喜欢的话，'在这个世界只要有梦想，只要你不断努力，不断学习，不管你是不是有钱，不管是这样还是那样，你都是有机会的。'"

对于未来，张文良亦有很多期待和规划。今后，张文良希望能继续站在为国造币的舞台上，不仅要像老一辈技能人才一样刻苦钻研造币技术，也要最大化地发挥一个新时代青年的创新精神，更要把自己积累的经验和技能毫无保留地分享出来，让自己的"看家本事"变成企业的"技术资源"，与更多有志青年共同进步，用自己的双手去实现一个又一个青春梦。

"现在我是企业最年轻的技师，10年后，我想成为行业的首席技师！"张文良说。

——摘自中国青年网

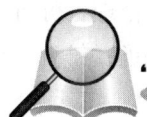"我"的观点

2018年5月2日，习近平主席在北京大学师生座谈会上的讲话中就对广大青年提出了希望，鼓励广大青年要励志，立鸿鹄志，做奋斗者。他引用苏轼的"古之立大事者，不惟有超世之才，亦必有坚忍不拔之志"及王守仁的"志不立，天下无可成之事"

的两句名言告诫青年，立志对一个人的一生具有很重要的意义。

张文良对自己定位准确，在不同的环境下为自己量身设定不同的目标：参加技能大赛──向复合型人才转型──做行业首席技师，然后不忘初心，努力奋斗，用行动证明了他信奉的那句话"只要有'真材实料'的一技之长，技术工人也照样可以成就一番事业"。

职业生涯规划作用如下。

第一，职业生涯规划能让我们以既有的成就为基础，确立人生的方向，提供奋斗的策略，塑造充实的自我。

第二，职业生涯规划能准确评价个人特点和强项，评估个人目标和现状的差距，准确定位职业方向；能够重新认识自身的价值并使其增值，提升个人实力，获得长期职业发展优势，加快适应工作，提高工作满意度，使事业成功最大化，增强职业竞争力。

第三，职业生涯规划能够让我们更加了解就业市场，科学合理地选择行业和职业，发现新的职业机遇。

（三）职业生涯规划的步骤

每个人都渴望成功，但并非都能如愿。了解自己、有坚定的奋斗目标，并按照情况的变化及时调整自己的计划，才有可能实现愿望的成功。进行职业生涯的自我规划具体步骤如下。

1. 自我评估

自我评估属于职业生涯规划的内部因素，其目的是认识自己、了解自己，从而对自己所适合的职业和职业生涯目标进行合理抉择。

2. 职业生涯机会的评估

职业生涯机会属于职业生涯规划的外部因素，主要是评估周边各种环境因素对自己职业生涯发展的影响。前面讲述的就业政策形势及企业和企业用人标准等内容就属于职业生涯机会评估的内容。

3. 确定职业发展目标

有理想是青年成才的目标方位。习近平总书记高度重视理想信念在青年成长过程中的核心作用，认为理想指引人生方向，信念决定事业成败。这就要求我们在准确对自己和环境做出评估之后，必须确定适合自己的、有实现可能的职业发展目标。合理、可行的职业生涯目标的确立决定了职业发展中的行为和结果，是制定职业生涯规划的关键。

小资料

哈佛大学有一个非常著名的关于目标对人生影响的跟踪调查。调查对象是一群智力、学历、环境等条件差不多的年轻人。调查结果发现：3%的人有清晰且长期的目标，10%的人有清晰但比较短期的目标，60%的人目标模糊，27%的人没有目标。

经过25年的跟踪研究，结果发现他们的生活状况及分布现象有一定规律：3%有清晰且长期目标的人，他们大都成了社会各界的顶尖成功人士，其中不乏白手创业者、行业领袖、社会精英；10%有清晰但目标比较短期的人，大都生活在社会的中上层，成为各行业的不可或缺的专业人士，如律师、医生、工程师、高级主管等；60%的目标模糊的人，几乎都生活在社会的中下层，他们能安稳地生活与工作，但都没有什么特别的成绩；剩下那27%没有目标的人，几乎都生活在社会的最底层，他们的生活过得都不如意，常常失业，并且抱怨他人，抱怨社会，抱怨世界。

——摘自百度文库

"我"的观点

目标对人生有巨大的导向性作用。

在确定职业发展的目标时既要注意自己性格、兴趣、特长与选定职业的比配，又要考察自己所处的内外环境与职业目标是否相适应，不能妄自菲薄，也不能好高骛远。既要将长期目标、中期目标、短期目标层层分解，逐一细化，又要依据自身能力明确各个目标实现的时间，避免实现过程中自己过于急躁或懒散。

比尔·拉福的职业生涯规划

美国知名企业家比尔·拉福在北京长城饭店接受《中国青年报》记者采访时，他谈到他的成功应感激他父亲的指导，他们共同制定了一个重要的生涯规划。最终这个生涯设计方案使他功成名就。

比尔·拉福的父亲是洛克菲勒集团的一名高级职员，他发现儿子机敏果断，敢于创新，有商业天赋，但经历的磨难太少，没有经验，更缺乏必要的知识。于是，在父亲的指引下，中学时的比尔·拉福就立志经商。

做商贸必须具备一定的专业知识。在商品贸易中，工业品占绝大多数，不了解产品的性能、生产制造情况，就很难保证在贸易中得到收益，所以要学工科；在市场经济下，一切经济活动都通过商业活动来实现的，不了解经济规律，不学习经济学知识，就很难在商场立足，所以要学经济学；经商必须有很强的人际交往能力，要想在商业上获得成功，必须深知处世规则，善于与人交往，建立诚信合作关系，所以要到政府部门去建立人脉关系；通过各种学习获得足够的知识，要通过实践才能转化为技能，所以要到大公司去锻炼……父子俩经过仔细分析后，描绘出职业生涯的蓝图，即工科学习→经济学学习→政府部门工作→大公司工作→开公司→事业成功。

因此高中毕业时比尔·拉福选择了工科中最基础最普通的机械制造专业学习四年，大学毕业后，开始了为期三年的经济学硕士课程，拿到经济学硕士学位后考取了公务员，在政府部门工作了五年之后去了通用公司进行锻炼。大展拳脚两年后，他已熟练掌握了商情与商务技巧，便婉言谢绝了通用公司的高薪挽留，开办了拉福商贸公司，开始了梦寐以求的商人生涯，实现多年前的志向。

——摘自新浪微博

"我"的观点

能力是可以后天培养的，成功的背后都要辛苦的付出，比尔·拉福的经历就是很好的例子。他虽然有经商的天赋，但却有更多的不足，所以在他确定了经商的职业目标后并没有即刻步入商海，而是先为自己量身打造了一套学习方案，即在不同时期设置了分目标，有针对性地储备自己欠缺而经商必须得具备的能力。然后他脚踏实地，心无旁骛，逐一实现了这些分目标，最终成就了自己的事业。所以即便是走得最慢的人，只要他不丧失目标，也比漫无目的地徘徊的人走得快。

4. 制定职业生涯行动计划与措施

只树立目标还远远不够，将目标变成现实才是关键环节，所以我们要在职业目标确定后制定相应的行动计划与措施。学生目前仍然以学业为主，应该首先做好学业规划，这部分内容将在下节详细介绍。

5. 评估与回馈

影响职业生涯规划的因素很多，有的变化因素是可以预测的，而有的变化因素难以预测。在此状态下，要使职业生涯规划行之有效，就必须不断地对职业生涯规划执行情况进行评估。前文提到的张文良，就是在确定好职业后，在不同的时期、不同的环境下，满足形势发展所需，不断给自己设置新的目标，不断挑战自我。

活动体验

SWOT 分析选择目标

活动介绍：将学生分组，2~4人一组。请组员把自己的优势、劣势、机会及威胁填写在SWOT分析表中，通过扬长避短，趋利避害，选择目标，再与小组的其他成员分享。

SWOT 分析	
优势 利用优势和机会的组合	劣势 消除劣势和威胁的组合
机会 改进劣势和机会的组合	威胁 监视优势和威胁的组合

 小资料

毕业生职业生涯设计

告别校园走向社会，第一步就是为自己的职业生涯做一个科学合理的规划。职业生涯设计应结合主客观条件，遵循以下四个步骤。

1. 确定志向

有了明确的职业发展方向是毕业生走向社会就业的第一要素。明确方向也是事业成功的基本前提。确定自己想要什么，然后沿着这个方向去努力。

2. 准确自我评估和分析客观条件

毕业生职业规划中，进行准确的自我定位非常重要。这一工作其实并不是已经面对"临门一脚"的毕业生才应考虑的问题，所有在校大学生都应该注重这方面的观察和总结。对自己的评估应包括：兴趣、性格、技能、特长、思维方式等，要将自我认识和他人评价相结合。外部要分析社会环境，包括各种职业环境和组织环境，应注意环境条件的特点、发展变化情况、自己与环境的关系、环境对自己有利与不利的因素，等等。只有调整好自身条件与客观条件的接洽度，才能在职业发展规划中趋利避害，使职业生涯规划更具实际意义。

3. 职业目标制订要合理

从目前的就业环境来看，选择职业发展目标时，切忌贪高贪快。要保证目标适中，同时也不可过高或过低，并将长期目标和短期目标结合起来，通过不断实现短期目标最终实现长远目标。

4. 制定行动计划、考核措施，并进行评估、回馈和调整

确定了职业发展目标后，要通过一系列发展规划来确保目标实现。职业生涯发展中，会经常发生变化，考虑到影响职业生涯规划的因素很多，对职业生涯设计的评估与修订也很必要。修订的内容可以包括职业的重新选择、职业生涯路线的重新选择、人生目标的修正、实施措施与计划的变更，等等。

第四节　科学规划学业——职业生涯设计的保证

大学，是一个人从半成熟走向成熟的过程，是一个人人生观、价值观、世界观逐

渐成熟的过程,是一个人人格形成和完善的过程。当然,在大学里你也可以选择漫无目的、整日无所事事,最终几年以后回首时发现自己一事无成,留下的仅是苍白。如果你希望以后可以很满意地对自己说:这几年我学会了很多,大学时光将对我的未来产生积极而深远的影响,这些年是我人生中值得回忆的时光!请你为自己制定一份"大学生学业规划",并按规划积极努力完成、不负光阴、相信自己,几年后你会实现华丽的转身。

工作情境

辽宁丰田金杯技师学院——国际化合作的典范,培育工匠技师的摇篮

建院 27 年来,学院始终以培养技能型、知识型、创新型的技能人才为己任,国际化合作办学取得了丰硕成果。建有国家、省、市级技能大师工作室,先后组织师生 95 次参加国内各级职业技能大赛,6 人夺得全国冠军,5 人夺得全国亚军,13 人荣获全国技术能手称号,236 人次荣获全国、省、市的技术大王、技术标兵、技术能手、五一劳动奖章、五四青年奖章等荣誉称号。

2016 年,学院被人力资源和社会保障部确定为第 44 届世界技能大赛原型制作项目中国集训基地,学院积极对接世界技能大赛,高标准建设集训基地,高质量完成国家集训队备战世赛集训工作,为我国选手在第 44 届世界技能大赛获得原型制作项目金牌做出了突出贡献。

不忘初心,砥砺耕耘,打造培育"大国工匠"的摇篮。

学院先后培育了大国工匠方文墨、党的十九大代表池贵义、全国青联委员张文良、全国技术能手丁佳伟等一批优秀青年高技能人才。学院先后被评定为国家级重点技工学校、沈阳市标志性中等职业学校、全国首批中等职业教育改革发展示范校、教育部"双师型"硕士研究生教学实践基地、国家高技能人才培训基地,世界技能大赛中国集训基地。

学院将持续走好国际化合作办学的发展之路,不断探索和积累职业教育发展的成功经验,持续打造丰田金杯职业教育品牌。为国产自主品牌汽车工业的发展、为东北老工业基地新一轮振兴、为中国制造 2025 培养出更多高水平的工匠技师而不懈努力。

情境分析

一所好的学校,可以提高你的专业技能,提升你的个人涵养,增加你的就业机会。既然是身处顺境,拥有这么好的资源就得好好利用,不断去提升自己的各项专业技能,用实力去说话。

很赞成龙应台说的一段话:"孩子,我要求你读书用功,不是因为我要你跟别人比成绩，而是因为，我希望你将来会拥有选择的权利，选择有意义、有时间的工作，而不是被迫谋生。当你的工作在你心中有意义，你就有成就感。当你的工作给你时间，不剥夺你的生活，你就有尊严。成就感和尊严，给你快乐。"

知识泉眼

（一）大学生学业规划管理

1. 大学生学业规划管理含义

大学生学业规划管理是指大学生通过他人的协助，在自我认识和了解社会的基础上，确立学业目标，开展实现学业目标的活动，制定大学学习和发展的总体目标及阶段目标，并进行执行、评估、反馈和调整的过程。

提早规划，追求梦想

赵新露，毕业于沈阳职业技术学院汽车分院13级高职数控二班数控技术专业，目前在开原市职业技术教育中心担任教师。

作为优秀毕业生代表，她回到母校与学弟、学妹们分享她的学业规划，下面让我们一起来聆听她的心声，倾听她对学弟、学妹们的建议。

首先，她非常想对院长说，当初选择了这里，是非常正确的。

其次，在大学的三年时间里，感觉自己的每一天都特别充实。大学的时间很自由，除了每天正常上课时间，其余的时间都由自己安排。这时对于不同的学生，时间上的安排就发生了变化。有的人选择兼职来增添大学生活的色彩，因为他们在为就业做准备；有的人选择加入社团来展现自己的才华，为了使自己能够得到锻炼和成长；有的人藏身在图书馆增强文化水平，因为他们三年后的学业目标是升学；有的人进行短时旅行来开阔视野、增长见识，因为他们有创业的思考；但也有人沉迷网络寻找快感；有人常与周公会面。那么三年后等待他们的是什么？不管一天24小时我们在做什么，时间都不会暂停，更不会增多。作为新一代青年人我们为什么不奋斗一次呢？

既然我们来到了学校，拥有了这个学习的平台，我们为什么不多多掌握一项技能呢！可能有人在想我们学习的知识对以后工作有用吗？又能给我们带来多大的好处呢？不是有句话说：机会是留给有准备的人，不是你不拥有机会，而是机会从你的指尖溜走了。所以我们学习技能的时间不是在浪费时间，而是在拥有财富，在为你自己增添光环。所以当她坐在课堂上时，她会认真听老师讲课，听老师讲课本上的知识和他们人生的经验。同时保持自己的积极性，积极参加学校组织的各项活动，丰富自己的兴趣。

最重要的是当王佳俊老师组织3D训练营的时候,她毫不犹豫地报名参加,课余时间不断练习,她知道自己对电脑绘图或者说是对电脑都不是特别着迷,但是她还是坚持了下来,因为她想通过参赛锻炼自己的技能,为以后的就业做准备。所以在王老师的带领下她参加了多次比赛,也取得了较好的成绩,能够取得那么多的奖励离不开学校的支持、老师的教导、团队的帮助。为了比赛经常补课加班练习,那里面有汗水也有欢乐。去的最远一次的比赛场地就是在常州举行的全国3D三维创新设计大赛,面对高手如云,他们不胆怯,他们尽力用最好的作品参赛。在比赛场地增长了见识,学习对手的优点,发扬自己的长处。所以不要认为技能无用,也许你学会了你认为无用的技能就会给你带来你意想不到的收获。

刚刚离开大学校园走上工作岗位的时候,虽然有了一定的理论知识积累,但并不等于具备工作岗位所需要的工作能力。虽然选择的岗位没有离开学校,作为一名专业老师,一名新生班主任,她所接触的一切都是新的,环境没变但是角色变了。面对工作压力她不能放松自己,只有不断努力,不断奋斗,争取尽自己最大的努力做到最好,争取培养出优秀的毕业生。

宝剑锋从磨砺出,梅花香自苦寒来。不经历艰苦环境的磨炼,怎能茁壮成长?不要害怕成长路上的绊脚石,要将坎坷当作走向成功的阶梯。其实每个人都有梦想,只是每个人的开始不一样,实现梦想的脚步不同,梦想的实现不一定风调雨顺,也许会遇到失败,我们可以失败,但是不能害怕失败。我们要努力让自己坚强,坚强的原因就是梦想,就像那句话说的:梦想总是要有的,万一实现了呢?

所以努力吧!你们的未来不是梦。

"我"的观点

通过分析,认识自己,了解自己,估计自己的能力、智慧以及性格,找出自己的特点,明确自己的优势,正确设定自己的学业规划目标,并制定行动计划,使自己的才能得到充分发挥。制定学业规划有助于鞭策自己努力学习。对许多人来说,制定和实现规划就像一场比赛,随着时间推移,你一步一步地实现规划,这时你的思维方式和工作方式又会渐渐改变,越变越好。相信自己,不负光阴,奋斗的青春最美丽,一定会结出丰硕的果实。

2. 学业规划管理的目的

(1)第一个目的是确定学业努力方向。进行学业规划之前先要进行准确的自我定位,首先,进行自我分析,主要是个人优缺点、能力特长、志向与理想、职业倾向等方面的分析;其次,对所处环境分析,主要是学校及专业、家庭环境、社会环境等方面的分析;最后,弄清自己想要干什么、能干什么,自己的兴趣、才能、学识适合干什么,确立自己的目标(主攻方向)是升学、就业还是创业。

（2）第二个目的是提升个人的综合素养。确定了目标后，按照自己每天、每时、每刻的学习计划与安排，全面提高品德修养、智力、身体及其他方面的素质，以确保完成学业后，成长为适应社会经济发展需要的合格人才，进而顺利实现自己的学业目标。

四点希望指明青年发展方向

习近平总书记对广大青年提出的"爱国、励志、求真、力行"的"四点希望"，揭示了新时代青年成长成才的规律，是我国青年成长的行动指南。

爱国是社会主义核心价值观对公民的规范，也是一个人立德之源、立功之本。同人民一道拼搏，同祖国一道前进，服务人民，奉献祖国，是当代中国青年的正确方向。

励志就是要唤醒一个人内在的创造力。志向是人生的航标。希望青年要励志，立鸿鹄志。有了远大志向，就有为之奋斗的精神，奋斗的人生是幸福的，青春的价值就是要通过奋斗来实现。

求真就是希望青年要求真，求真学问，练真本领，这是对青年获取知识能力的素质要求。习近平总书记十分重视青年一代的学习，希望青年一代让勤奋学习成为青春飞扬的动力。

力行就是要躬行，做到知行合一，扎扎实实干事，踏踏实实做人。立足本职，埋头苦干，从自身做起，从点滴做起，用勤劳的双手、一流的业绩成就属于自己的精彩人生。

——摘自《中国教育报》

无论毕业后的目标是升学、就业或是创业，有本领是青年成才的基础条件。同学们应努力练好人生和事业的基本功，做"六有"大学生，即有理想、有追求、有担当、有作为、有品质、有修养的大学生。

（二）学业生涯规划管理的方向

1. 升学

通过学习，我们能够得到更大的发展空间，更好地实现自身价值；能充实我们的精神生活，不断提高生活品质。如果你现在是技师学生，你可以通过升学考入高职；如果你现在是一位高职学生，你也可以通过专升本继续深造学习。因为学习是不断完善和发展自我的必由之路。无论一个人、一个团体，还是一个民族、一个社会，只有不断学习，才能获得新知识，增长才干，跟上时代。学习的作用不仅仅局限于对某些知识和技能的掌握，学习还使人聪慧文明，使人高尚完美，使人全面发展。正是基于这样的认识，人们始终把学习当作是一个永恒的主题，不断探索学习的科学方法。同时，人们也越来越认识到，实践无止境，学习也无止境。古人云：吾生也有涯，而知也无涯。当今时代，世界在飞速变化，新情况、新问题层出不穷，知识更新的速度大大加快。人们要想适应不断发展变化的新世界，就必须努力做到活到老、学到老，终身学习。

 小资料

好的学习方法很可能是你升学的敲门砖——"3461学习方法"

"3461学习方法"，即为3个过程、4个环节、6个习惯、1个计划，具体如下。

第一，3个过程：实际上就是把基础知识或者新的知识点让学生通过进行3轮反复的认知（即理解、消化、融会、贯通）的过程。

学校学习：学校学习是最主要、最重要的学习方式。大多数基础知识都来源于学校老师的传授，由于学生基础知识不同、努力程度不同等，很多学生虽为同一个老师教的，考试成绩差异却很大。

家庭学习：家庭学习是学校学习的补充，是较为重要的学习方式之一，若家庭学习做得较好的学生，其成绩也会不断得到提高。

再学习：再学习即日复习和周复习。学习是一个循序渐进的过程，应注重基础，查缺补漏再学习。再学习并不是完全意义上的将所有知识点一字不漏地再学一遍，再学习应掌握方法和效率。

第二，4个环节：学、查、改、纳。

学：就是接受新知识。在校学习要紧跟老师的讲课进度，基础的知识点一定要理解消化，出现了差距一定要及时弥补。

查：就是对所学的知识进行巩固和检查，作业和考试是查的主要方式。通过作业和考试来了解自己知识点的漏洞。

改：就是对不稳固的知识和漏洞进行整改，一个很有效的办法是建立错题本，并隔段时间将其再做一遍。

纳：就是对知识的归纳，归纳知识点时有以上三个环节才行。

第三，6个习惯：预习习惯、听课习惯、复习习惯、作业习惯、思维习惯、作息习惯。

预习习惯：提前发现新知识点的重点、难点、疑点。

听课习惯：围绕知识重点、难点、疑点要记课堂笔记。

复习习惯：复习要对照课堂笔记抓知识的重点、难点、疑点，复习也需要注意分为日复习、单元复习、全面复习。

作业习惯：作业要控制时间，提高正确率和学习效率，提高应试能力。

思维习惯：在平时的学习中经常注意新旧知识之间、学科之间、所学内容与实际生活等方面的联系，养成多角度思考问题习惯，做到一题多解、多题一解的习惯。

作息习惯：要劳逸结合，科学用脑。这也是提高学习效率很关键的一点。

第四，1个学习计划：把一个最终计划分成一个个阶梯式递进目标，然后一步步实现它。

——摘自搜狐网径舟教育

"我"的观点

好的学习方法能让我们的学习变得简单轻松，可以提高学习效率、可以加深对知识的掌握程度，更可以提高考试成绩，使我们的学习事半功倍，也树立了我们对学习的自信心，因此，好的学习方法很重要。

好的学习方法，固然很重要，但是不是"好的学习方法"，对每个考生来说都能称之为"好"？我们要先进行思考和选择。好的学习方法，通常是由在学习上比较成功的人总结出来的，不可能完全适合所有人。所以说，对于学习方法，我们一定要有选择、有借鉴。也就是说，要选择适宜自己的学习方法。

我们首先要从自己出发，看看自己是什么性格特点和学习特点，这样我们就不至于照搬别人的方法，而是借鉴别人的方法，久而久之，我们甚至可以总结出自己的学习方法供别人借鉴。这才是真正的学习、是交流的学习、是开放的学习。

2. 就业

如果你为自己规划的学业方向是为了更好地就业，那么决定求职结果的并不是面试的那一时刻，而是大学三年。换言之，你在大三以前的行为决定了你大三时就业面临的境况。大三的就业成功不仅是你大三的成功，而大三的失败则是你大三以前的积累所致，是由你在校三年的表现决定的。所以，谈就业，要把在校三年作为一个整体来看，而大学本身也是一脉相承的。所以，要从大一开始就给自己确定目标，为三年后的求职做积累和准备，而不是等到求职的时候临时抱佛脚。

最重要的是，我们要明确一点，大学生就业是要与具体用人单位联系在一起的，用人单位招聘的岗位说明书就是你前进和努力的方向，具体说就是做到知己知彼。对照目标公司目标岗位的招聘条件和要求，找出自己的差距和不足，从现在开始，通过各种途径，锻炼和提高自己。

因此，为了三年后的顺利就业，你除了需要拓展自己的知识，还应该积极参加各种实践活动，以此锻炼和培养自己适应职场的各种能力。

 小资料

兴趣爱好驱使学习、奠定职业基础

张旗，2007年来到沈阳职业技术学院汽车分院，就读汽车电子与控制技术专业，时任学习委员、学习部部长，目前就职于华晨宝马汽车有限公司，担任发动机工厂铸造车间区域经理。

出身于工人家庭的他，从小耳濡目染对机械的东西就非常感兴趣，2007年怀着对知识的渴望踏入校园，兴趣爱好使他成了学校实习厂的常客，就喜欢散发着机油香气的汽车零件，通过在学校学习到的汽车构造、机械基础、电子技术等知识，为他喜欢的汽车改装这个兴趣爱好奠定了基础。更为目前的工作提供了很多的技术支持和经验借鉴。

他送给学弟、学妹的建议是：当你对某一事物感兴趣的时候，你就会不自觉地调动所有的精力去追寻它，并且不断地为自己提出更多、更高的要求，甚至是以此作为你的毕生事业。所以，兴趣是你走向成功的最好老师。

 "我"的观点

兴趣会驱使你从一个知识点扩展出多个知识点，不断地扩充你的知识，只要你每天坚持，当你的人脉、经验、阅历、技能到达一定程度的时候，你就会成为这一领域的专家。

所以说，兴趣爱好是你走向成功最好的老师。

 小资料

党的十九大代表池贵义：干着高级工程师活儿的"金牌工人"

每当他站在运转的生产线前，紧紧盯着某一个部位出神时，工友们就知道他们的值班长又在"琢磨事儿"了。而几乎每次经他"琢磨"的事儿，都会给生产线带来一次不小的技术革新，进而为车间、为企业带来可观的经济效益。从公司领导到车间工友，大家都说他是个干着高级工程师活儿的工人。

他就是党的十九大代表、华晨中华汽车公司车身车间值班长，人称"金牌工人"的池贵义，一个刚刚37岁的年轻人。

1999年，18岁的池贵义怀揣造车梦想走进了辽宁丰田金杯技师学院，在学校里他勤奋学习知识和技术，立志成为一名优秀的汽车工人，两年后他成为华晨中华汽车公

司车身车间的一名技术工人。他边学边琢磨，经常跟师傅们探讨他琢磨的事儿，解决一些疑难问题，这让师傅们都对他刮目相看。德国师傅皮特更是对他喜爱有加，要调他到合资公司华晨宝马工作，但他婉拒了。

勤学苦练3年，池贵义凭着朴实、勤奋和爱"琢磨事儿"当上了生产班长。2009年，池贵义光荣地加入了中国共产党。这让他有了一种使命感和责任感，并再次婉拒宝马高薪要职的邀约继续待在原来车间，他要为中国自主品牌汽车拼搏奉献。

——摘自人民网专题报道

一个人的成功并非偶然，而是确定目标，脚踏实地地去努力，使其变成必然。因为目标是人奋勇向前的动力源泉，当人们有了明确的目标，并且把行动与目标不断加以对照，清楚地看到自己的行进速度以及与目标相距的距离时，就会得到动力，自觉地克服一切困难，努力达到目标。

各学年学业努力方向

那如何将大学学业与日后就业结合起来呢？大学学业要经过下面几个阶段。

大一时你要博览群书，熟悉职业，从中发现你喜欢的知识领域；并通过大量学习关于职业方面的知识，从中发现你喜欢的职业。看书会让你积累深厚和广泛的知识，为今后的应用奠定基础，同时，请你珍惜在校时光，因为只有大学才是你专心看书的好时机，错过就难再有。

大二时你要提纲收网，选择"职业"。大一你已经喜欢上了一个学科，此时，你要在你喜欢的那个学科内再选择一个或几个具体领域，然后再深入学习一年。因为知识的积累需要一个过程，而且知识更新的速度也很快，在此过程中要打好知识基础，逐步提升自己的学习能力。

大三要端正态度，踏实就业，这就要真正实习了。若有机会到专业对口企业实习锻炼，自己一定要积极参加；如果没有，那你就要找相关的单位和工作了。在实习中，就是要提前适应工作，尤其是生活方式的适应和自身角色的转变，做到最大限度同公司和工作合拍、匹配，同时最大化地补充你所欠缺的知识、技能与能力，这就是你实习过程的最大任务。

——摘自百度文库

 "我"的观点

经过这些准备后,你已经具备充足的专业知识、一定的工作经验、相关的业务技能,单位和工作也是你自己权衡利弊后慎重选择的,你又怎能不喜欢这份工作呢?至于各人的发展前途,那需要你后续不断地努力学习。请你自己好好地思考一下,你为目标岗位准备了两年,为就业准备了三年,那你的工作还用愁吗?你充实而有准备的三年带给你的是:你抢在毕业之前就把就业问题解决了,而且是自己解决的!

3. 创业

大学生求学与创业,不同的人有不同的选择,如果你考虑日后创业,请思考是什么支撑着我们的思维,是什么支持着我们去创业?是我们脑中的知识,换句话说,创业始于求学。

正如马云所说的那些话,他对我们的创业忠告是非常实际的。与其说比尔·盖茨、杨致远没读完大学就创业成功,不如说马化腾、刘强东等高校学霸同样创业成功,在商界中事业有成,翻开这些人的简历,他们大多是兢兢业业完成大学学业后出来创业成功的。出来创业就是要有知识底蕴做支撑。只有把所学知识巧妙地转化为去创业的头脑思维,离创业才能更近一步,而我们需要把握住大学求学的难得机会,不断汲取知识,培养自己的创业思维,夯实我们的创业能力,把软实力转化为日后创业的硬实力,才能更成功地去创业。

为此,每个创业者都应该看清自己、认清自己,没有最好的路,只有最适合自己的路,明白自己创业的动机,有社会责任担当,回归创业的本质,远离"被创业者"。

 小资料

在校大学生创业网站卖出 200 万元

近日,华南理工大学计算机软件学院 2004 级 5 班的 QQ 群前所未有地热闹,话题焦点在该班名叫许少煌的同学身上。原来,2007 年 8 月 8 日国内某大型综合网站挂出了一条不足 500 字的消息,称国内实名制社交网站——亿聚网正式以 200 万元人民币收购许少煌同学的创业项目 007OS.com。据称,许少煌和他的团队从 2006 年开始着手设计 007OS,主力研发中国首个基于社会性网络的 WEBOS(网络操作系统)。

1. 国外网站学习最新知识

身高约 1.65 米,随意地穿着牛仔裤和衬衣……出生在潮州一个普通家庭的许少煌看上去非常憨厚。"我初一才接触电脑,刚开始也就是打打游戏、聊聊天。初二的时

候,学校电脑课上教我们学习 Basic 语言,我从此迷上了编程,自己课外找了很多电脑书去学习。"许少煌称,考大学时自己填报的志愿基本都与计算机有关。

"007OS 网站开发的知识大部分是平时从国外网站看回来的。"许少煌表示:"开创 007OS 的想法在 2005 年就已经有了。当时在浏览并研究了大量国内外互联网站后,发现国内一直都没有为社会普通网民服务的网络操作系统。"

2. 勤学与好问折服众人

去年,许少煌和搭档阿鑫在中山大学附近正式成立了 007OS 网站工作室。"我最喜欢的电影是 007 系列,主角邦德是一个八面玲珑的人,他的武器太先进了,一辆宝马车就有 N 多功能。我希望自己的网站能像 007 里邦德一样神通广大,而 OS 是操作系统的缩写。"许少煌这样解释自己网站名称的由来。他希望007OS.com 可以提供网络存储空间、在线办公软件、在线 MP3 播放器、BLOG 工具,支持电子邮件、照片、视频、游戏等内容,而且可以使用户非常容易地把图像、视频和写作传输到网络。许少煌称,他的目标是把 007OS 做成一个跨操作系统的 WEBOS,能够在网络上操作电脑硬盘上的一切事情。

据悉,工作室成立后不久,许少煌在一次技术爱好者聚会上认识了亿聚网的詹万章先生。起初只是简单地谈论技术话题和交换看法,后来经过引荐,许少煌先后与亿聚网的一些工程师交上了朋友。此后,亿聚网举办的一些聚会和讨论会,许少煌和他的伙伴们都会获邀参加。与此同时,亿聚网通过不断地了解,觉得许少煌的 007OS 网站非常棒,加上 007OS 的理念与亿聚网有非常多契合的地方,双方便萌生了合作的想法。"专注、踏实、敢想、敢拼,即使这次不成功,以后他也一定会成功的!"亿聚网 CEO 王逸舟非常佩服许少煌的干劲和好问。"通常凌晨三四点他还和我在线上讨论技术问题,第二天早上八点他又会打电话到公司请教。"

3. 卖网站考虑的不是钱

"决定卖网站其实考虑的并不是钱。"许少煌强调自己只是一个搞技术的人,从一开始搞项目就没有关心过赚钱或者回报的问题。许少煌称:"我只是觉得和一个有名的网站合并后,可以让我更专注于技术开发。"合作伙伴阿鑫也认为,大学生搞网站,一来没有那么多资金支持去推广宣传,二来没有那么完善的条件如服务器、带宽来应付网站用户的增长。因此,选择和一个有实力的网站合并是非常必要的。

据悉,由于缺乏社会经验,在与亿聚网谈收购前,许少煌和阿鑫咨询过父母和不少社会相关人士的意见。经协商,他们将亿聚网支付给许少煌团队的 200 万元人民币部分折现,部分入股亿聚网。

据悉,9 月份开学后,升入大四的许少煌将迎来整整一个学期的实习期。他希望好好利用宝贵的三个月时间,把 007OS 网站平台搭建的后续工作进行完善。实习期结束后,许少煌会回校开始毕业设计及准备论文,继续修完自己的学业。

4. 同学和老师大吃一惊

"当在网上看到许少煌做的网站以 200 万元高价被收购的消息,我当时真是大吃一惊，心里还暗想，不会是假新闻吧？"班主任刘艳霞一开始无论如何都不敢相信自己班上那个普通的学生会取得这样的成绩。在刘老师眼中，许少煌是一个不太作声、不太张扬的孩子。

正因为许少煌这种踏实的品格，才为他日后的成功播种下坚实的种子。

——摘自百度文库

"我"的观点

虽然许少煌目前可以说取得了成功，但是对于考虑创业的大学生来说，要谨记基础课程的学习十分重要。我们要在学好专业课的前提下再去做自己有兴趣、擅长的东西。创业如果只是一味跟风，那势必无法和资金人才条件更为成熟的大公司竞争！大学生创业首先要从自身优势和兴趣出发，最重要的是必须有技术上的前瞻性或思路上的创新性。另外还要有坚定的信念，要坚持自己的方向，心猿意马的人是不可能成功的！

活动体验

学业规划管理书（样本）

在校的三年学业规划作为自己职业生涯的开始篇，具有非常重要的指引作用。希望同学们能够走好第一步，充分有效利用在校时光，掌握一定的专业理论知识，具有较强的实践能力，培养良好的综合职业能力，为将来的升学、就业或创业奠定坚实的基础。

（一）在校期间总的学业目标规划

项目 \ 年级	大一	大二	大三
1. 思想政治及道德素质			
2. 学业目标			
3. 社会实践与志愿服务			
4. 职业技能培训			
5. 文体艺术、社团活动与身心发展			
6. 职业倾向与创新创业			

（二）三年阶段规划

1. 一年级学业规划管理

规划期	学期	学业规划内容	重要实施项目	实现目标	实现方法	考评或自我考评		
						好	中	差
试探期	第一学期	初步了解自我，了解职业，特别是与所学专业对口的职业						
		积极参加各种活动，提高综合能力						
		注重品德修养，养成良好行为习惯						
	第二学期	加深对专业与职业的认识，培养职业意识						
		明确英语学习目标、参加计算机考级考试，提高自学能力						
		参加选修课与社会实践，全面提高个体素质						

2. 二年级学业规划管理

规划期	学期	学业规划内容	重要实施项目	实现目标	实现方法	考评或自我考评		
						好	中	差
定向期	第三学期	确定就业或继续学习目标，了解相关政策与条件						
		加强职业技能培训，为参加技能考核做准备						
		参加社会实践，到与自己专业相关的单位见习						
	第四学期	体验不同层次的生活，培养自己的吃苦精神和社会责任感						
		尝试企业兼职，培养职业能力，提高自己的责任感、主动性和抗挫折能力						
		增强英语口语能力，通过英语的相关证书考试；获取相关的技能证书						
		调整充实知识结构，为走向社会打好基础						

3. 三年级学业规划管理

规划期	学期	学业规划内容	重要实施项目	实现目标	实现方法	考评或自我考评		
						好	中	差
实践期	第五学期	走向社会，了解职场情况，确定职业目标						
		做好就业准备：知识、技能、心理、品质。锻炼自己独立解决问题的能力和社会交往能力						
		学习写简历、求职信，搜集就业信息、提高求职技能						
		积极参与招聘活动，在实践中检验自己的积累和准备						
	第六学期	全面学习，为升学做准备						
		寻找适合岗位，进行顶岗实习，积累实践经验，开始职业生涯						
		结合职业实践和职业发展理想，尽快适应工作环境及工作任务						

参照样本，结合自己的实际，制定出自己的学业规划管理书。

 小资料

高职学生的学制一般为三年，在每一学年中，大学生的学习重点与心理特征都有所不同。根据这一自然年限划分，大学生可以按学年为阶段设置阶段目标，进行自己的学业规划管理，并按照每个阶段的不同目标和自身成长特点，制订一些有针对性的实施方案。

大学生各阶段学业规划管理重点如下。

（一）大学一年级为适应转变阶段

这一阶段是学业规划管理的关键阶段，大一新生主要做到由高中生到大学生的转变，包括生活转变、学习方式的转变和心态的转变。首先，要从"应试"式学习中走出来，大一学习任务不重，要巩固扎实专业基础知识，大学生要不断提升自身专业理论素养。多参加学校活动，增加交流技巧，学习英语、计算机知识，争取尽早通过等级考试。学校也会在此阶段引导大学生树立正确的人生观、职业价值观和进行必要的学业规划，包括评估和认清自我，有方向性的学业定位、基本的学业目标和大致的学业发展路径设计。对于学业目标是就业的同学，应该开始接触职业和职业生涯的概念，要初步了解职业，训练和提高同自己今后职业生涯紧密相关的职业适应能力，特别是自己未来想从事的职业或与自己所学专业对口的职业。大一阶段更要强调"四会"，即学会学习、学会生存、学会做事、学会与人共事。学什么不是最重要的，最重要的是学会学习，加强培养实践能力，利用大学各种社会团体平台，不断提升自身决策能力、创造能力、社交能力、管理能力、学习能力等。

（二）大学二年级为探索阶段

这一阶段既要正确认识自己，又要建立合理的知识结构，同时还要努力提高自己各方面的综合素质。首先，应考虑清楚未来是否深造或就业，了解相关的讲座、活动，以提高自身的基本素质为主，通过参加学生会或社团等组织，锻炼自己的各种能力，增强英语口语和计算机应用能力，通过英语和计算机的相关证书考试，并开始有选择地辅修其他专业的知识充实自己；在努力学好专业知识的同时，要注重实践锻炼，可以开始尝试兼职、社会实践活动，利用课余时间从事与自己的专业相近的单位进行实习，通过实践来检验并适时地调整和修正自己的职业生涯目标，并提高自己的责任感、主动性和受挫能力；认识自己的需要和兴趣，加强自我认知和职业心理准备，通过具体的、有针对性的职业心理测评，利用社会实践使学生体会社会用人需求，有效评估自我，进一步调整自己的学习目标，做出对自己、对社会有利的学业发展决策。

（三）大学三年级上学期为拼搏阶段

这一阶段是大学生活中最重要的阶段。首先，大学生在加强专业知识学习的同时，要加强社会实践，增强职业针对性。高校应鼓励大学生利用假期从事社会兼职工作，开展职业实践活动。为大学生提供必要的职业技能训练的机会，有利于锻炼其实践能力，帮助大学生学会与他人协作，并在这个过程中加强自我认识，不断完善自我，增强自信心；大学生应考取与目标职业有关的职业资格证书或通过相应的职业技能鉴定。参加和专业有关的暑期工作，和同学交流求职过程的心得体会，学习写简历、求职信，了解搜集工作信息的渠道，了解往年的求职情况；大学生在掌握专业知识与技能的同时，应了解实际应用这些知识与技能的规则和应避免的失误，更好地了解真实的职业世界，挖掘职业潜能。

（四）大学三年级下学期为冲刺阶段

此阶段对于大部分学生来说主要的目标应该放在就业上。首先，大学生应先对前两年半的准备做一个总结：检验自己已确立的职业目标是否明确、准备是否充分；其次，开始工作的申请，写好简历，利用学校提供的用人单位信息，积极参加招聘活动，在实践中检验自己的积累和准备；再次，强化求职技巧，进行模拟面试等训练；最后，在撰写毕业论文时，可大胆提出自己的见解，锻炼自己独立解决问题的能力和创造性。另外，要重视实习机会，通过实习，从宏观上了解实习单位的工作方式、运转模式、工作流程，从微观上明确个人在岗位上的职责要求及规范，为正式走上工作岗位奠定良好基础；大学毕业生由于面临就业、学习、感情困惑及人际关系障碍等问题，高校也会加强大学毕业生的就业心理健康教育，帮助毕业生解决心理问题，缓解心理压力，加强心理健康教育。

通过学业规划管理，一方面，能有效帮助大学生增强自我约束力和自我管理的能力，有效指导学生进行学习，增强大学生的学习积极性和主动性；另一方面，有助于大学生进行自我定位，能使大学生明确大学各个阶段的发展任务及目标，不断提高自我学业规划管理能力，增强就业竞争力，促进自身发展，并为今后的升学、就业或创业打下坚实的基础。

模块二

素养奠基——确立职业支点

培育工匠精神，追求无悔青春

党的十九大开启了实现中华民族伟大复兴的新征程。实现中华民族伟大复兴的中国梦，关键在人才。社会主义现代化强国的建设，不仅需要一大批拔尖创新人才和数以千万计的专业人才，更需要数以亿计的高素质技术技能人才。现在的青年学生，其人生黄金时期同"两个一百年"奋斗目标的实现完全契合，如若他们这一代具有工匠精神，有理想、有本领、有担当，国家就有前途，民族就有希望。

职业院校加强对青年学生工匠精神的培育，本质上就是贯彻党的教育方针，坚持立德树人。

工匠精神，就是工匠对自己制作或生产的产品精雕细琢、精益求精、追求完美和极致、视技术为艺术的精神理念。可以从三个层面来理解工匠精神。在思想层面，就是爱岗敬业、无私奉献；在行为层面，就是开拓创新、持续专注；在目标层面，就是精益求精、追求极致。

从对工匠精神的诠释可以看出，工匠精神绝不仅是手工劳动者应该具备的精神，工匠精神是一种在设计上追求独具匠心、质量上追求精益求精、技艺上追求尽善尽美的精神，蕴含着敬业、严谨、踏实、专注、创新、拼搏等可贵品质。它其实是所有职业人都应该具备的精神。

在新时代建设中国特色社会主义现代化强国、实现中华民族伟大复兴的征程中，工匠精神还应该包含理想信念、爱党爱国、诚信友善等价值取向。工匠精神是民族素质的重要内容，它首先体现为职业操守，这种职业操守，不是靠法律或制度限定，而是来源于"道德的力量"和"职业精神"。

在这个模块中，以社会主义核心价值观为引领，以职业道德和工匠精神为主线，引导学生修德笃实、吃苦耐劳、持续发展；培养学生的使命意识和责任意识，引导学生懂得感恩，乐于奉献，对国家、单位忠诚。

项目一　职业素养

第一节　培养职业道德，提升职业素养

实际上，每一个阶级，甚至每一个行业，都有各自的道德。

——恩格斯

职业道德不仅关系着个人的名誉和形象，还同企业乃至整个行业的声望和利益密切相关，良好的职业道德会给个人、企业带来额外的收益。

 工作情境

谁最聪明

小张、小王同在一家餐馆打工，老板要求洗盆子时要刷六遍。一开始小张还能按照要求去做，刷着刷着，发现少刷一遍也挺干净，于是就只刷五遍；后来，发现再少刷一遍还是挺干净，于是就又减少了一遍，只刷四遍并暗中留意另一个打工的小王，发现他还是老老实实地刷六遍，速度自然要比自己慢许多，便出于"好心"，悄悄地告诉小王说，可以少刷一遍，看不出来的。谁知小王一听，竟惊讶地说："规定要刷六遍，就该刷六遍，怎么能少刷一遍呢？"

如果你是老板，你会欣赏哪位员工的工作表现？

 情境分析

成功源于敬业，尤其对于即将步入职场的新人来说，更应脚踏实地，做到乐业、勤业、精业，养成良好的职业道德。

 知识泉眼

（一）职业道德概述

1. 什么是职业道德

职业道德是指从业人员在职业活动中应该遵循的符合自身职业特点的职业行为规

范。各行业都有各自职业道德的行为特征，举例如下。

商业工作者：买卖公平、货真价实、童叟无欺。

医务工作者：治病救人、救死扶伤、人道主义。

坚守职业道德

据北京晨报报道，一位公共汽车司机行车途中突发心脏病猝死，临死前他用最后一丝力气踩住了刹车，保证了车上二十多人的安全，然后他趴在方向盘上离开了人世。他生命的最后举动，说明在他心里，时刻想着要对乘客的安全负责，他虽然是一个普通人，却体现出高尚的人格和职业道德。

无论做什么工作，首先要敬业，唯有敬业才会被人赏识和敬佩，才会更显示一个人的职业道德，也更能树立一个人的人格尊严。

2. 职业道德修养的意义——立德树人

立德为先，树人为本。学生们可以成为德、智、体、美全面发展的"和谐"的人，这既是学生在职场立足的根基，也是整个中国特色社会主义事业长远发展的基础。

没想到这个大企业家竟然是汉奸！

这个自称企业纳税超过 8 000 万元，自己的孩子只因为没有北京户口，就上不了学的北京粉笔蓝天科技有限公司 CEO 张小龙——一面顶着科技公司的帽子，享受着政府补贴，吸引大量学生，赚着学生的钱；一面却在拥有 70 多万粉丝的微博上大肆发布一些侮辱英烈，诋毁中国的错误言论。

——摘自搜狐网搜狐文化

做事前先做人，希望学生知荣辱，培养良好的职业道德。

（二）职业道德行为规范

1. 爱岗敬业

爱岗敬业是爱岗和敬业的总称。爱岗和敬业，互为前提、相互支持、相辅相成。"爱岗"是"敬业"的基石，"敬业"是"爱岗"的升华。

爱岗敬业指的是忠于职守的事业精神，这是职业道德的基础。爱岗就是热爱自己的工作岗位，热爱本职工作；敬业就是要用一种恭敬严肃的态度对待自己的工作。

小资料

爱岗敬业典范——80后技工方文墨：手工精度赛过数控机床

方文墨出生在一个航空世家。姥姥、姥爷、爸爸、妈妈都是中航工业沈阳飞机工业（集团）有限公司（以下简称沈飞）的职工。从年少时起，祖父辈传承的航空报国的情怀，就在方文墨心里深深扎下了根。而厂区里，试飞的战斗机一次次呼啸着划破长空，那鹰击长空的豪情，更是让方文墨萌发了亲手制造战斗机的念头。

（1）勤学苦练，实现自己的职业目标。方文墨身高1.88米，体重200斤，这样的身材，是钳工中的另类，身高比一米的工作台高了将近一倍，不少老师傅都觉得这样的身体条件，根本不可能成为出色的钳工。方文墨就不信这个邪，他把家里的阳台改造成了练功房。下班一回家，他就钻进"阳台"，苦练技术。

长年累月的练习，让今年只有31岁的方文墨，已经有些驼背了。正常情况下，钳工一年会换10多把锉刀，方文墨一年却换了200多把，有几次居然活生生把锉刀给练断了。

每天连续四五个小时的训练，锉刀持续发出的刺耳声音，甚至让方文墨出现生理性呕吐。就这样坚持着，方文墨终于凭着自己的努力，走进了沈飞军品厂的车间，还拥有了以自己名字命名的班组。

（2）蒙着眼睛，也能打磨出极限精度。不靠眼睛，纯粹凭手感，能不能加工出一样完美的产品呢？方文墨蒙上眼睛后进行加工，量表的指针只有极细微的晃动，工件的精度达到了千分之三毫米，相当于头发丝的二十五分之一，这是数控机床都很难达到的精度。中航工业集团有限公司（以下简称中航工业）将这一精度命名为"文墨精度"。

在徒弟们的眼中，师傅方文墨简直就是一个奇才，25岁成为高级技师，拿到钳工的最高职业资格。26岁参加全国青年职业技能大赛，夺得钳工冠军。29岁，他成了中航工业最年轻的首席技能专家。

（3）精雕细琢，打磨"飞鲨"。方文墨不仅能把钳工的活干得很漂亮，对图纸的设计和工艺流程，他也很精通。钳工的活看似简单，但就像一个下棋高手，方文墨在下

第一步的时候,就已经想好了十步以后怎么走。下刀以后,他就不会让任何工件报废。

中国歼-15战斗机的标准件中,有近70%是由方文墨所在的工厂生产。方文墨的工具台上,摆放着他发明的各式各样独创的工具。一个造型像海陆巡航坦克的小家伙,叫精度测量仪,灵活的小型机械臂使得测量更为简便,精度也大幅提高。这个发明不仅获得了国家专利,而且在沈飞得以推广使用。

——摘自央视网新闻

"我"的观点

提倡爱岗敬业、热爱本职,并不是要求人们终身只能干"一"行,爱"一"行,也不排斥人的全面发展。它要求工作者通过本职活动,在一定程度上和范围内做到全面发展,不断增长知识和才干,努力成为多面手。我们不能把忠于职守、爱岗敬业片面地理解为绝对地、终身地只能从事某个职业,而是选定一行就应爱一行,爱一行就要精一行。

现实生活中能够找到从事理想职业的人必定是少数的,对于多数人来说,必须面对现实,去从事社会所需要而自己内心不太愿意干的工作。在这种情况下,如果没有"干一行,爱一行"的精神,那么你就很难干好工作,很难做到爱岗敬业。

只有爱岗敬业的人,才会在自己的工作岗位上勤勤恳恳。不断地钻研学习、一丝不苟、精益求精,才有可能为社会、为国家做出崇高而伟大的奉献。全面建设小康社会的伟大事业正呼唤着亿万具有爱岗敬业这种平凡而伟大的奉献精神的人。具备爱岗敬业这种平凡而伟大的奉献精神的人,永远都是强大民族的脊梁!

2. 诚实守信

我国自古以"礼仪之邦"著称于世,讲诚信、守诺言是中华民族传统美德。早在两千多年前,孔子就主张"言必信,行必果"。在我国几千年的历史长河中,许多关于诚信的人物故事广为传诵,如曾子杀猪教子、商鞅立木取信等,这些流传千百年的故事依然值得我们当下所有人细细品味、认真学习。

小资料

曾子杀猪立信

曾子原名曾参,是孔子的学生。曾参,春秋末期鲁国有名的思想家、儒学家,是孔子门生中七十二贤之一。他博学多才,且十分注重修身养性,德行高尚。一次,他的妻子要到集市上办事,年幼的孩子吵着要去。曾参的妻子不愿带孩子去,便对他说:"你在家好好玩,等妈妈回来,将家里的猪杀了煮肉给你吃。"孩子听了,非常高兴,

不再吵着要去集市了。这话本是哄孩子说着玩的，过后，曾参的妻子便忘了。不料，曾参却真的把家里的一头猪杀了。妻子看到曾参把猪杀了，就说："我是为了让孩子安心地在家里等着，才说等赶集回来把猪杀了烧肉给他吃的，你怎么当真呢！"曾参说："孩子是不能欺骗的。孩子年纪小，不懂世事，只得学习别人的样子，尤其是以父母作为生活的榜样。今天你欺骗了孩子，玷污了他的心灵，明天孩子就会欺骗你、欺骗别人；今天你在孩子面前言而无信，明天孩子就会不再信任你，你看这危害有多大呀！"曾参深深懂得，诚实守信、说话算话是做人的基本准则，若食言不杀猪，那么家中的猪保住了，但却在一个纯洁的孩子的心灵上留下不可磨灭的阴影。

"我"的观点

中国是文明古国。古人云，诚信是金；今天我们要说，比黄金更宝贵的是诚信。诚信不仅是对个人道德涵养的基本要求，更是社会主义市场经济健康发展的道德基石。在追寻中国古代诚信人物的记忆中，诚信像一座灯塔，指引着我们逐渐实现中华民族伟大复兴的中国梦，诚信也是一块基石，筑起中华文明大国的道德高墙。

3. **办事公道**

办事公道就是指我们在办事情、处理问题时，要站在公正的立场上，对当事双方公平合理、不偏不倚，不论对谁都是按照一个标准办事。公道与公平、公正，含义大致相同，意指坚持原则，按照一定的社会标准实事求是地待人处事。

人们生活在世界上，就要与人打交道，就要处理各种关系，这就存在办事是否公道的问题，每个从业人员或多或少都会有这样的问题，如一个服务员接待顾客不应以貌取人，无论对于那些衣着华贵的大老板还是对那些衣着平平的乡下人，对不同国籍、不同肤色、不同民族的宾客都要一视同仁，以同样的热情服务他人，这就是办事公道。

 **小资料**

人民的好法官——宋鱼水

法官宋鱼水说:"作为法官,我一生中有可能审理几千件案子,但许多当事人一辈子可能只进一次法院,打一次官司。如果这一生中仅有的一次官司,让他们受到不公正待遇,或让他们得到一个不明不白的判决,他们心里就会留下深深的伤痕。伤害一个当事人,就会多一个不相信法律的人;而维护一个当事人的合法权益,就会使人们增加一分对法律的敬畏,对社会的信心。"

(1) 小案子与大案子。自独立办案以来,宋鱼水执着地守护着公正,所审案件没有一起裁判不公,连败诉方都诚心送上锦旗"辨法析理,胜败皆服"。

数九寒天的一个清晨,一个衣衫褴褛的农民工,站在宋鱼水面前,瑟瑟发抖……送了一年菜,至今分文未得。年关已近,他来法院讨个说法。这是宋鱼水当法官后的第一起案件,很快顺利结案。手捧菜钱,农民工泣不成声。

从那一天起,宋鱼水给自己"约法三章":不轻视小额案件、不轻视困难群体、不轻视当事人的任何权利。

(2) 人情与操守。那一年,宋鱼水刚当上经济庭副庭长,老家就来人了。亲戚说情的这起案子,恰恰就在经济庭,但她却不能开这个头……"法官无权",找过宋鱼水的人都知道她的这句"名言"。教过她的老师、共过患难的同学,都做过她的当事人。发现需要回避的,她主动申请;凡是经手的案件,她都"不近人情"。宋鱼水时刻紧紧守住公正的底线:没有收过当事人一件礼品;没有办过一件人情案;也没有利用庭长职务,向审判人员施加过任何不公正的影响。

宋鱼水先后被评选为全国优秀共产党员、中国十大女杰、全国三八红旗手、全国模范法官等。她还曾获得全国五一劳动奖章、中国法官十杰"金法槌"奖等荣誉称号。

——摘自人民网

 **"我"的观点**

宽容、理解、耐心、尊重、公平、正义是我们应该具备的职业品格,要做事公平、公正,对人一视同仁。

4. 团队合作

团队合作指的是一群有能力、有信念的人在特定的团队中,为了一个共同的目标相互支持、合作奋斗的过程。它可以调动团队成员的所有资源和才智,同时会给予那些拥有诚心、大公无私的奉献者适当的回报。如果团队合作是出于自觉自愿时，它必将会产生一股强大而且持久的力量。

团队的力量

在南美洲的草原上，天气酷热，山坡上的草丛突然起火，无数蚂蚁被熊熊大火逼得节节后退。火的包围圈越来越小，感觉蚂蚁就要被全部烧死，然而意想不到的事情发生了，蚂蚁紧紧聚成一团，滚成一个大蚁球，迅速冲向火海。尽管一些蚂蚁被烧死，但是这让更多的蚂蚁绝处逢生。

——摘自百度知道

蚂蚁的抱团让我们感受到团队的力量，这一抱，是命运的抗争、力量的凝聚，唯有团队中人员的互相协作，发挥以一当十的功效，企业才能立于不败之地，员工才有充足成长的优良环境，最终实现企业与员工的双赢。

团队合作的五个原则如下。

第一，平等友善。与同事相处的第一步便是平等。不管你是驾轻就熟的老员工，还是初出茅庐的新员工，心存自大或心存自卑都是同事相处的大忌。同时要特别注意的是真诚相待，才可以赢得同事的信任。

第二，善于交流。同在一个公司、一个办公室里工作，你与同事之间会存在某些差异，知识、能力、经历造成你们在对待和处理工作时，会产生不同的想法。交流是协调的开始，把自己的想法说出来，听对方的想法，你要经常说这样一句话："你看这事该怎么办，我想听听你的看法。"

第三，化解矛盾。一般而言，与同事有点小摩擦、小隔阂，是很正常的事。但千万不要把这种"小不快"演变成"大对立"，甚至成为敌对关系。对别人的行动和成就表示真正的关心，是一种表达尊重与欣赏的方式，也是化敌为友的纽带。

第四，接受批评。从批评中寻找积极成分。如果同事对你的错误大加抨击，即使带有强烈的感情色彩，也不要与之争论不休，而是从积极方面来理解他的抨击。这样，不但对你改正错误有帮助，也避免了语言敌对场面的出现。

第五，创造能力。你要不断培养自己的创造能力，不要安于现状，试着发掘自己的潜力。一个有不凡表现的人，除了能保持与人合作以外，还需要所有人乐意与你合作。

总之，作为一名员工应该以你的思想感情、学识修养、道德品质、处世态度、举止风度，做到坦诚而不轻率、谨慎而不拘泥、活泼而不轻浮、豪爽而不粗俗，这样一定可以和其他同事融洽相处，进而提高自己团队的作战能力，在团队合作中逐步提升个人职场魅力。

驿站传书

游戏类型：团队协作型。

游戏目的：使学生强烈意识到充分沟通对团队目标实现的重要意义。

游戏介绍：全队成员排成4列，你们每个人这时候就相当于一个驿站，到时候老师会把一个带有7位数以内的数字信息卡片交到每列最后一位学生的手中，你们要利用你们的聪明才智把这个数字信息传到本列最前面这位伙伴的手中。当最前面的学生收到信息以后，要迅速地举手，并把信息写在纸片上交给老师！答案准确，用时最短的队伍获胜。

游戏规则：在传递信息的过程当中，会有一些规则来约束。项目开始后（所谓项目开始是指老师喊开始，信息从最后面一位学生开始传递那刻起）要做到以下几点。

第一，不能讲话。

第二，不能回头。

第三，后面学生的任何部位不能超过前面学生身体的肩缝横截面以及无限延伸面。

第四，当信息传到最前面学生手中时，这位学生要迅速举手示意，并把信息交到老师手中，截止时间为举手那一刻。

第五，不能传递纸条和扔纸条。

总结：从这个活动中，我的体会是＿＿＿＿＿＿＿＿＿＿＿＿＿＿＿＿＿＿＿＿＿

＿＿＿＿＿＿＿＿＿＿＿＿＿＿＿＿＿＿＿＿＿＿＿＿＿＿＿＿＿＿＿＿＿＿＿＿＿

＿＿＿＿＿＿＿＿＿＿＿＿＿＿＿＿＿＿＿＿＿＿＿＿＿＿＿＿＿＿＿＿＿＿＿＿＿

职业道德测验

（1）（　　）的说法是正确的。

A. 取得事业进步的关键因素是具有良好的知识和技能，道德无足轻重

B. 做人最重要的是以德为先

C. 金钱不是衡量人们成功的唯一尺度，但却是最重要的尺度

D. 君子喻于义，小人喻于利

（2）结合现实生活，你能同意的说法是（　　）。

A. 利大大干，利小小干，无利不干

B. 坚持个人利益最大化原则，君子爱财，取之有道

C. 集体利益放在首位，也要维护个人的正当权益

D. 既不损人利己，也不会轻易牺牲个人利益

（3）员工正确处理与企业上司的关系，你能认可的是（　　）。

A. 上司具有绝对的权威，一切应该唯上司马首是瞻

B. 上司对自己的批评有错，要当面向上司指出来

C. 如果发现主管的水平较低，应及时向主管的上司汇报

D. 尊重上司的隐私，一般不给上司找麻烦

（4）从业人员对待顾客的做法中，你能认可的是（　　）。

A. 顾客是"上帝"，顾客说怎么着就怎么着

B. 对态度好的顾客提供好的服务，对态度差的顾客提供次的服务

C. 顾客提出超出自己能力范围的要求时，应尽量予以满足

D. 对蛮横无理的顾客，要敢于以眼还眼，以达到教育目的

（5）关于劳动的说法中，正确的是（　　）。

A. 劳动是人谋生的手段

B. 取得事业成功靠的是知识和智慧，而不是劳动

C. 把职业作为谋生手段的人，一定是思想品德境界不高的人

D. 人是生而自由的，但被劳动这把枷锁牢固地束缚着

（6）有位思想家说过这样一句话，"让每一个人都辛勤地忙碌着吧！让每一个人都最大限度地干适合于他们的工作吧！"你对这句话的感受是（　　）。

A. 人是懒惰的，要让每一个人都有事情做，不能让他们歇息下来

B. 如果每一个人不能干适合于他们的工作，那么这样的工作是不会取得成绩的

C. 每一个人都有死亡的时候，只有死亡的时候才能停止工作

D. 无论干什么，只有尽自己最大的努力，才可能取得更大成效

（7）在生产经营活动中，你赞同的说法是（　　）。

A. 好酒不怕巷子深，质量第一聚宝盆　　B. 买卖公平是关键，服务质量看价钱

C. 做好生意三件宝，人员门面信誉好　　D. 人无笑脸莫开店，拉客进门把钱赚

序号	1	2	3	4	5	6	7
答案	B	C	D	C	A	D	C

第二节　培育工匠精神，提高职业能力

在喧嚣中，他们固执地坚守着内心的宁静，凭着一颗耐得住寂寞的匠心，创新传统技艺，传承工匠精神，大国工匠，匠心传世。可称"工匠"者，多是在劳动中精益

求精者、勤勉不懈者。工匠，既是称谓，也是赞誉。工匠是职业，也是态度，更是精神。于国，工匠是重器；于家，工匠是栋梁；于人，工匠是楷模。中国梦目标在前，积跬步以至千里，每一个脚印，都由你我用工匠精神踩出；每一段人生，都不妨从工匠精神里，汲取最朴素的力量运用到现实生活中。

工作情境

池贵义弘扬工匠精神

池贵义，华晨中华汽车公司车身车间值班长，作为一个在一线工作近18载的"汽车人"，他磨炼了扎实的技术，有着自己的绝活，他就是我们所讲的"大国工匠"。虽然只有36岁，但是作为十九大代表，池贵义有着更高的理想，那就是在自己的岗位上，帮助华晨中国汽车控股有限公司（以下简称华晨）实现中国品牌的"弯道超车"。

主持人：现在我们也在说创新、智能化，包括像一些日本企业以及咱们中国品牌，都在谈工匠精神，这一点您是如何理解的？

池贵义：习近平总书记提到"建设知识型、技能型、创新型的劳动者大军，弘扬劳模精神和工匠精神，创造劳动光荣的社会风尚和精益求精的敬业风气"，我们很受振奋和鼓舞，为此，我们将继续加倍努力，不断提高自身的技能，发扬工匠精神，做一名有理想、有知识、有能力的新时代产业工人，适应未来智能工厂。

主持人：咱们在一线工作了这么多年，您觉得工匠精神这四个字意味着什么？或者说，从您的工作经验或者经历来看，我们怎么做才能向这四个字去努力或者说去实现？

池贵义：工匠精神，正是追求精益求精，专业专注、一丝不苟且孜孜不倦的体现。此时"工匠精神"不仅要有扎实的功底，更需要有开创性的思维。这也是我们一直努力的方向。

主持人：我也参观过车身车间，我记得参观的时候，工人们会摸一些冲压的地方，看有没有问题，我觉得这块必须要做好，因为它是车辆制造的一个必须环节。

池贵义：您说的正是我所经历的，也是我的绝活，是机器人不能完成的，这项工作对于我们钣金工人来说，已经成为我们的核心竞争力。

主持人：就像您所说，咱们说的工匠精神，就是需要我们亲自去做，坚持每一个细节，才能把我们的钣金也好，每一个小环节也好，做到极致，其实这就是习近平总书记说的这个意思。

池贵义：对，坚持每一个细节，就是习近平总书记所倡导的精益求精的敬业精神，这也是工匠精神最根本的内涵。

 情境分析

我们应该崇尚工匠精神，那就是精益求精的技术提升、追求卓越的创新创造、薪

火相传的"传帮带"。

 知识泉眼

（一）工匠精神含义

"烁金以为刃，凝土以为器，作车以行陆，作舟行水，此皆圣人之所作也。"这句话出自《周礼·考工记》，其蕴含了对于"工匠精神"以及生活本身最朴素的敬仰。"工匠精神"是一种职业精神，它是职业道德、职业能力、职业品质的体现，是从业者的一种职业价值取向和行为表现。"工匠精神"的基本内涵包括敬业、精益、专注、创新等方面的内容。

 小资料

工匠不仅是技术，更是品质和精神

武昌船舶重工集团有限公司（以下简称武船）始建于1934年，是我国以造船为主的大型现代化综合性企业和重要的军工生产基地。记者见到的代能武师傅是武船焊接专业首席技师、国家技能大师工作室带头人、全国技术能手、中船重工集团高级技能专家，享受国务院政府特殊津贴，同时也是湖北省首届十大首席技师。

代能武师傅对工匠精神的理解是，专注做好每件事，对工作要有兴趣和热情，要能够坚持到底、吃苦耐劳，要不断学习，争取明天做的就要比今天的好，要有这个意识；另外工作不仅仅是为了吃饭，应该有思想上的满足，而不仅是"口舌"的满足；做事要让人挑不出毛病，工作上总能有可改进的余地。

在武船干了30多年，代能武师傅在多个国家重点工程中攻坚克难，圆满完成了出口海洋平台工作船、北京京广大厦、西陵长江大桥、三峡大坝闸门，以及北京奥运会开幕式和闭幕式上的九环球、画轴、记忆塔等设备的建造。

代能武师傅说："做工匠有时很寂寞，没有人能帮你，所以需要有耐心，当你干出几件大事后，你一辈子在精神上就会是富足的，现在年轻人在这一点上可能欠缺一些，因此我在平时培训他们时也不断地介绍自己在这方面的体会。"

工匠不仅仅是技术，也是一种品质，一种精神。

——摘自凤凰资讯

 "我"的观点

要想成为一个工匠，既要具有一定的文化和专业理论水平，还要有广博的专业基

础知识，熟练的专业实践技能，精益求精的态度，以及不断创新的勇气和宽广博大的胸怀。

（二）工匠精神的基本内涵

1. 精益求精

精益求精是工匠精神最为称赞之处，具备工匠精神的人，对工艺品质有着不懈的追求，以严谨的态度，规范地完成好每一道工序，小到一支钢笔，大到一架飞机，每一个零件、每一道工序、每一次组装都力求做到完美。

大国工匠刘恩磊：精益求精——鸡蛋壳上能钻孔，创新用心干好活

你能想象在保证生鸡蛋完好无损的情况下，有人能用12毫米直径的钻头将0.2毫米厚的鸡蛋壳与0.02毫米厚的鸡蛋薄膜完整地剥离开来吗？显然，很多人都会惊呼："这怎么可能！"但是，就是这样不可思议的事情，青岛港国际股份有限公司港机分公司高级技师刘恩磊做到了！

"要干就用心把活干好，对得起自己的良心！"扎根基层21年，这句朴实的话语一直记在在刘恩磊的心里，而他也用行动践行着自己的诺言。他是一名从技校毕业的中专生，多年来，他在工作中学习，在实践中历练，把一切时间都用在学习上。凭借自己的努力，以及对精益求精的追求，刘恩磊获得了青岛市"技术能手""新长征突击手""有突出贡献的技师""首席技师"等多项荣誉，满满功勋背后有荆棘也有平川。

在工作中，每台机械都需要钻铰、攻丝近万个孔，如果其中一个孔出现偏差，就会导致大机装配无法进行，严重影响产品质量。如何提高钻孔精度和效率，成为技术工人面临的重大难题。为了能够使钻削稳、准、精、快，丝毫不差地钻好每个孔，刘恩磊琢磨出一个用钻床钻鸡蛋取皮的练习方法。最多的一次，一个鸡蛋竟然被他钻了20个孔。

经过一个多月的潜心钻研，刘恩磊终于用钻头在厚度仅有0.2毫米的生鸡蛋壳上钻出直径10毫米的孔，练就了蛋壳完整取下、鸡蛋薄膜不破的绝活。一时间，这个看似不可能完成的惊人成就轰动了全公司，而这项绝活也被公司命名为"恩磊精钻"的员工品牌。

2011年，青岛港董家口港区制造安装转载楼，刘恩磊主动请缨，承担了连接板加工任务，并且利用"钻蛋壳"这项独门绝技，使加工的孔全部控制在了0.2毫米的误差范围内，而且比原计划提前10天完成了任务，为转载楼顺利安装提供了保障。

——摘自央视网新闻频道

 **"我"的观点**

小小岗位铸就不平凡的人生。只有热爱自己的本职工作,坚持精益求精的态度,追求极致的敬业精神,用心用脑地把活干好才是对"工匠精神"最好的诠释。

2. 持续专注

持之以恒是工匠精神最为动人之处。具备工匠精神的人是向内收敛的,他们隔绝外界纷扰,凭借执着与专注从平凡中脱颖而出。他们甘于为一项技艺的传承和发展奉献毕生才智和精力。

 **小资料**

游洪建:一生磨一剑

匠人为基,匠心为本。

游洪建入职四川九洲电器集团有限责任公司(以下简称九洲集团)27年以来,坚持善于学习、敏于思考。"灵心胜造物,妙手夺天工",游洪建在第五届中国北京国际科技产业博览会(简称科博会)上展示了自己的拿手绝活。在一个鼓胀的气球上面放一张白纸,他蒙上双眼,手持高速旋转的手电钻在白纸上钻孔,随着电钻的钻动声,白纸上出现了一个个小圆孔,而气球却完好无损。这是他每天练习手感的必备功课。"勤学如春起之苗,不见其增,日有所长",如今,游洪建的技艺更加超群,大家都称他为"游大师"。2006年,他成为全省钳工状元。

参加工作27年来,游洪建由衷地慨叹:"一个合格的钳工,不是十年磨一剑,而是用自己的生命,一生磨一剑"。

——摘自央广网(中国梦·大国工匠篇)

 **"我"的观点**

专注就是内心笃定而着眼于对细节的把控、追求、完善的精神,这是一切"大国工匠"所必须具备的精神特质,即一种几十年如一日的坚持与韧性。其实,在中国早就有"艺痴者技必良"的说法。古代工匠大多穷其一生只专注于做一件事,例如《庄子》中记载的"庖丁解牛"等。

3. 自主创新

自主创新彰显了工匠精神的时代气息。大国工匠们凭借丰富的实践经验和不懈的思考进步，带头实现了一项项工艺革新、牵头完成了一系列重大技术攻坚项目。他们在各自工作岗位上的自主创新正是当今我国时代精神的最好表现。

小资料

自主创新传承工匠精神

1. 传承"工匠精神"

1985年，尹学军23岁。那时的他，头发还未染上岁月的痕迹。带着一只行李箱和满腔的求知欲来到德国，一闯就是13年。

留德13载，让尹学军毕生难忘的不仅有这里的美丽小镇、啤酒和古堡，以及从学士、硕士再到博士的辛劳与喜悦，更有德国人世代传承的工匠精神。

"我的导师就来自工业界，是德国工业巨头克虏伯起重机公司的总设计师，是一位很有实践经验和工匠精神的人。"在尹学军看来，"工匠精神"既是工作态度，也是生活方式。尹学军说："从设计、制造到使用，处处都可以融入工匠精神。"在设计上，工匠精神体现为基于力学、美学、人机工程学设计的高标准；在制造上，工匠精神体现为关注产品工艺、细节，不仅光洁度适中，还要圆润、有舒适度；在使用上，工匠精神体现为对精品的追求和青睐。

1998年，尹学军归国，先后创立了隔而固（青岛）振动控制有限公司和青岛科而泰环境控制技术有限公司。

回国后，尹学军将德国的"工匠精神"带了回来，并对每一项技术应用保持着一丝不苟的认真。

北京西直门地铁交通枢纽建设之初，为了保证地铁穿过毗邻的5A级写字楼和指挥中心时没有振动和噪声干扰，决定采用新的减振降噪科技。于是西直门地铁交通枢纽项目成了尹学军团队承接的第一个交通领域的工程项目。为指导施工和保证工程质量，尹学军晚上和工人一起打混凝土。"当时是冬天，又恰遇多年未见的极寒天气，北风刺骨，冻得腿现在都还有疼痛的毛病。"尹学军回忆道。

"这也没什么"，尹学军笑着告诉《中国科学报》记者，"在德国，地砖都是工人们跪在地上一块块仔仔细细地铺出来的。"

2. 打破"一无所有"

回国之初，尹学军深刻地体会到我国振动控制技术、应用规模同国际水平的差距。"这个领域的中高端是空白的。"尹学军说。

时至今日，尹学军领导的隔而固（青岛）振动控制有限公司已经掌握了不少专利技术，很多技术还会反向提供给整个隔而固集团在全球使用。这样的发展格局，离不开尹学军在三大领域的辛勤耕耘。

在工业工程振动控制领域，尹学军主持参与了大型工业装备振动控制技术研究，

发明了高承载、高性能、抗冲击振动控制装置，形成了成套技术。目前，该技术已广泛应用于航空航天、国防军工、核电站、高端装备制造等领域，有力保障了我国大型飞机、核电站等重大项目的建设和投产，助推了我国工业装备的现代化，打破了国外对某些重要领域的技术封锁。

在轨道交通领域，他主持研发了具有自主知识产权的钢弹簧浮置道床隔振和迷宫式约束阻尼降噪等系列技术，减振降噪效果居行业之首，经鉴定其主要成果技术水平达到国际领先。上述成果已在上海、北京、广州等20多个城市地铁投入使用，所有应用地段无一发生振动扰民投诉现象，实现了沿线土地增值和集约化利用，避免了改线、拆迁等原因造成的直接经济损失数百亿元，在奥运会、世博会、亚运会的交通配套工程中发挥了重要作用。

在建筑桥梁领域，尹学军成功研制了高性能三维弹性隔振装置、参数可调TMD装置，并应用于国家大剧院、上海世博会文化中心、上海交响乐团音乐厅、杭州湾大桥观光塔、崇启大桥、机场指挥塔等数十项重大复杂工程，以及在建的世界上最长的跨海大桥——港珠澳大桥抗风振TMD减振工程。

3. 引领"自主创新"

"我有70%的时间都花在科技创新上。"对于自己的时间，尹学军有明确的安排。集总经理和总工程师于一身的尹学军更加认同的身份是工程师。

回想起刚回国的日子，尹学军很高兴自己坚持下来了。当时，面对国内减振技术领域的空白局面，尹学军坚持自主创新，不依赖、不照搬德国技术。

尹学军说："第一，如果照搬，我们永远掌握不了核心技术，只有把核心技术掌握在我们自己的手中，才不会担心国际风云变幻；第二，作为世界上市场最大、发展最快的经济体，中国在减振降噪技术上的发展空间大、发展速度快，需要的新技术层出不穷，西方的研发速度和服务无法满足日新月异、一日千里的中国建设需求。"

长期以来，尹学军坚持自主创新，将振动控制技术先后系统地应用于工业装备、轨道交通和建筑桥梁等工程领域，使我国振动控制技术水平和应用规模在上述领域取得了跨越式发展，从相对落后达到了国际先进，部分核心技术达到国际领先水平，有力地促进了相关行业发展。

在减振降噪系列技术的研发上，他的相关科技成果曾获国家科学技术进步奖二等奖2项、省部级科学技术进步奖一等奖5项、中国机械工业集团特等奖和日内瓦发明金奖等。他先后申请国内外专利177项，累计获得专利授权154项，其中发明专利授权82项。

如今，国家将科技创新和生态文明建设放到前所未有的高度，这给尹学军带来新的发展机遇和挑战，面对挑战，喜欢创新和挑战的他充满了激情。

尹学军自信地说："我们研发的方向是市场难题和社会热点难题。解决行业的难题，我们责无旁贷，现有技术的下一代产品我们已经研发完成了，一些解决环保、抗震、减灾难题的新技术和产品我们也正在储备。我们已经做到'推广一代、研发一代、储备一代'。"

——摘自科学网

"我"的观点

追求突破、追求革新的创新内含意味着，工匠必须把"匠心"融入生产的每个环节，既要对职业有敬畏、对质量求精准，又要富有追求突破、追求革新的创新活力。

4. 追求卓越

追求卓越是工匠精神最重要的特征。他们秉承"要做就要做到最好"的信念，对待自己的每一个产品无不精雕细刻，对技艺和品质有着达到"极致"的严苛要求，他们不以生产合格品而以生产精品为目标，这种精神是工匠特有的追求与信仰，正是这种精神激励着一代代工匠匠心筑梦。

小资料

大桥工匠：杜操——他用世界第一的大桥诠释工匠精神

中国一座座高耸入云跨江越海的大桥背后，是中铁大桥局集团有限公司（以下简称大桥局）一位位精益求精的测量员、工程师、工人辛勤工作的结果，在实现大国梦的路上，他们都是大国工匠，本故事的主人公名叫杜操，让我们一起来看看他和他的大桥梦。

超越自我、追求卓越。

大桥局之所以能引领中国桥梁事业的发展，追求卓越是关键之一。大桥人的骨子里就流淌着"做事做到极致"的血液。60年来，大桥局共荣获国家科技进步特等奖4项，一等奖8项，二等奖17项。

2014年，大桥局承接了亚洲第一、世界第二的武汉姑嫂树公跨铁桥梁转体任务。该桥重量达17 300吨，长131米，要在空中转体90度。这样一个巨无霸就像一个巨大天平，转体时，如果稍有不慎，就会有压垮正下方运营中的京广线、武合线等11条铁路线路的风险，外国同行认为这是一个不可能完成的任务。

当时杜操和他们的测量团队负责转体监测工作，任务艰巨。为了攻克测量中遇到的转角控制的难题，他们创造性地研制了"转体弧度刻画盘"，它就像一个庞大的时钟，能实时读取数值，提供精准的转动信息。最终，万吨梁体精密贯通，实现了零误差合龙，创造了转体工程施工的奇迹。央视、凤凰卫视、长江日报等媒体广泛关注，国内外同行都为他们点赞……

该项工程获得了全国市政工程金奖，他们的测量成果获得了国家级专利。

——摘自搜狐网

 "我"的观点

匠人的一生只专注做好一类事,匠心之韵,不止在于高超的手工与技艺,更是一种对社会的热情与责任。杜操用二十年如一日的精准工作告诉我们,什么是工匠精神,其涵盖了几个关键词:精益、专注、创新、卓越。希望年轻的学子们永远保持一颗进取之心,脚踏实地、持之以恒、超越自我、追求卓越。

 活动体验

大国工匠王阳

他把三尺车床当作阵地,坚守31年;10年来,他每年完成工时都在5 000小时以上,干了别人20年的活;他从1997年起参与"神舟飞船"关键部件的生产工作,至今交付的超过6 000(套)件产品全部一次交验成功,从未出现质量问题或延迟交付……中国航天科工集团三院一一一厂数控加工车间车工班班长、特级工人技师、全国劳动模范王阳,生动诠释了大国工匠坚韧坚守、精益求精的精神。

 自我评估

工匠精神测试

(1)工匠精神的核心思想是(   )。
A. 品质   B. 意识   C. 价值观
(2)"工匠"一词最早指的就是(   )。
A. 手工业者   B. 陶匠   C. 木工
(3)工匠精神的理念是(   )。
A. 精益求精   B. 勤奋踏实   C. 爱岗敬业
(4)(   )就是尽自己最大的努力,将职责所规定的"应该做的事"做到最好。
A. 内化于心   B. 恪尽职守   C. 知行合一
(5)爱迪生认为,高效工作的第一要素是(   )。
A. 经验   B. 专注   C. 创新
(6)第43届世界技能大赛是在哪里举办的(   )。
A. 中国   B. 美国   C. 巴西

序号	1	2	3	4	5	6
答案	A	C	A	B	B	C

 小资料

沈阳市评选"盛京大工匠"实施意见

为认真贯彻落实《中共沈阳市委沈阳市人民政府关于印发〈沈阳市建设创新创业人才高地的若干政策措施〉的通知》(沈委发〔2017〕27号)精神,深入实施"盛京工匠"培养工程,扎实推进我市高技能人才队伍建设,规范"盛京大工匠"评选工作,特制定此实施意见。

一、基本原则

市人力资源社会保障局负责组织实施"盛京大工匠"选拔工作,各地区、各有关部门(单位)积极配合做好选拔推荐工作。

(一)坚持服务沈阳产业转型升级为核心,坚持增强沈阳企业核心竞争力为主线,坚持提升沈阳企业产品质量为目的,着力培养一批与加快老工业基地全面振兴和实施"中国制造2025"要求相适应的高技能骨干队伍,每年在全市各企业中评选25名"盛京大工匠"。

(二)"盛京大工匠"的选拔对象为我市行政区域内各类企业单位(含中央、省驻沈单位)在编在岗的高技能人才。其中,重点选拔为我市经济社会发展做出突出贡献的工农业生产一线高技能人才,特别是近5年内在先进装备制造业等战略性新兴产业中有力促进产业结构优化升级,在企业技术创新、改造、攻关和技术推广等方面取得突出业绩,创造显著经济和社会效益的创新型高技能人才。

(三)入选"盛京大工匠"人员由企业实行动态考核,通过5年的业绩评价后,可继续参加"盛京大工匠"选拔。

(四)建立"盛京工匠"退出机制。对业绩成果弄虚作假、在重大技术事故中负有主要责任、受到开除行政处分、因违法违纪行为被判处拘役以上刑罚的,取消其荣誉称号,收回荣誉证书和奖励补贴。

二、选拔条件

具有中国国籍,热爱祖国,遵纪守法,有良好的职业道德和敬业精神,带头履行岗位职责,为社会主义现代化建设事业努力工作。长期工作在生产服务第一线,技艺精湛,贡献突出,一般应为高级技师(国家职业资格一级)或具有相应高级职业技能水平,并具备下列条件之一。

(一)获得中华技能大奖、全国技术能手、全国劳动模范、全国五一劳动奖章、辽宁省功勋技能人才、辽宁省有突出贡献高技能人才、辽宁省技术能手、沈阳市优秀技术能手、沈阳市劳动模范、沈阳市五一劳动奖章等荣誉,业绩突出,影响广泛。

(二)在技术革新、技术改造上做出重大贡献,获得省部级及以上科技进步奖、国家专利等。

(三)在本行业中具有领先技术技能水平或有重大技术革新,在某一生产工作领域

总结出先进操作技术方法并得到同行业公认。

（四）在促进科技成果转化、推广应用，以及在新技术、新工艺、新方法推广等方面做出突出贡献，创造重大经济和社会效益。

（五）在本职业（工种）中具有绝招绝技，在国内外同类职业（工种）中产生重要影响。

（六）具有丰富实践经验，能够解决生产过程中的重点或关键性操作技术问题。

（七）获得在国际、国家、省具有影响力的技能大赛、技术比武等奖项，为国家、省、市争得荣誉。

（八）在培养技能人才和传授技艺等方面成绩突出，在国内、同行业内影响较大。

三、申报材料

各单位按照年度市人力资源和社会保障局下达的"盛京大工匠"评选工作通知，推荐"盛京大工匠"候选人员。各单位推荐时须提供以下材料。

（一）《"盛京大工匠"申报表》，一式5份（附电子文档）。

（二）候选人事迹材料，一式5份（附电子文档）。

（三）《"盛京大工匠"候选人基本情况表》，一式5份（附电子文档）。

（四）《"盛京大工匠"候选人推荐汇总表》，一式1份（附电子文档）。

（五）职工代表（5名以上）签字并加盖单位印章的公示结果。

（六）候选人技术技能水平、主要技术成果证明材料，候选人职业资格证书原件及复印件（包含照片页、职业资格等级页、职业工种页），候选人所获各种荣誉称号的原件及复印件或旁证材料，并要求整洁、清晰，统一用A4纸复印或打印。核准后原件返还，复印件加盖单位审核章并制作证明材料目录后，单独装订成一册。

四、评选程序

（一）推荐。参加选拔人员自愿报名，由所在单位、主管部门逐级进行资格审核、择优推荐。各地区、有关部门（单位）推荐人选须经领导集体讨论确定，并公示1周无异议后，向市人力资源社会保障局进行申报。

（二）审核。市人力资源社会保障局对推荐人选进行资格审核并确定候选人，并组织专家评审。

（三）评审。组建专家评审委员会，召开评审会议对候选人进行综合评议。

（四）公示。评审结果面向社会进行公示，在市人力资源和社会保障网公示5个工作日。

（五）审定。根据社会各界反馈情况，将拟定人选报市政府审定。

五、享受待遇

由市政府颁发荣誉证书，作为下年度推荐选拔"辽宁大工匠"人选，并优先推荐参加国家、省优秀高技能人才项目评选和参加国外（国际）交流活动，适时安排技术交流和休假活动，一次性颁发每人5万元奖励津贴。

本意见自印发之日起施行，由市人力资源社会保障局、市人才工作办公室负责解释。

项目二　助力起航

第一节　做到职场感恩，为职业发展扬帆

一个懂得感恩的人，一定是一个具有良好修养的人，更是一个真诚待人的人。感恩是一种品质，更是获得能量与能力的途径。关于感恩，社会越来越重视，因为一个感恩的人会主动承担起社会责任；国家越来越重视，因为一个感恩的民族更注重文化的传承。成功的企业家都在以各种方式做着回馈社会的事情，投入资金办教育、关注和关心社会公益事业、关爱困难群体……他们在用行动告诉人们，要想把自己的事业做强做大，必须要学会感恩、做到感恩。

工作情境

2018年3月29日，《春城晚报》报道了这样一篇文章。

2018年3月26日晚，广南县一名司机在途中遇见一名骑单车回家的小学生。因路上没有路灯，热心司机担心小学生回家途中害怕，或有摔跤，于是慢慢跟在小学生后面，并用车灯照亮这名学生回家的路，直到20分钟后前方出现了灯光。小学生为表示感谢，下车后对着司机深深鞠了一躬。

这段视频发布后，引来无数网友点赞，截至28日下午6点，仅在时下最火的视频软件"抖音"上，这段视频就获得了577万点赞、15万条评论。

很多网友为少年的感恩点赞，也为司机的暖心点赞，"司机做法太暖心，小学生也很有礼貌了""汽车的灯光不只是照亮了夜路，还照亮了孩子的心灵，也照亮了大家的心"。

热度最高的一条评论说："鞠躬的一瞬间我的眼泪一下就掉下来。"

情景分析

鞠躬少年的行为之所以被点赞，主要是因为在面对陌生司机的暖心帮助时，他懂得感恩，并立刻用行动表达自己的感激之情。这样的一个良性循环，传播了满满的正能量，即让受助者感受到了世间温暖，也鼓励助人者继续帮助他人。

感恩是一种发自内心的生活态度，懂得知恩图报。身为学生的我们，需要学会感恩，如果我们每个人都怀有一颗感恩的心，人人都怀感恩之情，那么整个社会将更加

和谐美好。

知识泉眼

（一）什么是职场感恩

"感恩"是个舶来词，最初来自基督教。其本意是要信徒感谢主为了拯救世人所做的牺牲而被钉上十字架，感谢主的慈爱与宽容，感谢兄弟姐妹的支持与帮助等。《牛津字典》给"感恩"的定义是：乐于把得到好处的感激呈现出来并且回馈他人。《现代汉语词典》给"感恩"的定义是：对他人给予的恩惠表示感激。

作为礼仪之邦的中国，在很久以前，感恩就已经深入了人心，在许多方面已有描述，比如"滴水之恩当涌泉相报""谁知盘中餐，粒粒皆辛苦"等。在职场上我们仍需一直心怀感恩，这种感恩就是要强调的职场感恩。职场感恩定义为：对单位拥有忠诚、敬畏的情怀；对工作具备全力以赴、进取创新的行为；对同事、对客户持有严于律己宽以待人的态度。职场感恩不是简单的报恩，它是一种责任、自立、自尊和追求阳光人生的精神境界。

在职业素养中，感恩精神是最值得倡导的，感恩品质决定劳动品质和成果品质，因此感恩具有积极的职业魅力和创造活力。对于企业而言，一个内心丰富、善于改善劳动环境和人际关系的员工，往往给企业带来意想不到的收获。

面试官：你每个月给父母多少钱？第三位"90后"真情回答，被录用

在某公司的面试现场，面试官也向求职者提出了这个问题，我们一起来看看。

某公司需要招聘一名行政助理，经过层层考核，三位求职者走到了最后，参加复试。面试官对三位求职者的情况做了简单介绍，并与他们进行沟通。大家都认真地配合着，努力回答面试官的每一个问题，不敢有丝毫马虎。

突然，面试官问道："工作以来，你们每个月给父母多少钱？"

第一位求职者立马站起来说道："这几年压力太大了，结婚、生子，每一步都要花不少钱。而且，我还背负着房贷，压力很大。每个月的钱，除去各种开销，基本所剩无几。父母对我的压力很清楚，他们多次提出要帮助我，都被我拒绝了。我无法给钱他们，但我绝不能再花他们的钱。"

第二位求职者回答道："我还年轻，正是花钱的年纪。每个月挣的钱本来就不多，能照顾好自己，就是对父母最好的孝敬。我不会找父母要钱，暂时也没钱给父母。"

第三位求职者是一名"90后"小姑娘，她略作思考后，回答道："我每个月的钱都给父母了，需要用的时候，他们会给我一些零花钱。我认为，父母养大我们不容易，给多少钱都不过分。趁着我现在还没成家，需要花钱的地方少，多孝敬一下父母。看到他们高兴，我也很高兴。"

听大家说完，面试官宣布第三位求职者被录用。在总结时，面试官说道："孝敬父母，是每一个人的责任。尤其是进入职场后，我们都有了收入，有了孝敬父母的资本。其实，每个人都有压力，但这不是借口。否则，等到将来后悔，就晚了。"

——摘自搜狐号中公教育

"我"的观点

很多企业都很重视员工的"感恩精神"。有些企业在招聘人才时，首先会问到竞聘者是否孝顺父母。他们是这样考虑的：一个不孝顺父母、不懂得感恩的人，很难同领导、同事和谐相处，没有和谐的工作环境自然会降低企业员工的工作效率。

我们要识别出职场上自己得到的所有恩惠，并学会感恩自己的公司，感恩领导、感恩同事、感恩竞争对手。

1. 知遇之恩

现在有很多学生自以为是，认为自己是匹"千里马"，对工作挑三拣四。即使找到工作，也总是抱怨这不顺心，那不合意，没有遇到伯乐，不能很好发挥自己的能力，等等。他们工作时态度极不认真，敷衍了事，得过且过。其实，在企业眼里，应届毕业生只是掌握了理论知识，毫无任何实践经验，他们走上工作岗位后需要经过一段时间的学习，才能很好地适应工作。在起初工作学习期间，新员工的工作效率是很低的，根本不可能为企业带来很多利润，所以应届毕业生应该对给自己工作机会、学习机会的企业心怀感激之情，在工作岗位上虚心学习，努力提高自己的能力才对，而不应该只是抱怨辛苦或抱怨得不到重用。

有一个学习计算机的年轻人，大学毕业后四处求职，暑假过去了，他依然没有找到理想的工作，可是身上的钱却快用完了。

有一天，报纸上登出一则招聘启事，一家新成立的电脑公司要招聘各种电脑技术人员10名，但需要经过考试。年轻人感觉机会来了，他在报名后就潜心复习，后来终于在300多名报名者中脱颖而出。

在走上工作岗位后，年轻人才真正认识到自己的知识欠缺得太多。公司每晚要留值班人员，家住本市的同事都不愿意值班，他就索性搬到单位住，包揽了所有值班任务。公司关门后，他就在办公室拼命钻研电脑知识，比读大学的时候还勤奋，工作两个月后，他就已经成为公司的技术骨干了。

这时，年轻人的生活依然是艰难的，试用期三个月里每月只有几百元的工资，勉强够吃饭。可是这份工作来之不易，他懂得知足常乐的道理。他努力工作，表现得相当优秀。两年后，他考取了国际和国内网络工程师资格证书，成为一名网络工程师，得到公司领导的器重和同事们的好评。几年过去了，随着公司的发展壮大，不到30岁的他凭借出色的业绩在这家公司拥有了很高的职位，并拥有了一定的股份，前景良好。当人们问起他的成功经验时，年轻人谦虚地说："其实也没什么，就是我懂得感恩。我知道这份工作来之不易，于是我每天都用几分钟的时间，为自己能有幸拥有眼前的这份工作而感恩，为自己能进这样一家公司而感恩。这样，我便有了前进的动力，再苦再累的活也难不倒我了。"

假如你是这位年轻人，你会珍惜工作机会吗？你会怎样工作？

——摘自《带着感恩的心工作》

2. 培育之恩

在工作岗位上，我们会经常受到领导严厉的批评指责，甚至是破口大骂。如果我们只是从自我的角度考虑问题，可能就会认为这是领导故意找茬，跟自己过不去。有这种想法，从"情"这个角度谈是可以理解的，但是在工作中，不但不利于改正错误，还会出现抵触情绪，影响跟上级的正常工作关系。其实，我国有句俗语叫"爱之深责之切"，如果我们换个角度思考问题，很多时候领导对我们的责骂，是因为对我们寄托了希望，如果不想让我们有进步，干脆不管就好了，何必要多费口舌得罪人呢？领导责骂我们是因为还在乎我们，如果以这样的心态对待老板的责骂，把领导的批评和责难看成是领导对自己的"爱"，然后把它看成是很好的接受教训、磨炼意志、自我提升的机会，把挫折和苦难看作是一笔非常宝贵的财富，那么，我们不但会坦然接受这些批评责难，而且会进步很迅速，并对领导充满感激之情。

小资料

有一个年轻人，总在他人面前说他主管的坏话。这位年轻人是单位里的"秀才"，在企划部门搞文案，可让他苦恼的是，不管他怎样努力，都不能使他的主管感到满意。为此，他曾一度灰心丧气，甚至想辞职。可最近，在主管调他去其他部门以后，他的看法却有了些转变。正是由于以前的主管对他近乎严苛的高标准要求，才使他在其他人的赞美声中不致停步，而是负气式地拼命学习，不断提高工作绩效，最终获得了自己都没想到的好成绩。

"我"的观点

卢梭说过，忍耐是痛苦的，但它的果实却是甜蜜的。所以我们对待工作中的"委屈"应该持一种正确的观点，抱一种感恩的心态，正是由于领导的严厉指责、严格要求和言传身教，才使得我们不断成长和进步，使我们避开懒散和放任的泥潭。

　　福富做服务生的时候，经常被老板毛利先生责骂，开始的时候他心里很不舒服，常常会暗地里抱怨，可是时间长了，他发现自己每次挨了责骂后都会得到一些启示，学会一些事情，所以福富当时总是"主动地"寻找机会挨骂。只要遇见了毛利先生，福富绝不会像其他怕麻烦的服务生一样逃之夭夭，他会掌握机会，立刻趋身向前，向毛利先生打招呼，并请教说："早安！请问我有什么地方需要改进？"

　　这时，毛利先生便会指出许多他需要注意的地方，福富在聆听训话之后，必定马上遵照他的指示改正缺点。

　　福富之所以殷勤主动到毛利先生面前请教，是因为他深知年纪轻、资历浅的服务生是很难有机会和老板交谈的，只有如此把握机会，别无他法。而且向老板请教，通常正是老板视察自己工作的时候，这也是向老板推销自己的最佳时机。所以，毛利先生对福富的印象非常深刻，对福富有所指示时，也总是亲切地直呼他的名字，告诉福富什么地方需要注意。

　　他就这样每天主动又虚心地向老板请教，持续了两年。有一天，毛利先生对福富说："我长期观察，发现你工作相当勤勉，值得鼓励，所以明天开始我聘你担任经理。"

　　这样，19岁的服务生一下子便晋升为经理，在待遇方面也提高很多。被人指责训诲，就是在接受另一种形式的教育。对于毛利先生一年365天的不断教导，福富至今仍感谢不已。

——摘自新浪微博《随想：有时不挨骂，长不大》

3. 扶持之恩

　　"一个篱笆三个桩，一个好汉三个帮"，在当今分工合作寻求共赢的时代，想靠自己单打独斗取得成功的机会已经越来越少。即使个人能力再强，如果没有他人的帮助支持，也有失败的可能。

　　在非洲丛林中，是什么原因让号称"丛林之王"的狮子长期处于饥饿状态呢？答案就是狮子捕猎的时候都是独来独往，而丛林里另外一种食肉动物——鬣狗，则是成群活动。大的鬣狗群有数百只，小的也有几十只，它们很少自己猎食，而是等狮子把猎物杀死以后，就从这个丛林之王的嘴里抢食！

　　虽然单个的鬣狗对于强大的狮子来说根本不值得一提，可是成群的鬣狗团结起来却能让这个丛林之王却步。争夺的结果，往往是狮子在旁边看鬣狗"分享"自己辛苦狩猎的成果，"强大"的狮子只能等到鬣狗吃完之后捡一些残羹冷炙聊以果腹，这样的状况下，狮子能不长期处于饥饿的状态吗？

——摘自《谁是最可爱的员工》

"我"的观点

在大量的毕业生中，能成为"狮子"的学生只是少数，大多数的学生都属于"鬣狗"，这些平凡普通的学生在职场上并不都是碌碌无为的员工，他们也能取得很好的业绩。他们的成功其实凝聚了很多幕后支持者的心血。当有一天有幸作为主要代表接受颁奖时，不要忘记那些支持帮助你的同事，因为他们的风雨同舟，才能使得我们发挥出更多的智慧和更大的力量。因此，必须学会感激自己的同事，感谢同事无私的帮助，加强与同事的合作，做一名好"搭档"。

还有一类人，他们不是你的坚强后盾，而是处处与你针锋相对，给你带来无限压力的竞争对手。对这些人，也要心怀感激之情，因为他们是真正迫使我们进步的要素。在自然界，动物没有了天敌，就会变得死气沉沉、萎靡不振。同样的道理，一个人没有了对手，也就没有了进步的方向。感激自己的对手吧，至少他们改变了你既定的生活轨迹，让你的人生可以登上更高的山峰。竞争对手的存在，成就了你与众不同的人生。

鲶鱼效应

西班牙人爱吃沙丁鱼，但沙丁鱼非常娇贵，极不适应离开大海后的环境。当渔民们把刚捕捞上来的沙丁鱼放入鱼槽运回码头后，用不了多久沙丁鱼就会死去。而死掉的沙丁鱼味道不好，销量也差，倘若抵港时沙丁鱼还存活着，活鱼的卖价就要比死鱼高出若干倍。为延长沙丁鱼的活命期，渔民想方设法让鱼活着到达港口。后来渔民想出一个法子，将几条沙丁鱼的天敌鲶鱼放在运输容器里。因为鲶鱼是食肉鱼，放进鱼槽后，鲶鱼便会四处游动寻找小鱼吃。为了躲避天敌的吞食，沙丁鱼自然加速游动，从而保持了旺盛的生命力。如此一来，沙丁鱼就一条条活蹦乱跳地运回到渔港。

（二）在职场上如何感恩

职场感恩，并不是对领导唯唯诺诺，而是在平凡的岗位上把平凡的事情做出惊喜，通过自己的努力把工作做到极致,为你提供发展机遇与薪酬的企业创造更大的价值。

1. 快乐工作

感恩的心,是一粒和谐的种子,当我们懂得感恩时,我们就会发现生活的美好、世界的美丽,就能快乐地生活在温暖而充满真情的阳光里。

对于刚走入职场的新人,总免不了身边的"前辈"们对你指手画脚一番,或是干脆把自己的工作拿来让你做;领导的总结,自己从来不写,却全都落到了你的头上。这个时候,你是什么样的心态?是气愤,还是欣然接受?

小资料

李娜,女,29岁。与她相处过的同事都对她的微笑、善良和勤劳留有深刻的印象,几乎每一个和她相处过的人都成了她的朋友。

有人不解,问李娜有什么与人相处的秘诀。

李娜微笑着说:"一切应该归功于我的父亲。在我很小的时候他就教导我,对周围任何人的给予,都应该抱有感恩的心态,而且要永远铭记,要使自己尽快忘记那些不快。我幸运地获得了这份工作,有很多友善的同事,虽然上司对我的要求很严格,但在生活方面对我很照顾。所有的这一切,我都铭记在心,对他们心存感激。我一直带着这种感激的态度去工作,很快我就发现,一切都美好起来,一些微不足道的不快也很快过去。我总是工作得很开心,大家也都很乐意帮助我。"

——摘自《谁是最可爱的员工》

"我"的观点

对于初入职场的年轻人来说,"吃亏是福"这句话能使你受益匪浅。"吃亏"是积累工作经验、提高做事能力、维护人际关系的重要技巧,所以我们也要感谢那些给你"亏"吃的人。与人为善,知足惜福,抱有感恩心态能使自己与他人保持良好的人际关系,能得到他人源源不断的关心和帮助。感恩心态能使自己心情愉悦,有助于事业上的成功。

2. 对企业忠诚

《辞海》中对忠诚的解释是指对国家、对人民、对事业、对上级、对朋友等真心诚意、尽心尽力,没有二心。企业员工的忠诚度是指员工对于企业所表现出来的行为指向和心理归属,即员工对所服务的企业尽心竭力的奉献程度。

按照不同的标准将忠诚分类如下。

(1)从层次上分类。从层次上分类,员工的忠诚可以分为对个体忠诚、对团体忠诚和对原则忠诚。

哈佛大学教授乔西亚·罗伊斯曾说："忠诚自有一个等级体系，也分档次级别：处于底层的是对个体的忠诚，而后是对团体，而位于顶端的是对一系列价值和原则的全身心奉献。"他又进一步阐述了忠诚的三类表现：一类是忠诚于个体，即对某个人的忠诚，比如忠诚于企业的领导者；一类是对团体的忠诚，比如忠诚于企业本身；另一类是对原则的忠诚，比如忠诚于信仰、思想或操守。

（2）从情感意愿上分类。从情感意愿上分类，员工的忠诚可以分为主动忠诚和被动忠诚。

主动忠诚是指员工主观上具有忠诚于企业的愿望，这种愿望往往是由于组织与员工目标的高度一致，组织帮助员工自我发展和自我实现等因素造成的。被动忠诚是指员工本身不愿意长期留在组织里，只是由于一些约束因素，如高工资、高福利、交通条件等，而不得不留在组织里，一旦这些条件消失，员工就可能不再对组织忠诚了。

（3）从稳定性上分类。从稳定性上分类，员工的忠诚可以分为不稳定忠诚和稳定忠诚。

不稳定忠诚是指员工一方面是乐于为企业服务的，他们对企业所采取的旨在提高员工组织忠诚度的交流与努力抱有开放的态度，另一方面又比较容易受外界事物的影响，当遇到强大的诱惑时，尽管没有违背忠诚原则，但是心里会发生强烈的冲突，产生很大的压力，如果压力没有得到释放，员工最终会放弃忠诚而离开企业。稳定忠诚是指员工对组织的发展抱有强烈的信赖感，并支持企业的决策，与企业共同生存、共同发展。

企业发展需要忠诚，社会发展需要忠诚，但是并不意味着不允许员工跳槽。心理专家谭洪刚认为，每个人的选择都可能会错，走错路、绕弯路，这都没什么大不了的，"试了错才能踏实下来"。所以不能说跳槽的员工就不忠诚，忠诚的员工就不允许跳槽。

忠诚度高的员工，会把公司看成是自己的，他们无论做什么，都会心怀感恩，全力以赴，维护自己所服务的公司的利益。这些人是公司值得重点培养的对象。

小丽和小娜是同一期被招进公司的雇员。从大面上来看，她们工作同样努力，没有人会觉得她们有什么能力方面的差距。

几个月之后，老板想从这两个研究生中提拔一人做助理，就叫来部门经理进行询问。

"她俩都已经在这里工作了几个月了，谈谈她们的近况吧，我想知道谁更适合来做我的助理。"

经理低下头，仔细想了一会，说："从能力上来看，她俩差距不大，工作热情也差不多一样高，但要从别的方面来说……"经理迟疑了，"我不知道我要说的算不算是一个重要的参考信息！"

老板鼓励他说:"说说看嘛,没关系的。"

"小娜不错,但她这人似乎从来不知道爱惜东西。"

"哦?你说下去!"老板似乎很感兴趣。

"我仔细观察过她们,每天下班时,业务室的灯、空调都是小丽关的,而每次出现忘记关灯、关空调的情况,那准是小娜最后走的。"

"还有吗?"

"小丽总是把公司的废纸钉成本子来用,看起来她好像很悭吝,在我们这么大的公司里如此节俭,我怕客户会笑话,还说过她。总之,这两个人嘛,差距不大!"经理说。

"不,他们的差距很大啊,"老板大手一挥,显得非常高兴,"你反映的情况很好,让小丽来吧,我看助理这个职务非她莫属。"

"您就凭这点信息就拍板吗?是不是再考察一下?"经理问。

"不必了,考察一个人不必一定要经历惊涛骇浪,她能在这些工作细节上这么有心、这么认真,说明她心里有公司,说明她爱自己的工作,我相信她能胜任新角色。"

如果你是老板,你会提拔谁?

——节选自新浪微博《世故:作为一名员工,必须处处维护公司的利益》

 **"我"的观点**

每一个企业都希望鱼与熊掌能够兼得,在办成更多事的同时节省更多的资源。如果你处处留心、仔细寻找,一定会发现节俭的良策。如果持之以恒地坚持维护公司的利益,机会也会悄无声息地来到你身边。

3. 每天多做一点点

著名投资专家约翰·坦普尔顿通过大量的观察研究,得出了一条很重要的原理——"多一盎司定律"。他指出,取得突出成就的人与取得中等成就的人几乎做了同样多工作,他们所做出的努力差别很小——只是"多一盎司(一盎司等于28.349 5克)"。但其结果,所取得的成就及成就的实质内容方面,却经常有天壤之别。

 **小资料**

吉尼斯世界纪录最顶尖的业务人员,连续11年在吉尼斯世界纪录里被称为"世界上最伟大的推销员",他叫乔治·吉拉德。

当记者访问乔治·吉拉德为什么能连续11年获得"世界上最伟大的推销员"的称号时,乔治·吉拉德笑着说:"其实业务工作非常简单,只要每天比别人多努力一点点就可以了。"记者追问:"那怎样才能比别人多努力一点点呢?"乔治·吉拉德说:"方法很简单,就是每天比别人早一个小时出来做事情,每天比同事多打一个电话,每天比同事多拜访一位顾客。"

——节选自三亚人才网《努力多做一点点,更多收获一点点》

 **"我"的观点**

在工作中,有很多东西都是我们需要增加那"一盎司"。大到对工作、公司的态度,小到我们正在完成的工作,甚至是接听一个电话、整理一份报表,只要能"多加一盎司",我们就会最大限度地发挥我们的天赋,把它们做得更完美,当然我们也会有数倍于一盎司的回报。

4. 加大你的工作难度

任何时候,我们都要尽可能地寻找一切机会来加大工作难度。我们可以主动接手工作、主动帮助别人、主动参加项目、主动要求加入因紧迫之需而临时成立的工作小组。努力理解自己的工作,尽力响应上司的需求,大胆创新,积极为公司发展献计献策,并且富有前瞻性地主动扩展自己的职能范围。

 **小资料**

安妮是一家公司的秘书。安妮的工作就是整理、撰写、打印一些材料。很多人都认为安妮的工作单调乏味,但安妮不觉得,她觉得自己的工作很好。她说:"检验工作,唯一的标准就是你做得好不好,不是别的。"

安妮整天做着这些工作,做久了,她发现公司的文件中存在很多问题,甚至公司的一些经营运作方面也存在着问题。于是,安妮除了每天必做的工作之外,她还细心地搜集一些资料,甚至是过期的资料,她把这些资料整理分类,然后进行分析,写出建议。为此,她还查询了很多有关经营方面的书籍。最后,她把打印好的分析结果和有关证明资料一并交给了老板。

老板起初并不在意,一次偶然的机会,老板读到了安妮的这份建议,他非常吃惊,没想到这个平常毫不起眼的年轻秘书,居然对公司这样关心,居然有这样缜密的心思,而且她的分析井井有条,细致入微。后来,她的建议中很多条都被采纳了。

老板很欣慰,他觉得有这样的员工是他的骄傲。当然,安妮也被老板委以重任。

——节选自《没有任何借口》

 **"我"的观点**

短期内你可能会觉得工作负担很重，不被人认可，甚至是疲惫不堪，但是慢慢地，人们就会发现你是一个能干且乐于帮助别人、敢于接受挑战的人。最终，你于公司的价值就会得到更大的体现。

（三）职场感恩的意义

感恩是一种处世哲学，是一种积极的心态，更是一种向上的力量。当一个人以一种知恩图报的心情去工作时，就会工作得更愉快、更有效率，从而达到个人和企业的"双赢"。

 **小资料**

有位普通职员肖兰在谈到她被破例派往国外公司考察时说：

"我和另一个同事虽然有着同样学历，但我们的待遇并不相同，他职高一级，薪金高出很多。庆幸的是，我没有因为待遇不如别人就心生不满，而是更认真做事。

"当许多人抱着多做多错、少做少错、不做不错的心态时，我尽心尽力做好每一项工作。我甚至会积极主动地找事做，了解主管有什么需要协助的地方，事先帮主管做好准备。因为在我上班报到的前夕，父亲告诫我三句话：遇到一位好老板，要忠心为他工作；假设第一份工作就有很好的薪水，那你的运气很好，要感恩惜福；万一薪水不理想，就要懂得跟在老板的身边学功夫。

"我将这三句话牢牢地记在心里，自己始终秉持这个做事原则。即使起初位居他人之下，我也没有计较。但一个人的努力，别人是会看在眼里、记在心上的。在后来挑选出国考察学习人员时，我是唯一一个资历浅、级别低的办事员。这在公司里是极为罕见的现象。"

——节选自新浪微博《世故：职场陷阱，做人不懂用感恩的心去工作》

 **"我"的观点**

肖兰成功的秘密其实很简单，就是把父亲的教导牢记在心，在工作中知足惜福，心存感恩。

 **小资料**

　　小李毕业后应聘到一家外地企业工作，但是亲情观念浓厚的小李因为惦念家人，工作并不开心。后来，小李辞去工作，应聘到家乡的一家企业工作。因为可以和家人团聚，他很珍惜这次机会。虽然必须和全家人挤在一套小房子里，但小李从来不叫苦，而是在认真地完成领导布置的每一项工作的同时，还大胆创新。一年之后，他因为表现突出多次受到领导表扬。国庆节后的一天，领导把他叫到办公室，笑着说："小李，你来这里一年了，工作做得非常出色，为我们企业做出了杰出的贡献。领导们对你的表现非常满意，决定分给你一套住房。"小李大为惊讶，他没有想到自己用心工作换来了如此大的回报。小李感激不已。

 **"我"的观点**

　　小李感恩家乡企业给他的和家人团聚的机会，在工作中不但做好本职工作，还力所能及地为公司献计献策，为公司做出了杰出的贡献，自己也得到了丰厚的回报，实现了个人和企业的"双赢"。

　　当一个人真正读懂了职场感恩，就会明白工作的初衷是为公司提供成果，给企业带来利润，最终成就的却是自己。

 **自我评估**

你是一个懂得感恩的人吗？

（1）你觉得你现在的生活学习环境和所处的社会环境怎么样？

A. 很不错　　　　B. 还行　　　　C. 不好　　　　D. 很差，难以忍受

（2）你觉得你与父母相处融洽吗？

A. 很不错，经常与他们谈心

B. 经常沟通，不过好像总觉得有一点代沟

C. 偶尔和他们沟通，但好像不是很融洽

D. 觉得他们好烦

（3）你觉得你与朋友同学相处得好吗？

A. 都很不错很和谐　　　　　　　B. 很不错的占多数

C. 处得不错的有那么几个　　　　D. 好像都不是太好

（4）你觉得你的老师怎么样？

A. 不错，觉得他们都好负责，应该尊敬他们

B. 大部分老师我都喜欢，有的还不太适应，但都值得尊敬

C. 马马虎虎，就这样吧，有的老师不值得尊敬

D. 都不是好老师

(5) 你记得你亲人的生日吗？

A. 全记得　　　B. 记得几个　　C. 只记得一个　D. 一个也记不得

(6) 当家人、朋友或者师长指出你的错误时你是什么反应？

A. 虚心接受，努力改正

B. 权衡利弊，再做决定是否改正，可能改正，但不一定

C. 不以为然

D. 他凭什么说我，讨厌

(7) 你会在一些特殊的节日，比如母亲节、父亲节、教师节、春节等向他人表示问候吗？

A. 经常问候　　　　　　　　B. 不经常，不过也常想到

C. 偶尔，不过次数不多　　　D. 从来没有过

(8) 当你看到你的长辈们在为一家的生计日夜操劳，头上的白发渐渐多了起来，你会觉得？

A. 感动并感谢他们，将来要报答他们

B. 有点感动，但过会儿就忘了

C. 没什么感觉，应该的

D. 真没用，一点赚钱的本事都没有，看人家爸妈

(9) 如果你在学校里每个月用的钱经常超过一般学生，甚至超过你父母能够承受的范围时，你会怎么想？

A. 有点对不起他们

B. 有过想法，不过抵制不住口腹和虚荣的诱惑

C. 没想过

D. 他们供我吃、供我穿、供我上学，这是应该的

(10) 你是否想过用自己的实际行动来报答父母和老师的抚养教育？

A. 我一直在用实际行动感恩着

B. 也想过，不过行动不多，三天打鱼两天晒网

C. 没想到过

D. 他们对我有恩吗？

(选A得10分，选B得7分，选C得3分，选D得0分。)

思考题

(1) 你得了多少分？你觉得你是一个感恩的人吗？

(2) 你觉得你现在或以前的学习生活中关心你的人有哪些（包括朋友亲人和老师）？请写出他们的姓名。

(3) 你会用实际行动来感谢或报答他们对你的关心和爱吗？用什么样的实际行动？

 小资料

感恩的心

《感恩的心》是歌手欧阳菲菲的代表作之一，这是一首感人肺腑的手语歌，从发行之日起传唱至今。与其说这首歌的歌词和旋律凄婉动人，不如说这首歌的由来与内涵更催人泪下，激人奋进。

有一个天生失语的小女孩，爸爸在她很小的时候就去世了。她和妈妈相依为命。妈妈每天很早出去工作，很晚才回来。每到日落时分，小女孩就开始站在家门口，充满期待地望着门前的那条路，等妈妈回家。妈妈回来的时候是她一天中最快乐的时刻，因为妈妈每天都要给她带一块年糕回家。在她们贫穷的家里，一块小小的年糕都是无上的美味了啊！

有一天，下着很大的雨，已经过了晚饭时间了，妈妈却还没有回来。小女孩站在家门口望啊望啊，总也等不到那熟悉的身影。天，越来越黑，雨，越下越大，小女孩决定顺着妈妈每天回来的路自己去找妈妈。她走啊走啊，走了很远，终于在路边看见了倒在地上的妈妈。她使劲摇着她的身体，妈妈却没有回答她。她以为妈妈太累，睡着了，就把妈妈的头枕在自己的腿上，想让妈妈睡得舒服一点。但是这时她发现，妈妈的那双眼睛没有闭上！小女孩突然明白：妈妈可能已经死了！她感到恐惧，拉过她的手使劲摇晃，却发现手里还紧紧地拽着一块年糕，她拼命地哭着，却发不出一点声音。

雨一直在下，小女孩也不知哭了多久。她知道妈妈再也不会醒来，现在就只剩下她自己。那妈妈的眼睛为什么不闭上呢？是因为不放心她吗？她突然明白了自己该怎样做。于是擦干眼泪，决定用自己的语言来告诉妈妈她一定会好好地活着，让妈妈放心地走。

小女孩就在雨中一遍一遍用手语做着这首《感恩的心》，泪水和雨水混在一起，从她小小的却写满坚强的脸上滑落。就这样，小女孩站在雨中，不停歇地做着，一直到那双眼睛最终闭上。

《感恩的心》歌词如下。

我来自偶然像一颗尘土，有谁看出我的脆弱；我来自何方我情归何处，谁在下一刻呼唤我；天地虽宽这条路却难走，我看遍这人间坎坷辛苦；我还有多少爱我还有多少泪，要苍天知道我不认输；感恩的心感谢有你，伴我一生让我有勇气做我自己；感恩的心感谢命运，花开花落我一样会珍惜；我来自偶然像一颗尘土，有谁看出我的脆弱；我来自何方我情归何处，谁在下一刻呼唤我；天地虽宽这条路却难走，我看遍这人间坎坷辛苦；我还有多少爱我还有多少泪，要苍天知道我不认输；感恩的心感谢有你，伴我一生让我有勇气做我自己；感恩的心感谢命运，花开花落我一样会珍惜；感恩的心感谢有你，伴我一生让我有勇气做我自己；感恩的心感谢命运，花开花落我一

样会珍惜。

第二节　拥有可持续发展思维，为职业发展续航

可持续发展就是建立在社会、经济、人口、资源、环境相互协调和共同发展的基础上的一种发展，其宗旨是既能相对满足当代人的需求，又不能对后代人的发展构成危害，注重社会、经济、文化、资源、环境、生活等各方面协调"发展"。个人在职业发展的过程中也要实现可持续发展，即在道德、知识、素养、能力等各方面协调发展，适应时代的变化，促进自己职业更好地发展。

 工作情景

2018年6月5日是第47个世界环境日。中国今年确定的主题是"美丽中国，我是行动者"。对于建设美丽中国，习近平总书记一直非常重视。

他曾为干部去掉片面以GDP论英雄的"紧箍咒"，力推"美丽中国"纳入"十三五"规划，写入十九大报告。

在他看来，"绿水青山就是金山银山"，生态文明建设是关系中华民族永续发展的根本大计。

在浙江省工作期间，习近平总书记还提出著名的"两山论"："既要绿水青山、又要金山银山，实际上绿水青山就是金山银山。"

2013年9月，习近平总书记在哈萨克斯坦发表演讲，将这一理念向世界传递："我们既要绿水青山，也要金山银山。宁要绿水青山，不要金山银山，而且绿水青山就是金山银山。"

短短几句话，掷地有声。坚定不移推动绿色发展，是他一直以来的执政理念。

为子孙后代留下"绿色银行""中华民族永续发展的千年大计""关系中华民族永续发展的根本大计"……谈到生态文明建设，习近平总书记着眼子孙后代，谋及长远利益。

 情景分析

环境就是民生，青山就是美丽，蓝天也是幸福。优美的生态环境，正逐步满足着人民日益增长的优美生态环境需要。"靠山要养山、靠水要养水"，人与自然要和谐共生。我们具体如何做才能既要绿水青山，又要金山银山，让经济、社会、资源和环境保护互相协调发展？

知识泉眼

（一）什么是可持续发展

1. 可持续发展的含义

1987年，以挪威首相布伦特兰为主席的联合国世界与环境发展委员会发表了一份报告"我们共同的未来"，提出可持续发展概念，"可持续发展是指既满足当代人的需要，又不对后代人满足其需要的能力构成危害的发展"。并以此为主题对人类共同关心的环境与发展问题进行了全面论述，受到世界各国政府组织和舆论的极大重视。

1992年6月在巴西里约热内卢举行的联合国环境与发展大会上，来自世界178个国家和地区的领导人通过了"21世纪议程""气候变化框架公约"等一系列文件，明确把发展与环境密切联系在一起，使可持续发展走出了仅仅在理论上探索的阶段，响亮地提出了可持续发展的战略，并将其作为全球行动。

可持续发展就是要促进人与自然的协调发展，推动整个社会走上经济发展、生活富裕、生态良好的文明和谐发展道路。

可持续发展的核心思想是经济发展、保护资源和保护生态环境协调一致，让子孙后代能够享受充分的资源和良好的资源环境。

2. 可持续发展的内涵

可持续发展有以下几个方面的丰富内涵。

（1）共同发展。地球是一个复杂的巨系统，每个国家或地区都是这个巨系统不可分割的子系统。系统的最根本特征是其整体性，每个子系统都和其他子系统相互联系并发生作用，只要一个系统发生问题，都会直接或间接影响到其他系统的稳定，甚至会诱发系统的整体突变，这在地球生态系统中表现最为突出。因此，可持续发展追求的是整体发展和协调发展，即共同发展。

（2）协调发展。协调发展包括经济、社会、环境三大系统的整体协调，也包括世界、国家和地区三个空间层面的协调，还包括一个国家或地区经济与人口、资源、环境、社会以及内部各个阶层的协调，持续发展源于协调发展。

（3）公平发展。世界经济的发展呈现出因水平差异而表现出来的层次性，这是发展过程中始终存在的问题。但是这种发展水平的层次性若因不公平、不平等而引发或加剧，就会因为局部而上升到整体，并最终影响到整个世界的可持续发展。可持续发展思想的公平发展包含两个维度：一是时间维度上的公平，当代人的发展不能以损害后代人的发展能力为代价；二是空间维度上的公平，一个国家或地区的发展不能以损害其他国家或地区的发展能力为代价。

（4）高效发展。公平和效率是可持续发展的两个轮子。可持续发展的效率不同于经济学的效率，可持续发展的效率既包括经济意义上的效率，也包含着自然资源和环境的损益成分。因此，可持续发展思想的高效发展是指经济、社会、资源、环境、人

口等协调下的高效率发展。

（5）多维发展。人类社会的发展表现出全球化的趋势，但是不同国家与地区的发展水平是不同的，而且不同国家与地区又有着异质性的文化、体制、地理环境、国际环境等发展背景。此外，因为可持续发展又是一个综合性、全球性的概念，要考虑到不同地域实体的可接受性，因此，可持续发展本身包含了多样性的、多模式的多维度选择的内涵。因此，在可持续发展这个全球性目标的约束和指导下，各国在实施可持续发展战略时，应该从国情出发，走符合本国实际的、多样性的、多模式的可持续发展道路。

（二）如何实施可持续发展战略

1. 国家怎样做？

关于可持续发展，美国、德国、英国等发达国家和中国、巴西这样的发展中国家都先后提出了自己的21世纪议程或行动纲领。尽管各国侧重点有所不同，但都不约而同地强调要在经济和社会发展的同时注重保护自然环境。

我国人口多、资源紧张、环境问题严重，只有实施可持续发展战略，才能保持国民经济快速、持续、健康发展。党的十七大把可持续发展纳入科学发展观的内涵，党的十八大把全面协调可持续作为贯彻落实科学发展观的基本要求。

十九大报告指出必须树立和践行绿水青山就是金山银山的理念，坚持节约资源和保护环境的基本国策，像对待生命一样对待生态环境，统筹山水林田湖草系统治理，实行最严格的生态环境保护制度，形成绿色发展方式和生活方式，坚定走生产发展、生活富裕、生态良好的文明发展道路，建设美丽中国，为人民创造良好生产生活环境，为全球生态安全做出贡献。

十九大不再设定具体的增长目标。中国未来将实现更为公正的财富分配。相比经济高速增长，可持续发展和改善国民生活成为中国更优先的发展目标。

我国实施的可持续发展战略

（1）计划生育和环境保护两项基本国策，是可持续发展中最基本的战略。计划生育是建立可持续发展社会基础的核心，环境保护（包括控制污染和改善生态）则是保证可持续发展的物质基础。

①坚持计划生育的基本国策。要切实控制人口增长，提高人口素质；要重视人口老龄化问题。逐步建立起适应老龄化社会所需要的养老保障体系，提倡家庭子女赡养和组织老年自养。

②坚持环境保护的基本国策。坚持资源开发和节约并举，把节约放在首位，提高

资源利用效率。努力改善生态环境,加强对环境污染的治理。目前危害我国生态环境的因素有土地退化、林草植被破坏、水土流失严重、矿产资源不合理开发、生物多样性锐减,故要努力改善生态环境。

(2)制定经济、人口、资源、环境协调发展规划。

①经济与人口、资源、环境要协调发展。

②人口与资源的可持续发展。从长期和总体上观察,人口与资源是实现可持续发展的基本条件,是制约可持续发展的终极因素。

③人口与环境的可持续发展。从一个特定角度观察,一部人类发展史就是人口与环境互相作用的历史。

(3)选择有利于节约资源的产业结构和消费方式,建立资源节约型的国民经济体系。

①制定和实施有利于节约资源的产业政策。通过产业政策的调整,减少对资源的消耗和对环境的破坏。

②合理布局工业生产力,根据优化资源配置和有效利用的原则,制定工业发展的地区布局规划。要在不同地区建立起符合国家总体发展要求的合理利用资源的主导产业,促进资源的合理配置和地区经济的协调发展。

③提倡崇尚节俭的消费方式。我国人均耕地面积少,不仅决定了我国居民食物和衣着的消费要节俭,而且人均居住面积和人均道路都不能太宽绰。总之,我国的国情决定了我们的衣食住行等基本消费应当是方便实惠型的。

(4)要把实施可持续发展战略同依法治国、加强法制建设结合起来。

①要加快控制人口、节约资源和环境保护的立法工作。

②开展各种形式的执法监督,建立和完善法律监督、行政监督、群众监督和舆论监督相结合的监督体系和可持续发展的综合决策机制、协调管理机制和执法监督机制。

2. 公民怎样做?

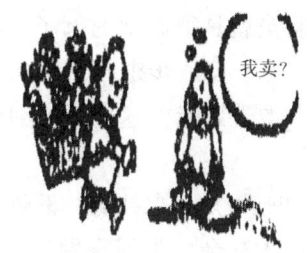

太祖卖野菜　　太爷卖木材　　爷爷卖菜墩　　爸爸卖根雕

上图说明什么问题?我们应该怎么办?

"我"的观点

上图说明由于人们的过度索取,造成严重的资源、环境问题,影响了经济的发展。

我们应该保护资源,提高环保意识。自觉参与保护资源和环境的各项活动;积极宣传保护环境的基本国策;积极同各种破坏资源和环境的行为做斗争;爱护动物、山水、花草、树木;积极参加植树造林活动。

我们周围存在哪些浪费资源、破坏环境的行为?同学们,在日常生活中,我们能为保护环境、节约资源,为可持续发展做些什么呢?

2018年6月5日是新修订的环境保护法规定的第4个环境日,生态环境部、中央文明办、教育部、共青团中央、全国妇联等五部门联合发布《公民生态环境行为规范(试行)》。行为规范包括关注生态环境、践行绿色消费、分类投放垃圾、呵护自然生态、参与监督举报、节约能源资源、选择低碳出行、减少污染产生、参加环保实践、共建美丽中国等。

(三) 如何实现个人的可持续发展

个人的可持续发展,关键是个人观念、专业知识和能力得到不断的提高,以适应个人职业以及时代、社会的发展需求,更好地面对日趋激烈的生存竞争,在工作、事业、生活上不断迈上新台阶,获得一个满意、富足、充实、幸福的成功人生。

1. 树立可持续发展观念

想在竞争指数不断上涨的职场之中获得职业可持续发展,就要科学地规划自己的职业生涯,立足岗位和专业,不断提升专业技能,树立可持续发展观念。

(1) 不断提高自身修养。社会的发展离不开精神文明的进步,个人的可持续发展,离不开道德品质的不断提高。不注意提高自身修养,人的发展就会偏离正确的方向,最终会断送发展前程。特别是在社会大变革时期,各种诱惑空前地呈现在人们眼前。人若把握不住自己,就有可能做出错误的抉择,一失足而成千古恨。一些因腐败而被严惩的年轻官员就是很典型的例子。在堕落之前,他们都既有很好的自身条件,又有良好的发展机遇,却逐步走向了反面,断送了美好前程。周恩来总理生前常说"活到老、学到老、改造到老"这句话,细细想来,这真是立身、处世、做人、发展的至理名言。

(2) 要加强锻炼,保持身体健康。身体是成就事业的本钱,没有一个健康的身体,一个人就很难为社会、为国家做出大的贡献,也很难实现人生的可持续发展。所以,要实现个人的可持续发展,必须保持身体健康。但健康不会轻易获得,要保持身体健康,除需要具有良好的生活习惯外,还需要加强锻炼,并且锻炼必须经常、持续进行,这就特别需要毅力,这同样是对人生的考验。众所周知,人要建功立业,必须要有毅力,坚忍不拔;同样,人要保持身体健康,也必须持之以恒,坚持下去。

（3）掌握行业动态信息和职业发展规律。在掌握行业动态信息的基础上，需分析岗位特点，以及岗位对就职人员综合能力素质的要求，然后将个人的特质、条件同要求相对照，找到就业的优势与差距，进一步对个人的职业发展具体目标进行锁定。我们还要不断思考和学习才能掌握自己职业发展规律，提高自己的"职商"，提高自己的职场生存能力，实现职业的可持续发展。

小资料

随着汽车逐渐成为我们生活中的必需品，汽车专业也成为社会上十分走俏的专业。汽车类专业人才成为炙手可热的"抢手货"，汽车行业中的复合型人才将成为竞争焦点。比如精通外语的汽车设计人才、具备汽车技术背景的营销人才、具备汽车销售背景的IT类专业人才，以及汽车信贷、保险等金融人才将继续走俏。

（4）选择有发展前景的行业。什么行业发展前景好？不论是工作就业，抑或是个人创业，这都是一个值得关注的问题。要在社会上立足，就要有能站得住脚的资本，我们在选择职业的时候，要本着可持续发展观念选择，避免选择那些高消耗不环保的行业。

工业机器人发展前景

作为"中国制造2025"十大支柱产业之一，机器人产业迎来黄金发展期。对应的机器人相关专业人才，尤其是技术技能型人才需求也将出现井喷。目前全国已有120余家职业院校开设机器人相关专业。最近几年，中国市场销售的机器人占全球销量四分之一，成为全球机器人销量第一大国。纵观全球，ABB、发那科、安川、库卡是工业机器人行业中的"四大家族"，占据重要的市场和技术优势。而同时，随着中国制造2025计划的提出，"机器人代替人"的工业需求也越来越强烈。与世界上其他国家横向比较，我国目前平均一万名工人中的工业机器人使用量约为55个，而日本、韩国的这一比例为3%，美国为2%。可见，我国的工业机器人蕴藏着巨大的发展机遇和市场前景。

2. 树立终身学习的理念

任何停止学习的人都已经进入老年，无论在20岁还是80岁，坚持学习则永葆青春。

——亨利·福特

为了能够成为幸福生活的创造者,成为美好社会的建设者,只有形成终身学习的愿望和能力,才能促进个人的可持续发展。

树立新的学习观念,建立理念平台。这个理念平台主要包括:"终身学习""处处学习、时时学习""工作学习化、学习工作化""团队学习""学习的资源意识""研究式学习""反思式学习"等理念。"天外有天,人外有人。"在知识经济时代,科技飞速发展,知识更新加快,世界的变化是如此巨大,如果不虚心学习新的知识和方法,即使你原来的专业知识很扎实,也一样会被社会的进步潮流淘汰,所以我们要活到老,学到老!

(1)提高学习能力。一个人的竞争优势取决于能力,能力取决于资源,资源取决于学习能力。学习能力是我们唯一赖以生存,应对改变的武器!未来的社会是学习型社会,一个人发展程度的好坏取决于学习能力强不强。

全身心投入学习,不断学习,跟上时代的发展,才能进行持续性的创造。

$L \geq C$,——L(Learning)学习;

——C(Change)改变。

只有当一个人的学习速度大于或等于社会改变的速度时,才能适应这个社会。

韩国围棋世界冠军李世石被人工智能打败后,很多人开始担心,人类该如何抗衡人工智能。诺贝尔文学奖获得者莫言在回答高中生的提问"人工智能对世界的影响"时,幽默地说:"你们要好好学习,未来还是你们的,不是机器人的。""学习"的确是人们面对人工智能首先要采取的姿态。

小资料

人工智能时代学生如何学习?

"在计算机擅长的领域中,人类战胜人工智能是不明智的。与其在这个领域中和机器较劲,不如把精力放在自己擅长的领域,比如创造与想象。充分发挥自己的专长,并且利用好机器的专长,岂不是更加美好?"华东师范大学教授祝智庭说。

德国波鸿市鲁尔大学的一项研究表明,大脑在学习新东西以后的3个小时内便会改变结构。人工智能支持的个性学习、协同学习、体验学习和探究学习等学习方式,对脑结构的改变会更加明显。特别是人工智能支持的体验学习与探究学习,会多方面深度激活不同脑神经区域,也就是说人类的大脑正不断地被智能科技重新塑造。

祝智庭说:"当人工智能帮助人类处理规则确定性、动作机械性、过程重复性的日常事务后,人们将会有更多的时间和精力去处理富有情感性和创造性的活动。"

学习从汲取知识变成建构知识。"过去我们可以通过查阅百科全书寻找问题的答案,并且确定答案是正确的。但今天孩子们通过网络能查到成千上万个答案,但是没有人告诉他们哪些是正确的,哪些是错误的,哪些是真的,哪些是假的。孩子们需要的不再是'汲取'知识,而是'建构'知识的能力。"经合组织(经济合作与发展组织)教育与技能司司长安德烈亚斯·施莱克尔说。

"我"的观点

现在是信息时代,知识更新越来越快,而学习是一个人更新知识、增长才干、提高素质、做好工作的主要途径和重要基础。一个人在学校所学到的知识和技能,很难满足其一生的生活和工作需要。人们只有结合自己的实际生活和工作,不断学习、终生学习、随时摄取新知识、更新旧知识,才能跟上时代的发展和社会的进步,才能为自己事业的进步和人生的发展提供不竭的动力。

(2)立足平凡岗位,提高工作能力。在平凡的工作岗位上,我们也可以把简单的工作用心做好,不断提高自己的业务水平和职业能力,在平凡中追求卓越。

小资料

刚参加工作的小龙,一天中午吃完饭,就迎头撞上老板。老板微笑着随口吩咐:"你能不能帮我订一份盒饭,或者让王主任回来时帮我带一份?"这是老板给他的第一个任务,尽管有几分随意。小龙紧张又兴奋,他给快餐店打电话,盒饭已经卖完了。王主任出去吃饭,没有带手机,他也一直联系不上。他紧张极了不知道怎么办,红着脸告诉老板没有订到盒饭也没有联系到王主任。虽然没有受到老板的责难,但小龙心里很失落。这件事给了他深刻的教训。如果他灵活一点,帮老板要到一份盒饭并不是什么难事。

不久小龙又遇到一件事。老板打电话来找李助理。他回答老板说:"李助理还没有回来。"但他意识到自己不应该这样随口就推掉老板的问题,于是接着说:"我马上让她联系您。"老板说:"我有急事,别人也可以。"他立即问道:"这里有小张、小王还有我,您需要哪一位?"这样老板的问题解决了。

小龙工作两年,渐渐变得和别人不同,因为他接电话和别的同事是不同的。"没有""不清楚""不知道"不再是他的常用语,他接电话时会给对方提供更多的选择和更多的信息,而不是把所有的时间浪费在一个无法解决的困境中。

两年后的他是这样接电话的。一位客户要找最有经验的王工帮助他解决产品故障问题,而王工正好外出未归。小龙的回答是"他出去了,请问您有什么事吗?"他还会补充回答,"我们这还有张工、李工和程工,他们都是有经验的工程师。张工擅长您的产品那方面的故障。"这样,客户会选择另一位工程师,而他也不必因为王工不回来而干着急。小龙就这样一点一点变得不同。他总是比别人多做一点,哪怕只是多说几句话,但是他总能够及时地解决问题。有一天老板找他谈话,希望他出任客服部主管,因为他接电话的方式让老板相信他可以领导好一个客服部。于是他成功升职。

"我"的观点

在职场上，你比别人多付出一点，便多得到一点；多用心一些，就多进步一些。点滴的小事往往能造就优秀的职场人才。虽然老板给出的是简单的命令和吩咐，但是能够真正地做好事情的员工才能在岗位上有所发展，你的工作能力决定了你的发展前景。

（3）立足专业点，提升职业附加值。我们要在专业技能的基础上，结合自身的特点和工作的需要，提高自己的职业附加值，增加自己职业通用能力的竞争砝码，坚持自己技术优势的同时向外延伸，这样才能有更广阔的发展空间，实现职业的可持续发展。

小资料

计算机专业毕业的小航在一家企业做技术人员，他在公司工作两年多了。在工作中，他发现公司近一年来接了很多日企的项目，在进行项目洽谈时需要用日语交流，而公司没有日语专业的员工，于是小航决定学习外语。虽然平时的工作很忙很累，但是每天回到住处，他都要学习日语，并且参加了周末的日语培训班。同时，他还报考了注册会计师（CPA），因为在进行企业的管理信息系统开发时，他发现企业管理系统中最核心的部分就是财务系统，只有掌握很专业的财务知识才能更好地理解客户方的需求，从而更好地做好客户方的管理信息系统的设计和开发。由于技术能力过硬，业务素质强，小航被公司委以重任，并被派到日本培训半年。

"我"的观点

在工作中要想有更好的发展，必须不断学习、思考、改变，增加自己的职业附加值，提升个人的竞争实力，成为行业中不可或缺的人才。

3. 考取职业资格证书，增加职业竞争砝码

（1）什么是职业资格证书？职业资格证书是通过政府认定的考核鉴定机构，按照国家规定的职业标准或任职资格条件，对劳动者的技能水平或职业资格进行客观公正、科学规范的评价和鉴定，使劳动者具备某种职业所需要的专门知识和技能的证明。比如，你想从事模具制造职业，要会识图、了解模具结构，精通普通机床、数控机床操

作，同时还要熟练掌握钳工方面的知识，懂得模具设计、制造、装配等方面的技术要领，这些都是你从事模具制造职业必备的学识、技术和能力，即职业资格。如果可以通过国家的职业资格的认定考试取得职业资格证书，就证明你有能力从事模具制造这份职业。

职业资格证书分为从业资格证书和执业资格证书两个层次。从业资格是指从事某一专业的学识、技术和能力的起点标准，也就是基本的标准。执业资格是指国家对某些责任较大，社会通用性强，关系国家、社会公共利益的专业实行准入控制，是依法独立开业或从事某一特定专业的学识、技术和能力的必备标准。达到这些标准所获得的证书，就是执业资格证书。例如电工操作证，也称电工上岗证，即特种作业人员操作证（电工），从事电气设备安装、维修等工作必须持有的证件，是从业资格证书；而注册电气工程师就是执业资格证书。

国家规定实行就业准入的职业

所谓就业准入是指根据《中华人民共和国劳动法》和《中华人民共和国职业教育法》的有关规定，对从事技术复杂，通用性广，涉及国家财产、人民生命安全和消费者利益的职业（工种）的劳动者，必须经过培训，并取得职业资格证书后，方可就业上岗。

目前，劳动和社会保障部依据《中华人民共和国职业分类大典》确定了实行就业准入的66个职业目录。分别是：车工、铣工、磨工、镗工、组合机床操作工、加工中心操作工、铸造工、锻造工、焊工、金属热处理工、冷作钣金工、涂装工、装配钳工、工具钳工、机修钳工、汽车修理工、摩托车维修工、锅炉设备安装工、维修电工、电子计算机维修工、手工木工、精细木工、贵金属首饰手工制作工、土石方机械操作工、砌筑工、混凝土工、钢筋工、架子工、防水工、装饰装修工、电气设备安装工、管工、汽车驾驶员、起重装卸机械操作工、音响调音员、纺织纤维检验工、贵金属首饰钻石宝玉石检验员、动物疫病防治员、动物检疫检验员、沼气生产工、推销员、中药购销员、鉴定估价师、医药商品购销员、中式烹调师、中式面点师、西式烹调师、西式面点师、调酒师、保健按摩师、职业指导员、物业管理员、锅炉操作工、美容师、美发师、摄影师、眼镜验光员、眼镜定配工、家用电子产品维修工、家用电器产品维修工、钟表维修工、办公设备维修工、秘书、计算机操作员、话务员、用户通信终端维修员。

（2）职业资格证书是职业发展的助推剂。随着我国经济体制改革的不断深入和经济结构的不断调整，以及现代制造业和现代服务业的蓬勃发展，社会急需大批掌握现代科技知识的应用型人才。我们能否顺利就业、就业后能否适应劳动力市场的需求与变化，是衡量自身素质的重要尺度。我们根据人才市场需求，持有相应职业资格证书，是提高就业竞争力的必要保证。

取得多个职业资格证书，才能占据就业的主动地位，这是"双向选择"的市场就业体制和用人单位对复合型人才需求所决定的。随着技术进步的加速，用人单位对复合型人才的需求大幅度增加，对从业人员素质的要求越来越高，特别是对高级实用型人才的需求不但讲究"适用"，而且追求"效率""效益"。从人力成本的角度看，有多个职业资格证书的人才，往往受到青睐。有时，在就业中光靠我们的学历证书是缺乏竞争力的，但是如果我们考取了比如制冷、电工、电器维修、管工、电梯、汽车驾驶，乃至网络维护等方面的职业资格证书，哪怕其中有些是初级的，也会成为用人单位争着聘用的技能人才。

 小资料

他为什么求职能马到成功？

小叶和小邵是制冷专业的同学，在校期间都考取了"制冷设备维修中级工等级证书"。毕业时小叶四处奔波，很长时间也没找到录用的单位，而小邵却马到成功，求职一次就被录用了。小叶去找小邵请教求职的诀窍，还没进门，就看见小邵穿着工作服在小货车里发动汽车，他惊奇地跑过去问："你什么时候学会开车了？"小邵笑眯眯地说："去年夏天，晒脱了一层皮，换来个驾驶证。"

小叶看着小货车，羡慕不已，要小邵带着他转一圈。小邵说："上来吧，我正好要去客户家安空调呢。"小叶坐在小邵旁边说："我也到你们公司求职过，可人家没要我，你真有运气。"小邵回答："因为我既有'制冷本'又有'驾驶本'，经理才答应考虑考虑，当我又递上'电工上岗证'时，经理当时就拍了板。以前卖一台空调，得派三个人去顾客家安装，一个制冷工，一个电工，再加个司机。现在我一个人全办了，经理还专门批给我补贴呢。"

小叶惊奇地问："你怎样弄到了'电工本'？"小邵说："我利用晚上和双休日参加了个电工培训班，没费多大劲就把'电工本'考下来了。"小叶听后，后悔地直捶自己的脑袋。在校这几年，白天上课轻松，晚上自习也不累，双休日都用来上网玩游戏了，荒废了时光。

 "我"的观点

取得多个职业资格证书，不但能增加就业机会，还能大大提高择业过程中的主动性。

同学们，根据你的专业，你打算考取哪些相关的职业资格证书来增加自己的就业实力呢？

当然了，多取证，并非多多益善。取证既需要投资，又需要投入相当的精力和时间，所以多取证不等于乱取证。如何选择适合的职业资格证书呢？我们给的建议就是专业相关、志向趋同、层次相符。首先是"专业相关"，指所选择的证书要和自己的专业有所关联，在考取证书过程中如果受到专业的培训，是可以将自己的专业能力得到提高的。其次是"志向趋同"，就是说所考取的证书要和自己将来的职业取向一致，但前提是，在校期间要努力提高职业取向方面的专业知识，再拿证书作为自己的专业证明。最后是"层次相符"，这个很简单，就是不要考那些虽然听起来比较高级、实际上和自身情况差距很大的证书，在校学生考什么"某某职业经理人"证书，没有太多实际意义。职业经理人、人力资源管理师、注册会计师、企业培训师等目前社会上的热门认证培训，主要对象是有相关工作经验的在职人员，在校学生切不可好高骛远、急于求成。

（3）职业资格证书的多边互认证。随着经济全球化的发展和"一带一路"许多经济合作项目的逐步落实，劳动力市场的国际化给我们提供了广阔的就业空间和发展机遇，具体专业知识和熟练操作技能的人才将会更受青睐。但是，机遇总是偏爱有准备的人。有较高的职业技术能力和实践能力的人才能把握机遇，迎接新时代的挑战。

劳动力市场的国际化是经济全球化的必然趋势。我国颁布《职业资格证书规定》明确规定："国家职业资格证书参照国际惯例，实行国际双边或多边互认。"在实施过程中，需要有谈判、磨合过程。

我国劳动和社会保障部引进和认可的英国伦敦城市行业协会职业资格证书、美国认证协会职业资格证书等，都具有承认国家多、通用地域广等特点。一些跨国公司也有自己的证书，如美国微软公司、德国西门子公司等世界著名的企业，不但有自成系列的证书，还在我国设有专门的培训、认证机构。

这些证书不仅在境外就业有用，在国内的外商投资企业求职时也有用。不过取得这些证书需要更多的投入，我们在选择这些证书时，一定要认真分析投入产出比，并了解此类证书对自己求职就业的实际作用。

机会留给有准备的人

小刚学的是计算机专业，在校期间就率先考取了计算机中级操作员职业资格证书，并先后两次在市计算机专业技能比赛中荣获一等奖。

毕业后，小刚到一家公司做笔记本电脑销售。但这并不是他的目标，他喜欢的是计算机网络技术，想通过 MPC 认证（微软产品认证专家）。同学劝他："你现在工作不是挺好的吗？MPC 那么难，你能考过吗？"虽然难度较大，但他还是决定"搏一搏"，在他看来，"多考一张职业资格证书，算是给自己的职业多买一份保险"。经过两个多月的培训，小刚瘦了很多，但终于成为培训班第一个通过认证的学员。

小刚"跳槽"到一家网络公司做网络管理员，把公司的服务器、路由器管理得井井有条，他的出色表现得到公司上下的一致认同。在此期间，他又考取了"微软认证软件开发专家"证书。凭着出色的技术和丰富的经验，小刚先后被任命为公司的售后工程师、现场工程师。他负责网络的方案设计，在多次竞标较量中，为公司赢得了中标机会，同时也赢得了对手的尊重。

小刚所在的公司不断发展壮大，他的职位也上升为集团公司技术总监。目前，小刚正带领着自己的团队，投入到地铁建设项目中。

从一名笔记本电脑的销售员到公司的技术总监，小刚通过怎样的努力，才使自己的职业不断地向前发展？

"我"的观点

小刚的取证目标很明确，勤奋好学，不断提升自己的职业能力，发挥职业资格证书对职业生涯发展的作用，只有这样才能步步登高。

（4）不断升级自己的职业资格证书，实现职业可持续发展。我国职业资格证书分为五个等级，即初级（五级）、中级（四级）、高级（三级）、技师（二级）、高级技师（一级）。职业资格证书由中华人民共和国劳动和社会保障部统一印制，劳动保障部门或国务院有关部门按规定办理和核发。

①初级：学徒期满、职业学校毕业生、有职业训练中心的结业证以及部分技工学校的学生都可申报初级技术等级证书。

②中级：取得初级技术等级证书，连续工作五年以上，可申报中级技术等级证书。技工学校毕业生按其培养目标一般应达到中级工标准，可申报中级技术等级证书。

③高级：取得中级技术等级证书五年以上，连续从事生产作业的，或经过了正规高级工培训并取得证书的，可申报高级技术等级证书。

④技师：取得高级技术等级证书的，具有丰富的生产实践经验和操作技能特长的，能解决本工种关键操作技术和生产工艺难题，具有传授技艺能力和具备培养中级工能力的可申报技师合格证书。

⑤高级技师：任技师三年以上，具有高超精湛技艺和综合操作技能，能解决本工种专业高难度生产工艺问题，在技术改造、革新以及排除事故隐患方面成绩显著，且具有培养高级工、组织技师进行技术革新与技术攻关能力的可申报高级技师合格证书。

活动体验

"潜能开发"团队活动

活动目的:开发潜能、树立自信、信任团队。

活动前宣誓:我宣誓,我将全力以赴……

具体活动如下。

(一)活动第一阶段:破冰活动

1. 击掌问好

(1)具体操作。每个人要与在场的所有成员击掌表示问好,分为主动问好和被动问好,由指导者开头围着内圈转动,击掌问好,后面依次跟上。也就是每位成员一共要击掌的次数是在场人数的两倍。

(2)活动目的。活跃团队的气氛,提高个人兴奋点。

2. 小雨、中雨、大雨、暴雨

(1)具体操作。规定每位成员轻拍右手边成员的肩膀为小雨,双手拍自己的大腿为中雨,使劲鼓掌是大雨,使劲跺脚是狂风暴雨。指导者随便转换指令,成员立即做出与指令相符的动作,可以越来越快!

(2)活动目的。活跃团队气氛,锻炼成员反应能力,保持高度集中。

(二)活动第二阶段:挖掘潜能,完成任务

1. 记忆潜能

(1)具体操作。把全体成员分组,根据总人数而定,每组10人左右,然后每组成员在尽可能短的时间里记住每一位小组成员的几个信息:生日、最喜欢的水果、爱好特长等。

(2)活动目的。挖掘每位成员的记忆潜能,试着在更短的时间内完成,让成员体会,我们可以高效地完成某项任务。

(3)活动分享。每组派一名成员为代表,说说记忆的诀窍或者方法,然后再谈谈感想。

2. 背靠背站起来

(1)具体操作。两人背靠着背蹲着,手挽手,然后借助彼此的力量一起站起来;随后进行多人试验,人越多,难度越大,看十人能否站起来。

(2)活动目的。挖掘团队潜能,锻炼团队协作,在一次次试验和改进中增强团队成员配合能力,在失败中总结经验,提高效率。

(3)活动分享。成员分享成功或者失败感受。

(三)活动第三阶段:树立自信,开发潜能

1. 一只手掌的力量

(1)具体操作。选出一名中等身材成员平躺在地上或者桌椅上,再请出十名同性别成员,十名成员一人只利用一只手掌的力量,托起平躺的成员,先问成员是否相信可以完成任务,再具体实施验证。然后在成功的基础上减少两人,再问成员是否相信可以完成任务,再具体实施。如果成功,再减少两人实施同样的任务。可以多人尝试。

(2) 活动目的。树立信心,开发出平时并没有使用的潜能,相信团体的力量,相信自己的力量,用实验证明我们的潜能很强大。

(3) 活动分享。找在实验之前不相信的成员谈谈各自的感想。

2. 极限鼓掌

(1) 具体操作。指导者预先单独选出几名成员问其预计自己在十秒之内能鼓掌多少下,然后指导者让全体人员都在自己心中预计一个数字,再具体实施,尽力完成。最后选一部分成员问其预计次数和实际次数。

(2) 活动目的。比较预计次数与实际次数的差额,如果预计的比实际的少,那就可以很好地树立自信,如果预计的比实际的多,那就调整目标和实际的距离。

(3) 活动分享。让大家谈谈自己的预计次数和实际次数的差距,重点分享预计次数比实际次数少的成员的感受,增强其自信心。

模块三

准确定位——掌握就业知识

脚踏实地，拥有亮丽的青春

习近平总书记多次告诫青年要笃行，扎扎实实干事，踏踏实实做人。2013年习近平总书记在同各界优秀青年代表座谈时，要求广大青年立足本职，埋头苦干，从自身做起，从点滴做起，用勤劳的双手、一流的业绩成就属于自己的精彩人生。在这次讲话中，他又进一步吩咐青年，每一项事业，不论大小，都要靠脚踏实地、一点一滴干出来；不论学习还是工作，都要面向实际，深入实践，实践出真知，严谨务实，一分耕耘一分收获。

作为学生要牢记总书记的嘱托，不论在学习时还是在择业时，还是在工作时都要树立梦想从学习开始、本领从实践中积累、成功在脚踏实地中实现的观念，要把学习作为一种责任、一种精神追求、一种生活方式。到企业的工作现场观摩、学习、体验、实践，在具体的操作中消化领会课本中的专业知识，在实际工作中理解领悟职业道德规范。

企业实践是院校教学的一个环节、一项内容，是必修课。因此，在这一模块中，详细地诠释了教育部等五部门印发的《职业学校学生实习管理规定》相关内容，目的是让学生充分利用企业实践环节提升自己的职业能力和职业素质。同时阐述了就业心理准备、求职准备、就业能力准备，引导学生在学习和体验中找到与自己的职业目标、职业兴趣、职业能力相匹配的工作，同时，让学生更好地认识自己，正确规则职业生涯。

有人把职业生涯比作登山，也有人把职业生涯比作爬楼梯，但不论是登山还是爬楼梯，都需要一步一个台阶向上走，每一步都要走得扎实、走得正确。

项目一　企业实践——入职前的必修课

"纸上得来终觉浅,绝知此事要躬行",如何才能将在校期间的所学运用到实践中去,让知识转化为能力,是每个学生终须面对的现实问题。"企业是一个大熔炉,它会将你熔化成企业需要的人才",所以说只有真正投入企业的生产实践中,了解企业的管理方式方法、生产模式等信息,学生才能更好地了解企业、认识企业,并通过实践为以后走向工作岗位打下坚实的基础。

工作情境

北大学生周浩大二时执意退学读技校

2014年11月4日,第六届全国数控技能大赛决赛开幕式在北京工业技师学院举行。在会场,一个看起来很沉稳的男孩代表参赛选手进行宣誓,他的一举一动时刻吸引着媒体记者们的眼球。他就是周浩。

周浩有足够让人惊讶的经历。3年前,他从北京大学退学,转学到北京工业技师学院,从众人艳羡的高才生到普通的技校学生,从北大生命科学研究院人才储备军到如今还未就业的技术工人。这样的身份转变,就足以让人不敢相信。周浩这样做了,并且谈起当年的决定:"毫不后悔,很庆幸。"

2008年的高考中,周浩考出了660多的高分,他是青海省理科前5名。本来他想报考北京航空航天大学,但这个想法遭到了家人老师的一致反对,周浩遵从父母的决定,报考了北大。大一上学期,周浩努力地适应一切,浓厚的学习氛围、似乎永远也上不完的自习、激烈的竞争环境……从小就喜欢操作和动手的周浩开始感受到了不适应。到了第二学期,理论课更多了,繁重的理论学习让周浩觉得压力很大。没有兴趣的专业让周浩痛不欲生,每天接受的都是纯粹的理论知识更让他头脑发胀,对于未来也感到非常迷茫。

于是,他决定大二先休学一年。到了深圳,周浩觉得自己应该认真规划一下自己的未来。

休学期间,他当过电话接线员、做过流水线工人,没有一技之长又不擅长交际的周浩感受到了社会的残酷。然而,重新回到北大校园的时候,周浩有了比以前更大的不适应感,他越来越觉得自己实在不适合学习这门专业。在旁听、转院、逃避都没有解决问题的情况下,周浩开始打起了转校的"算盘"。

周浩开始选择适合他的学校。他在网上搜到了北京工业技师学院,该技校的数控技术水平在行业内是领先的。于是 2011 年冬天，周浩收起铺盖从海淀区到了朝阳区，从北大到了北京工业技师学院，开始了人生新的起点。

除了受到学院的培养，找到兴趣点后的周浩重新拾回了对学习的热情，这让他在这里得以大显身手。凭借北大的理论基础和北京工业技师学院的技术学习，周浩慢慢朝着自己努力的知识技能复合型人才的道路发展，他成为学院最优秀的学生之一。尽管有很多企业向周浩伸出橄榄枝，但对于未来，周浩有自己的设想："现在还不想就业，我还是想继续深造，对数控技术了解得越深我就越觉得自己学的太少，还是要再多充充电。"

"我所学的技术在人们的生活中起着很大的作用，我不会后悔自己的选择，而且三百六十行，行行出状元，每个人只要在适合自己、自己感兴趣的岗位上工作，都会很强大的！"周浩说。

——摘自《观察者》

情境分析

（1）周浩为什么从北大转校到北京工业技师学院？

_____
_____
_____

（2）许多人都认为北大等高等学府是成功的摇篮，而技工院校等却是失败的开始。你是否可以结合自身的学习能力、学习兴趣、价值取向等方面谈谈自己的看法？

_____
_____
_____
_____

（3）从周浩的事迹中，你学到了什么？

_____
_____
_____

知识泉眼

（一）企业实践的目的和意义

企业实践，是为了调节理论与实践之间的关系，让学生走出教室，深入企业，将自己在校期间所学的知识运用在实践中，补充课堂教学和书本知识的缺失，从而使知识在实践中得到加深巩固，获得更多与自己专业相关的知识，拓宽知识面。

通过企业实践，学生不但提高了自己对工作现场的认知，懂得了今后努力的方向，更为重要的是学生能增加社会阅历，在实践中锻炼胆量，提升自己的沟通能力和其他社交能力，培养实际工作能力和分析能力，更能培养良好的职业道德、责任心和事业心，树立正确的职业道德观。

为什么不选我

王楠与张亮是同班同学，两人在校期间表现都很优秀，尤其是王楠，更是班级的佼佼者，无论是在学习还是参加活动方面，都得到了学校老师的一致认可。但由于在校期间的一场篮球赛，让王楠的脚踝骨受伤，而恰巧的是此时正是学生参加企业实践时期，不得已，王楠提出了无法参加企业实践的申请。班级其他同学都参加了企业实践。

企业实践结束后，大家都回到了校园，开始了正常的校内学习生活，一直到毕业面试前，一切都那么平静自然。

"A公司准备来我校招聘了，你知道吗，王楠？"张亮问。

"当然知道，那是我一直向往的工作地方，我已经做好了一切的准备，一定能面试成功。"王楠开心地说着。

"我也是，希望我们都能入选。"张亮开心地说道。

转眼间，A公司的面试如约而至。王楠、张亮等同学相继参加面试。

主考官问道："请问张亮同学，你参加过与我们企业类似的企业实践吗？从中学到了什么？收获了什么？"

"我参加过B公司的企业实践，B公司与您的企业有很多相似之处，我是从最基础的操作工做起的，安装发动机的零部件、整理发动机工位卫生、填图本工位的生产工卡，并且和班长学习到了很多相关知识，了解到了整个厂区的基本运营情况，同时也明白了此项工作的重点与难点，以及未来该岗位的发展方向，使我确定了基本的发展目标。通过企业实践，我发现我非常热爱此项工作，并把它作为我人生中事业的起点。"张亮侃侃而谈。

同样的问题问到了王楠。王楠只能回答没有参加过类似企业的实践。

面试的结果出来了，张亮被录取，而王楠落榜了。

——摘自百度文库

在校期间参加企业实践，不仅可以增加自己的阅历，更能成为日后就业的筹码。

（二）企业实践的种类

企业实践就目前的人才培养方案来说，主要指的是职业学校学生实习，既是指实施全日制学历教育的中等职业学校和高等职业学校（以下简称职业学校）学生按照专业培养目标要求和人才培养方案安排，由职业学校安排或者经职业学校批准自行到企（事）业等单位（以下简称实习单位）进行专业技能培养的实践性教育教学活动，包括认识实习、跟岗实习和顶岗实习等形式。一般认识实习、跟岗实习安排在第一、第二学年，由职业学校安排，学生不得自行选择。而顶岗实习，一般安排在第三学年，可以根据职业学校总体安排，采取工学交替、多学期、分段式等多种形式进行实习；也可经学生本人申请，职业学校同意，自行选择顶岗实习单位。

职业学校学生实习是实现职业教育培养目标、增强学生综合能力的基本环节，是教育教学的核心部分，应当科学组织、依法实施，遵循学生成长规律和职业能力形成规律，保护学生合法权益；应当坚持理论与实践相结合，强化校企协同育人，将职业精神养成教育贯穿学生实习全过程，促进职业技能与职业精神高度融合，帮助学生全面发展，提高技术技能人才培养质量和就业创业能力。

1. 认识实习

认识实习是指学生由职业学校组织到实习单位参观、观摩和体验，形成对实习单位和相关岗位的初步认识的活动。认识实习最终达到开阔学生视野，督促学生更好地进行理论学习的目的。认识实习是教学计划中一个重要的教学环节。

2. 跟岗实习

跟岗实习是指不具有独立操作能力、不能完全适应实习岗位要求的学生，由职业学校组织到实习单位的相应岗位，在专业人员指导下部分参与实际辅助工作的活动。跟岗实习是职业学校教学内容不可或缺的一部分。通过跟岗实习，使学生熟悉和了解企业概况、企业文化、商业模式、管理模式、经营模式、技术模式、生产流程，以加深对企业生产、管理、商务活动的感性认识。

3. 顶岗实习

顶岗实习是指初步具备实践岗位独立工作能力的学生，到相应实习岗位，相对独立参与实际工作的活动。顶岗实习中学生不仅可以将自己的理论知识运用到实践中，更能学习到企业员工爱岗敬业、脚踏实地、兢兢业业的职业品质，让学生真正理解干一行、爱一行、专一行的岗位责任。顶岗实习是职业院校学生走向工作岗位前的一次大演练，对职业教育的学生有重要意义。

小问答

（1）认识实习、跟岗实习和顶岗实习在时间上的区别是什么？

(2) 认识实习、跟岗实习和顶岗实习还有哪些不同点?

(三) 怎样对待学校安排的企业实践

企业实践是理论知识与实践相结合的一种途径,是职业学校学生走向社会前的一种体验。但是许多同学在对待学校安排的企业实践任务时,态度消极,以各种各样的理由拒绝实习。那么,究竟应该怎样正确看待企业实践?调整心态,以一种积极主动的态度去对待企业实践,是所有职业院校学生应该思考的问题。

1. 正确认识企业实践

(1) 主观意识:人的主观意识是对周边事物能动的感知与思考,人的人生观、价值观和世界观都在主观意识的形成过程中形成。主观意识决定着一个人对于事物的态度,也影响着人的个性。因此,职业院校学生应树立积极的主观意识,认识到企业实践的重要性,从而在企业实践的过程中发挥自主能动性,出色完成企业实践任务。企业实践是知识的拓展,是专业知识的内在强化,是学习的延续,也是教学计划中的必修课。通过企业实践,学生不但可以了解企业需求后对自己做出及时调整,也能了解自身的不足及时弥补。

卖鞋

两个推销员需要到一个岛上去推销鞋,却发现小岛上的人们不穿鞋,于是一个卖鞋的对总部说:"这个岛上没有市场,因为岛上的人都不穿鞋。"而另一个则对总部说:"这个岛上很有前景,因为岛上的人都没鞋穿。"

——摘自百度文库

主观意识不同,对同一事物的判断也不同。

(2) 积极心态:就是面对工作、问题、困难、挫折、挑战和责任,从正面去想,从积极的一面去想,从可能成功的一面去想,积极采取行动,努力去做。学生在面对企业实践任务时,应正确认识企业实践重要性,保持积极乐观健康心态。积极心态,也是一种生活态度,积极面对生活中的一切过程和结果。

 小资料

开心每一天

从前有一位母亲,她有两个儿子,大儿子是卖盐的,二儿子是卖伞的。下雨了妈妈担心盐受潮了,卖不出去;天晴了,妈妈又担心天不下雨,伞卖不出去。就这样无论天晴还是下雨,她都是愁眉不展,没有开心的时候。一天,她遇到一个算命先生,便向他诉苦,先生问她:"为何你不换一种心态来看这件事呢?如果下雨了二儿子的伞能够多卖出去;如果天晴了,大儿子的盐也好卖了,如果这么想,不是可以整天开心吗?"

——摘自百度知道

 "我"的观点

不同的心态产生不同的结果,积极的心态是一切成功的基础。

(3) 充分准备:学生接受企业实践任务后,应充分做好准备,尤其是对企业实践中可能发生的危险要提前预知,那么企业实践过程中的安全注意事项有哪些呢?

①遵纪守法。企业实践期间要严格遵守学校和企业的管理规定,不违法乱纪,自觉维护学校和企业形象;要遵守企业关于生产方面的各种规章制度和劳动纪律方面的各项规章制度,因为劳动纪律是保证生产正常运行的基础;要严格遵守安全方面的各项规章制度,因为只有安全,生产才能有效运行,安全是对生命的一种尊重。

学生应该知道,在校期间所犯的错误,老师可以原谅你,但是到企业后,老板是无法原谅你的。因为一个小错误,例如说迟到,都有可能会造成生产线的停产或流程的暂停,其损失无法弥补,还因为任何一个小的错误,都有可能造成产品出现瑕疵,因此影响产品的信誉,继而给企业带来损失。宁可提前半小时,也决不迟到一分钟,这是对遵守企业管理制度重要性的最好诠释。

②日常安全。到企业实践不同于在学校,有生产的地方就会有设备、工具等,所以安全显得更为重要。作为在企业实践的准员工,首先,一定要严格按照操作流程、生产规则的要求进行操作,不可有半点马虎,更不可有侥幸心理;其次,在厂区内一定要按照工厂的行走区域标志线的规定活动,不可越过红线,这既是对自己的生命负责,也是对学校、对工厂负责;再次,企业实践期间不准喝酒,以免因饮酒而引起意外事件发生,妥善保管好自己的存折、银行卡、各种证件和其他贵重物品,晚上不单独外出,不轻信陌生人,不与网友会面;最后,出行打车一定要坐正规车辆,出行前

一定告知其他人员出行目的及返回时间,以防万一。

③防骗防传销。学校安排的企业实践一般不存在传销的问题,但是拿到企业发放的工资后,不要得意忘形,随便乱花,更不允许参与赌博或以庆祝为名的酗酒狂欢;谨慎处理不熟悉同事的邀约;保持清醒,合理支配收入。

自行选择顶岗实习企业的自谋学生,不要向陌生人透露自己的情况和信息,不贪恋小便宜,不轻信他人,不要被高收益、高回报的虚假宣传诱导,否则极可能被骗入传销组织。不轻言允诺非公务以外的不当要求,不收取任何不正当的报酬。

大学生求职落入传销组织

"我掉进传销组织了,你们快想办法救救我。"2010年9月22日晚9时许,某高校女生小刘在宿舍里收到了室友小谢的求救短信,宿舍同学赶忙报了警。经过一番周折,24日小谢终于平安返校。

昨日,记者见到了依然惊魂未定的小谢。据小谢介绍,由于自己即将毕业,最近她到处投简历应聘,想尽快找个工作。前一段时间,小谢无意间听说自己的同窗好友小李现在在北京一家公司工作,工资非常高并且工作环境也很好。小谢主动联系了对方,小李也很爽快地答应把她介绍过去。没过几天,小李果真到扬州带小谢去北京工作了。

一路上,小李不停地跟小谢介绍自己在一个多月内取得的辉煌业绩,并教她怎么发展自己的关系。但等小谢下了车后竟发现,同学带她来的并不是北京,而是河北沧州某地。

"我被领到一间屋子里,一百多平方米的房子里挤着三四十个人,打地铺、吃大锅饭,没事还老上课……"小谢向记者介绍,当时她就意识到自己被骗到了传销组织。

"我的手机也被她没收了,问小李到底怎么回事,她也是爱理不理的,只跟我保证到这里绝不会后悔。"小谢告诉记者,"22日晚上我趁小李上厕所期间,拿起一部手机发了条求救短信给室友。"果然,第二天警方就将小谢等人解救了出来。"栽进传销窝点真的好恐怖。幸好我只在那待了几天,我的同学被洗过脑后竟然都'六亲不认'了,连我这个好朋友都不放过。"

小谢告诉记者:"这个传销团伙里大多都是年龄与她差不多的年轻人,许多都是即将毕业急于求职的大学生。听口音,有贵州的,也有东北的。由于所处位置偏僻,人生地不熟,没办法报警,况且这伙人还盯防严密。"

对此警方分析,大学生上当其一是因为社会阅历少,自我防范意识差;其二是当前大学生就业压力大,求职心切,求高薪心切。传销组织借招聘名义,打着"高收入""好工作"等幌子将大学生骗入传销陷阱。

警方提醒大学生,以拉人头形式出现的传销组织一般通过熟人关系发展下线,目前已经有一部分传销人员盯上了高校学生。在校学生一定要提高警惕,在有同学、老乡、网友异地邀请一起创业或者帮助介绍工作,又含糊其辞时,要注意了解工作的具体内容,防止上当受骗。

——摘自搜狐网搜狐社会

"我"的观点

天上不能掉馅饼,头脑清晰很重要。
不要轻信老同学,求职工作莫心急。

④其他注意事项。参加学校安排企业实践的学生,定时与家长联系一两次;自谋的学生,每半个月与学校联系一次,汇报工作。企业实践期间,注意饮食卫生,尽量不在路边摊点就餐,防止食物中毒或感染疾病;远离迪厅、舞厅、酒吧、网吧等公共娱乐场所;不去野外河流游泳,注意运动安全;夜间勿去光线阴暗的偏僻处,防范意外伤害事故发生。

2. 学校对企业实践的要求

(1)教学方面:企业实践是专业人才培养的一个重要组成部分,是学生的必修课程,不得免修。学生企业实践期间考核成绩要纳入期末成绩中,考核不合格者,不予毕业。学生在参加企业实践期间,既是企业的(准)员工,又是学校注册的学生,具有双重身份,校企双方均有教育和管理的职责。

参加企业实践时,学生要认真按时填写《顶岗实习学生手册》,内容包括以下几点。①周记:一周的学习、工作、生活体会以及与指导教师联系等情况;②顶岗实习报告:每篇实习报告不少于3 000字,可以直接手写在报告纸上,要求书写工整规范,亦可打印后粘贴在报告纸上,但要求用四号字宋体,首行缩进两个字符,行间距用固定值20磅,报告内容包括实习目的、实习单位及岗位概况、实习内容及过程、实习收获与总结等几项,亦可增加。

(2)管理方面:服从学校管理,服从企业管理,认真做好实习岗位本职工作,严格遵守企业劳动纪律和各项规章制度。如果在企业实践期间,由于违反实习单位的管理规定或因品德表现等原因被退回学校,视为实习不合格。

3. 企业对企业实践的要求

(1)中止企业实践。如无特殊原因,不得中途无故中止企业实践。如确需提前终止企业实践的,须出具书面申请,并经企业和学校同意后方可离岗。对擅自离岗,发生的一切后果由学生自行承担。

(2)提高安全意识。提高安全意识,注意人身安全,严格遵守企业安全生产的管理规定,对由于违反操作规程等个人原因发生安全事故的,学生承担事故的相应责任。

(3)服从企业管理。发扬团队精神,建立良好的人际关系,遵守企业各项规章制度,服从企业管理,保守企业秘密,自觉维护企业形象和声誉。

（四）实现企业实践与就业的有效衔接

1. 在企业实践过程中锻炼

（1）怎样对待"师傅"？师傅泛指从事教学工作的老师，是徒弟对传授技艺老师的尊称。企业实践中的"师傅"其实就是学生参加企业实践时的"实习指导教师"。实习指导教师的职责就是帮助学生尽快了解工作内容，明白工作流程，从而指导学生能够独立完成操作，具备上岗工作资格。那么应该如何和师傅相处呢？

首先，应抱着学习的心态对待师傅，虚心好学，多向师傅请教，不懂就问，不会就学，千万不要因为不懂装懂，而在实习过程中造成失误，酿成大祸。

其次，应要学会扬弃，学习师傅好的一面，例如熟练的技术和对企业的责任感等；不要学习师傅的一些缺点，例如有些师傅的愤世嫉俗或抽烟等不良习惯。

再次，学会尊重师傅，包括尊重师傅的劳动成果，师傅留下的任务要认真完成，如果有异议，要和师傅及时沟通，沟通的方式要谦虚谨慎，而不是叫嚣对峙，有问题多沟通。

最后，要勤快，眼勤嘴勤手勤，勤于观察，多思考多动手，看见工作主动承担，发现问题及时解决。

（2）怎样处理好与在职员工之间的关系？人际关系是生活中重要的组成部分。搞好人际关系，将对工作、生活及心理健康有着积极的影响。在现实社会中，由于每个人的性格、环境、生活背景等的不同而产生的思想上的一定隔阂，这是正常的，也是可以理解的。

首先，与在职员工的相处中，我们要明确自身的角色、地位、职责，须知我们是实习学生，我们只是在特定的时间内来到企业参加实践，学习特定的内容，而企业在职员工是企业的一部分，与企业同呼吸共命运，所以无论在地位、职责、工资待遇还是其他方面，学生跟在职员工是不同的，我们对企业的使命感和在职员工也是无法相提并论的。

其次，在工作中要把握一个原则："以和为贵"，工作中，难免会有利益上的冲突，处理这些矛盾时，第一个想到的解决方法应该是和解，而不是激化矛盾，尽量用平和的心态处理问题，大事化小、小事化了，与人为善与己为善。

最后，学会尊重，自己对待他人的态度往往决定了别人对自己的态度，因此要尊重每一位在职员工，毕竟在职员工在岗时间较长，人情世故、周围关系肯定比实习学生清楚明白，所以抱着多学习的姿态与人沟通，尊重他人。

（3）怎样适应工作中的疲劳期？疲劳期，是每个人在工作过程中必会经历的阶段。对于学生来说，从学生的角色转换为工人的角色，也是从脑力劳动向体力劳动的转换，肯定在思想、身体或其他方面会出现一定的不适应，从而产生疲劳。学生要想顺利度过疲劳期，那么该如何做呢？

第一是积极面对，有疲劳期是正常的现象，不要惊慌，更不要过度放大，甚至放弃实习，而是要先从自身原因找起，是什么造成了工作的疲劳，找到原因后再对症下药。第二是挑战工作，寻找工作的挑战性，即使非常单调、机械的工作，也要尽可能发挥自己的创造性和主观能动性,这样一来甚至可以改进工作方法和程序。第三是利用课余时间多读书,特别是激人奋进的名人传记和励志故事,这样可以提高思想境界,提高对生活的认识,增强事业心。第四是培养对工作的兴趣和爱好,找到工作的兴趣点,当你真正了解工作的性质和前途后,就会逐渐产生兴趣。第五是养成良好的工作和生活习惯,工作稳中有序,生活井井有条,如果可以得到周围人的认可和赞赏,就会信心满满,重拾热情。

2. 珍惜学校提供的企业实践机会

学生参加企业实践,校企双方均有教育和管理的职责,而作为学校,更是在确定实习目标,下达实习任务,安排、组织、实施实习计划,监控实习过程及评定考核成绩等方面为学生做了明确要求,提供了坚实的保障。那么学校提供的保障有哪些呢?

(1)为学生提供安全的实习岗位和企业提供保障。学校在选择实习企业时,严格选择具有法人资格或工商管理部门颁发的具有独立营业执照、组织机构代码证的单位,同时选择能够合法经营、管理规范、实习设备完备、符合安全生产法律法规要求的实习单位安排学生实习,为学生提供安全的实习岗位和企业提供保障。

(2)为学生顺利就业提供保障。学校按照制定的实习就业单位标准为学生安排与所学专业对口或相近的实习单位进行实习,为学生顺利就业提供保障。

(3)为学生实习的基本权利提供保障。学校与接收实习生的就业单位共同依法制定实习内容,不安排未成年学生从事《未成年工特殊保护规定》中禁忌从事的劳动;不安排实习的女学生从事《女职工劳动保护特别规定》中禁忌从事的劳动;不安排学生到酒吧、夜总会、歌厅、洗浴中心等营业性娱乐场所实习;不通过中介机构或有偿代理组织、安排和管理学生实习工作;不安排学生从事高空、井下、放射性、高毒、易燃易爆,以及其他具有较高安全风险的实习;不安排学生在法定节假日实习;不安排学生加班和夜班。

(4)为学生合法利益提供保障。学校与接收实习生的就业单位共同确保学生利益,合理确定实习报酬,原则上不低于本单位相同岗位试用期工资标准的80%,并按照协议约定,以货币形式及时、足额支付给学生;不向学生提供中介收费式实习岗位,不向学生收取实习押金、顶岗实习报酬提成、管理费或者其他形式的实习费用,不扣留学生的居民身份证,不要求学生提供担保或者以其他名义收取学生财物。

(5)为学生的实习安全提供安全保障。学校与企业之间信息传达畅通,能及时接收企业对学生的反馈信息,以及对顶岗实习学生发生意外事件的调查、跟踪信息,确保事件及时有效处理,学校相关部门会同企业共同做好善后工作,为学生的实习安全提供安全保障。

(6)为学生的安置提供保障。学校在学生到达实习企业后,会同企业管理人员做好交接工作;落实顶岗实习学生实习岗位,协同教学部门、学生管理部门落实跟岗指导教师,对学生实习进行管理;会同企业共同为异地实习学生安排好必要的实习生活条件,并且将顶岗实习学生信息上报上级主管部门备案。

(7)为学生顺利毕业提供保障。学校对所有实习学生的实习材料及考核内容进行汇总，作为期末成绩评定的依据，并留做备查。实习材料包括：实习协议、实习计划、学生实习报告、学生实习考核结果、实习日志、实习检查记录、实习总结。

（8）为学生合法权益提供保障。学校负责与企业签订学生、学校、企业三方的《实习三方协议》。

（五）学校推荐与自谋职业

学校根据教学安排和实习安排，会向即将毕业的学生推荐顶岗实习的企业，顺利完成学生就业对接。学生可根据自身的情况自行选择顶岗实习企业，或者不选择顶岗实习企业。对于不用学校推荐顶岗实习的学生，可以办理自谋手续，自己寻找顶岗实习企业。

1. 自谋职业与自谋时办理的相关手续

对自谋职业的学生，要严格履行以下程序。

第一，本人填写《自谋申请》并由系部审批备查。

第二，审核实习单位具有合法资质，符合《职业学校学生实习管理规定》相关要求，实习岗位应与所学专业对口或相近。

第三，学生同企业和学校要签订《实习三方协议》，未签订《实习三方协议》的将终止其实习。

第四，按时填写《顶岗实习学生手册》，并做好实习记录。

2. 实习协议内容

《职业学校学生实习管理规定》第十三条规定，实习协议应包括但不限于以下内容。

一是各方基本信息。

二是实习的时间、地点、内容、要求与条件保障。

三是实习期间的食宿和休假安排。

四是实习期间劳动保护和劳动安全、卫生、职业病危害防护条件。

五是责任保险与伤亡事故处理办法，对不属于保险赔付范围或者超出保险赔付额度部分的约定责任。

六是实习考核方式。

七是违约责任。

八是其他事项。

顶岗实习的实习协议内容还应当包括实习报酬及支付方式。

（六）保险

《职业学校学生实习管理规定》第三十五条规定：职业学校和实习单位应根据国家有关规定，为实习学生投保实习责任保险。责任保险范围应覆盖实习活动的全过程，包括学生实习期间遭受意外事故及由于被保险人疏忽或过失导致的学生人身伤亡，被保险人依法应承担的责任，以及相关法律费用等。

学生实习责任保险的经费可从职业学校学费中列支；免除学费的可从免学费补助

资金中列支，不得向学生另行收取或从学生实习报酬中抵扣。职业学校与实习单位达成协议由实习单位支付投保经费的，实习单位支付的学生实习责任保险费可从实习单位成本（费用）中列支。

第三十六条规定：学生在实习期间受到人身伤害，属于实习责任保险赔付范围的，由承保保险公司按保险合同赔付标准进行赔付。不属于保险赔付范围或者超出保险赔付额度的部分，由实习单位、职业学校及学生按照实习协议约定承担责任。职业学校和实习单位应当妥善做好救治和善后工作。

为联欢晚会制作 LED 灯

（1）时间：一周。

（2）人数：不限人数。

（3）目的：让学生体会在实习中将知识转化为能力的过程。

（4）实习地点：学校电工实训室。

（5）要求：根据手中的材料，制作不同形状、不同变频方式的 LED 灯，以满足学校联欢晚会的需求。

（6）步骤如下。

①按照实习老师要求进行分组。

②按小组制作 LED 灯。

③制作好的 LED 灯要经过测试后达到要求。

（7）讨论如下。

①书本上的知识和实际动手操作有何区别？

②怎样将书本中的知识运用到实际的生活中去？

③通过一周的实习，感受到实习的作用是什么？

④在这个实习中，你的体会是什么？

项目二　就业指导

第一节　就业心理准备——让职业定位更准确

面对就业，学生的心理是复杂多变的。通过几年的学校生活，同学们在知识、能力与人格方面有了积极的显著发展,有着强烈的就业意愿和积极的就业动机,为能尽快实现自己的人生价值而兴奋雀跃。同时,时代的高速发展为我们的就业提供了更多的机遇和更大的自由度,在同学们摩拳擦掌、跃跃欲试、准备在所学专业领域一展身手时,我们首先应该了解一下就业前应该有哪些心理准备,这样可以让自己的职业定位更准确,避免在就业过程中出现心理矛盾和误区。

 工作情境

小胡是 2013 年毕业的高职生,毕业后只在亲戚的公司干过几个月,由于他干的是杂七杂八的活,他觉得学不到什么技能和经验,于是打算自己找工作,但他的工作方向不明确,只要碰到有面试机会,他都会参加。在几个月的几次面试中,屡战屡败,一次面试也没通过,于是,小胡对自己愈发失去信心,认为自己一无是处,以前上学白上了。

 情境分析

小胡对工作或单位的不在乎,及其为工作而找工作的不良心态是造成他求职失败的主要原因。

面对日益激烈的竞争,很多涉世未深的求职者往往抱着"为工作而找工作"的心态,这与"为事业而找工作""为理想而找工作"的心态是完全不同的,求职表现也完全不一样。带着积极、主动的心态去求职,才能发挥自己最大的才能,才能在未来的工作中给企业带来价值,才是企业所需要的人才。

可以说拥有良好的心态,求职已经成功了一半,那如何具备良好的求职心态?

 **知识泉眼**

(一)就业心态

心态,即心理状态,是决定人们思维模式和行为方式的一种状态或态度,是人的心理对各种信息刺激所做出反应的趋向,是由认知、情感、行为意向等因素构成的富有建设性的主观价值取向。一个人的心态,对他的人生成长与发展会有很大的影响。一位哲人说过:"你的心态就是你的主人。"在现实生活中,我们不能控制自己的遭遇,却可以控制自己的心态;我们不能改变别人,却可以改变自己。其实,人与人之间并无太大的区别,真正的区别在于心态。所以,一个人成功与否,主要取决于他心态的好坏。

在选择职业过程中求职者所持的情感模式和态度体验被称为就业心态。良好的就业心态对求职者求职前的准备、应聘时的表现以及应聘后的应对极为重要,它不仅可以提升个人魅力,对应聘的成功也起着事半功倍的效果。

（二）就业心理种类

1. 期望过高

在择业过程中有些学生以"天之骄子"自居，不能正确认识自我，过高估计自己的知识和能力水平，不能认识社会职位的要求，难以给自己找到一个准确的社会定位。这种心态主要表现为在就业过程中脱离实际，怕吃苦，不愿承担艰苦的工作；对薪资要求过高；不愿到经济欠发达地区和基层去工作；择业目标与现实之间存在着巨大的反差；双向选择变成了单向选择；不切实际地挑选用人单位；等等。

钓鱼

有一个青年人和一个老人出海钓鱼，鱼竿抛出以后，老人每钓起一条鱼，就用尺子量一下。如果鱼大于七寸，就放回海中。青年人越看越不懂，就问："为什么不要大鱼要小鱼？"老人说："因为我们家的锅只有七寸大，鱼太大没法煮，所以只要七寸以下的。"

经常有一些毕业生抱怨工作难找，拿着简历没人要，投了简历没人理，或者一次一次面试失败后心情极为沮丧。其实，就像上面故事中说的一样，我们自身的能力和素质，便是我们手中的锅。而那些我们希冀获得的职位，便是我们渴望钓到的大鱼。如果我们只有七寸的锅，却要去收获八寸、九寸的鱼，显然是有些勉强的。但若我们有十寸甚至更大的锅，再去收获一条八寸、九寸的鱼，机会就会大很多。"量体裁衣"，论锅捕鱼，你的底气就会更足。

2. 盲目攀比

毕业生在求职中普遍存在着盲目攀比的心理现象，而这种攀比往往是不客观的，倾向于眼前利益（如工资、待遇、工作环境等）的比较，而没有充分考虑个人特点及职业发展前景。另外，还有些同学忽视自身缺点，对自我缺乏客观正确的分析，不从自身实际出发，不考虑所选单位是否适合自己，把注意力过多集中在他人的就业取向上，自己的既定目标受到他人的干扰，特别是看到与自己成绩、能力差不多的同学找到令人羡慕的工作、获得客观的收入时，觉得自己找不到理想职业，很没面子，常常会出现"他（她）都能找到那样的工作，凭什么我不能"的心理。为了获得心理上的平衡，将自己就业的目标定位过高，其结果是高不成、低不就，陷入苦恼中。

 小资料

钻石的故事

从前有位富足的波斯人，他拥有大片的兰花花园、稻谷良田和繁盛的园林。有一天，一位他曾经救助过的农夫前来拜访他，并向他讲述了自己因为发现钻石而从穷人变成富翁的神奇故事。

送走农夫后的那天晚上，波斯人就变成了一个穷人——不是因为他失去了一切，而是因为他开始变得不满足。他想："我也要拥有一座钻石矿。"后来，他整夜难以入眠，第二天一大早就跑去询问别人在什么地方可以找到钻石。于是他卖掉了农场，将利息收回，把家交给了一位邻居照看，然后就出发寻找钻石了。

他先是前往月亮山区寻找，然后来到巴勒斯坦地区，接着又流浪到了欧洲，最后他身上带的钱全部花光了，衣服也又脏又破。最后，这位历经沧桑、痛苦万分的可怜人怀揣着那位农夫所激起的、得到庞大财富的诱惑将自己投入了迎面而来的巨浪中，结束了自己的生命，从此永沉海底。

几十年后的一天，当波斯人的继承人牵着他的骆驼到花园里去饮水时，他突然发现，在那浅浅的溪底白沙中闪烁着一道奇异的光芒，他伸手下去，摸起了一块黑石头，石头上有一处闪亮的地方，发出彩虹般的美丽色彩。他把这块奇异的石头拿给有经验的人去请教，当别人看到这块石头时，惊奇地叫道："这是一颗钻石！这是一颗钻石！"

于是，他兴奋地奔向花园，用手捧起河底的白沙，发现了许多比第一颗更漂亮、更有价值的钻石。

——摘自《钻石就在你家后院》

 "我"的观点

大部分年轻人都不能清晰地意识到，自己手头的平凡工作就是一座宝贵的钻石矿，只要好好挖掘，全力以赴地做好目前所做的工作，就能找到属于自己的钻石——包括职位的晋升和财富的增加。但是，大多数毕业生在选择单位时，往往是拿自己身边同学的就业标准来定位自己的就业标准，这种攀比心理，导致找的工作并不适合自己。

3. 盲目从众

从众指个人受到外界人群行为的影响，而在自己的知觉、判断、认识上表现出符合于公众舆论或多数人的行为方式，通俗地说就是"随大流"。很多毕业生缺乏正确的自我评估，对自我认识不足、对就业环境缺乏分析，导致在求职过程中很容易出现盲目从众的现象，认为大部分人的选择就是正确的，缺少应有主见和独立性，这往往会导致很多毕业生错失就业的机会。

 **小资料**

羊群效应

羊群是一种很散乱的组织,平时在一起也是盲目地左冲右撞,但一旦有一只领头羊动起来,其他的羊也会不假思索地一哄而上,全然不顾前面可能有狼或者不远处有更好的草。

法国科学家让亨利·法布尔曾经做过一个松毛虫实验。他把若干松毛虫放在一只花盆的边缘,使其首尾相接成一圈,在花盆的不远处,又撒了一些松毛虫喜欢吃的松叶,松毛虫开始一个跟一个绕着花盆一圈又一圈地走。这一走就是七天七夜,饥饿劳累的松毛虫尽数死去。而可悲的是,只要其中任何一只稍微改变路线就能吃到嘴边的松叶。

 **"我"的观点**

人都有一种从众心理,从众心理很容易导致盲从,而盲从往往会让人陷入骗局或遭到失败。我们应该去寻找真正属于自己的工作,而不是所谓的"热门"工作,要学会在充分了解自身条件及今后职业发展方向的基础上,做出正确的选择。

4. 自卑心理

高职毕业生的自卑心理往往来源于以下几个方面:一是对高职教育缺少全面正确的认识,对高职教育缺少认同感,认为自己读的是三流学校,档次低于普通本专科院校;二是求职受挫后,认为自己什么都不会,不被社会认可,产生无价值感;三是自身身体存在某些缺陷或者在校表现不够突出,在求职过程中缺乏自信。

其实要克服自卑心理并不难,只要我们正确认识就业形势,根据自己的实际情况,从小事做起,把远大的理想落实到现实的努力之中,一步一个脚印地做好本职工作,为今后的发展做准备即可减少心理上的自卑感。

 **小资料**

沙砾与珍珠

有一个自以为是的年轻人毕业以后一直找不到理想的工作,他总觉得自己怀才不遇,由此对社会感到非常失望。痛苦绝望之下,他来到大海边,打算就此结束自己的生命。

这时，正好有一位老人从这里走过。老人问他为什么要走绝路，他说自己不能得到别人和社会的承认，没有人欣赏并且重用他。

老人从脚下的沙滩上捡起一粒沙子，让年轻人看了看，然后就随便地扔在地上，对年轻人说："请你把我刚才扔在地上的那粒沙子捡起来。"

"这根本不可能！"年轻人说。

老人没有说话，接着又从自己的口袋里掏出一颗晶莹别透的珍珠，也随便扔在地上，然后对年轻人说："你能不能把这颗珍珠捡起来呢？"

"这当然可以！"年轻人回答说。

——摘自《作文·初中版》

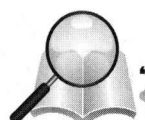

"我"的观点

诚然，我们的每一位学生，都希望成为一颗耀眼的珍珠，而我们也必须知道自己现在只是一颗颗普通的沙粒，而不是价值连城的珍珠。若要使自己卓然出众，成为一颗珍珠，那我们就必须经过一番艰辛的努力才能达成所愿。

5. 逆反心理

由于就业形势严峻，毕业生自我期望值高，很多毕业生很难找到理想的工作，甚至有些人找不到工作，此时部分学生往往会产生逆反心理，把找不到好工作归咎于学校教育和体制问题，认为是学校耽误了其美好前程，于是对学校相关的人和事均会产生抵触情绪，不能客观地评价事实，不愿接受学校的就业指导，更不愿配合学校办理毕业生相关的手续，最终导致无法正常毕业。

找不到工作的小张

小张是一名职业院校的学生，毕业在即，小张很希望能去一家国有企业工作，认为这样就可以旱涝保收，既不用太累还能挣很多的钱。但是，当小张满怀信心，投递简历时，却屡屡碰壁。原来，小张的简历可谓一张"白纸"，在校期间既没有参加技能大赛，也没有获得任何奖励，凭借这样一张"白纸"，很多单位都纷纷拒绝了小张的工作申请，面对就业失败，小张产生了强烈的愤怒情绪，他认为是学校没有给他提供机会，没有好好地培养他，于是找学校相关人员理论。学校相关部门对此事介入调查发现，学校曾经为小张介绍过一家企业实习，但小张在实习期间经常迟到旷工，没多久就以"工作太累，身体虚弱"而离职，对于小张的就业心态，学校拒绝再次为他提供工作机会，之后，小张多次无理取闹，严重影响了学校的秩序、声誉及其前途，学校最后以"留校察看"论处。

 **"我"的观点**

很多学校的毕业生在面临就业时总是怨天尤人,找不到工作时不分析自身存在的问题,而是找老师、找学校,无理取闹,甚至最后无法正常毕业。其实,只要在平时认真学习,多参加学校组织的各种活动,多参加大赛,遵从学校安排,听从辅导员老师的教导,先就业再择业,肯定能凭借自己的努力获得令自己满意的工作。

6. 依赖心理

学生的择业依赖心理大多体现为择业中缺乏独立意识和自主承担责任的意识。形成这种心理现象主要是由于个人独立决策能力不强,缺乏进取精神而造成的。往往表现为不主动出击,消极逃避就业市场,抱着等、靠、要的依赖思想,依赖家人通融社会关系,试图通过关系就业;依赖老师、学校送工作上门,总念着"车到山前必有路""天上也会掉馅饼",试图坐等就业;即便有选择就业岗位的机会,也要向千里之外的家长寻求帮助;对职业左顾右盼,拿不定主意,以致贻误择业良机。

 **小资料**

王力的"幸福"生活

王力家的生活条件非常优越,父母从小就对他宠爱有加,把他的生活安排得井然有序,正因为面面俱到,所以也养成了王力毫无主见、事无巨细均向家人请示的依赖心理。随着年龄的不断增长,王力开始要面临就业的问题了,但是长期养成的依赖心理使得他根本没办法去适应残酷的竞争,父母不但要帮忙找好单位,还要他们一同陪伴参加面试,由父母陪同的面试结果可想而知。

 **"我"的观点**

作为一名即将走上工作岗位、开始独立生活的学生,应该学会松开父母的手,自己走。怀着自信,尝试着靠自己的能力找工作,失败不可怕,只要勇于尝试,即是成功。

（三）求职者应具备的求职心态

1. 先就业再择业

先就业，是要求大学生摒弃陈旧择业观念，即盲目定位、期望值偏高的心态。通过先就业，在涉世之初积累社会阅历和工作经验，在工作中不断进取，在社会竞争中发现机会，为以后职业发展和职业成功打下坚实基础，同时做好职业生涯规划。只有就业了，才能有较多的机会接触外界，扩大视野，为择业做好前期准备。先就业再择业，可以增加工作经验，弥补课堂学到的不足，这样才能积累择业的资本；先就业再择业，可以增加社会阅历，学会为人处世，为择业打下社会基础；先就业再择业，可以提高自己的经济实力，给择业积累所必需的原始资金。

先就业，再择业

（1）汽车生产线检验工作做得不错却与专业不符。2008 年 6 月，职高毕业的崔凯加入茫茫的就业大军。那时候的他面临着从象牙塔里莘莘学子中的一员到社会大熔炉中一位员工的角色转变。"没有经验，没有人脉，刚毕业那会儿我特茫然无助，所以无法给自己准确定位，就想赶紧找个工作，不再依靠父母。"于是崔凯开始一次次地参加招聘会，人挤人的场面、残酷的竞争让他至今难以忘记，终于在他的努力下，一家著名的汽车生产公司向他抛来了橄榄枝。

进入这家名企之后，崔凯被安排在了生产线上，主要负责汽车检验，虽然是最基础的岗位，但是崔凯却没有抵触，他说："谁不是从基础做起，找工作就是不能眼高手低，要一步步地来。"就这样，崔凯开始了他的第一份工作，每天三班倒，有时为了替工友当班，他 24 小时都不休息，"只要是当班，几乎就没有休息时间，因为生产线不能停止。"那时候，下了班的崔凯累得手都抬不起来。但是他一直兢兢业业，得到了同事们的好评。

但是工作的单一化始终是崔凯的一个心病，可是当时他并没有想换工作，直到有一天，工友的建议拨动了他心里的一根弦。"那是个四十多岁的前辈，他告诉我，他在这个岗位上干了二十多年，工资只比我多一千元，每天干的工作几乎一样，二十年如一日，单调乏味。他建议我，年轻人要多出去闯荡。"听了工友的建议，崔凯开始思考自己究竟要找一份什么样的职业，他开始重新给自己定位，最终，他决定放弃这份工作，找一份和自己专业相关的工作。

（2）市场销售业绩优秀但无法认同企业文化。崔凯很快就辞职了，经过几番努力后，学日语的他终于进入了一家日资公司，当时他想做的是日语翻译，但是由于没有翻译的工作经验，他阴差阳错地做起了市场销售，"都说销售锻炼人，就先做着吧，慢慢地往翻译上奔。"崔凯说，第一次去推销时，客户并没有理他，但是他也没有气馁，"我这个人吧，就是脸皮厚，干什么都不怵头，而且我觉得只要真心对待客户，总有一天他们会被我打动。"

不言放弃的崔凯一直奔走在销售一线，终于有一天，客户被他的执着打动，他拿下了几个大的订单，慢慢地，崔凯也喜欢上了市场销售这个职位，"在销售过程中，我总结了做销售的经验，首先是必须要对金钱敏感，其次是一定要放下身段，拉下脸面。"就这样，从他给客户要订单转变为客户要给他订单，小伙子的业绩迅速大增。

然而，好景不长，逐渐将自己融入公司里的崔凯发现他在工作方面的价值观和公司的企业文化不尽相同，"虽然我的业绩不错，但是我个人并不是太在乎业绩，而公司却很看重这一点，这就引起了不必要的内部恶性竞争，在这样的环境下，人就会比较压抑。"崔凯说。那段时间，虽然他喜欢销售这个工作，但是工作的大环境让他很不开心，"后来，我就萌生了换一份工作的想法，但是第二次换工作和第一次不一样，这次我只是想换一份工作环境。而且这次我也确定了职业方向，就是做销售。"

（3）某润滑油销售代理，找到目标并快乐前行。机缘巧合下，崔凯开始了他自己的第三份工作，"这次我依然是做销售，但是换了个行业，主要从事润滑油营销，因为有朋友对这方面比较了解，所以我做起来也比较顺手。"为了更好地做好销售，崔凯深入生产一线，了解产品的生产运营。同时，他还研读了很多市场营销方面的相关书籍，进一步把销售功课做足。

功夫不负有心人，如今的崔凯已经成为某著名润滑油的销售总代理。他不仅有了固定的客户群，销售业绩也相当可观，"虽然每天很累，但却充实并快乐着，因为在不断的选择中我找到了适合自己的行业，从事自己喜欢的职业，又恰巧把自己放进了合适的工作大环境，这样一来，未来的规划就会变得清晰，目标也更明确。"

——摘自海归招聘网

 "我"的观点

从崔凯的例子中可以看出，他是属于先就业后择业的类型。崔凯的人生定位不是一蹴而就的，找工作就要一步步探索着来，在实践当中，一旦发现适合自己的职业与行业，就要踏实努力地不断前进。同时，崔凯也为求职者们树立了很好的榜样：求职者最好在求职过程中为自己明确定位，知道自己想要的是什么。经过抉择后能找份自己真正喜欢且有潜力的工作，这样每天才会充实开心，每天都有奔头。

有些新入职场的人经常抱怨钱挣得少，工作太辛苦，不满意这个，不满意那个，怎么能快乐起来？要想快乐，就要"步子向上走眼睛往下看"。"步子向上走"就是要有进取心、上进心，在"与天奋斗，与地奋斗，与人奋斗"中品出人生的乐趣；"眼睛

往下看"就是不要盲目地跟强过自己的人争高下,人家比自己过得好,肯定有强于自己的原因,盲目地比较,除了没气找气,不会有任何益处,只有脚踏实地工作才能取得骄人成绩。

2. 务实心态

"务实"表示切合实际,不空想,不脱离实际,做事情脚踏实地,不浮夸。当毕业生深刻理解并具备这种不骄不躁、切合实际的心态时,毕业生的求职之路将会更加顺畅,未来的发展之路也将会愈发宽广。

高职毕业生求职心态理性、务实——就业前景一路看好

江苏经贸职业技术学院近日在校内举行的一场招聘会,吸引了近百家企业前来摆摊设点,半天时间内,就有八百多名毕业生和用人单位达成了意向,此人数为该校应届毕业生总数的1/3。

眼下已进入了大学毕业生找工作的高峰时节,一方面不少本科生,甚至研究生奔波于各类招聘会苦求一职,大喊就业难,许多高校为就业签约率不高而发愁,但另一方面高职毕业生们却成了就业市场的香饽饽,一些热门专业的毕业生甚至不用出校门或还没毕业,就被用人单位一抢而空或提前预订。这里的原因很是耐人寻味。记者发现,这与目前出现的"技工荒"以及我省近年来全面推行高职院校与企业联合办学的"订单式"培养模式,使得人才与企业需求"无缝对接"有关,相比本科生、研究生,高职毕业生求职心态理性、务实是最主要的原因。

不少本科生、研究生找工作时往往会高不成、低不就,挑挑拣拣中不少机会就悄悄溜走,而高职毕业生们一旦寻找到较为合适的单位就会抓住机会,"该出手时就出手"。江苏经贸职业技术学院的这场校内招聘会,既有五星电器、雨润集团这样的大型著名企业,也有许多小型民营企业,但每个招聘台前都围满了人,都有人投简历。记者在招聘现场看到,拥有狮王府酒店、南京大牌档等知名饭店的南京大惠企业发展有限公司,一次推出了50多个岗位,但却是收银员、总台服务、宴会服务生、店长助理。这些岗位在劳务市场就能招到人,大学生能看得上眼?对此,旅游管理与商务英语专业毕业生陈安苏说,大学生们都是有理想和抱负的,但要切合实际,不能一味好高骛远。我给这家企业投简历,就是看中了它的广阔发展前景,还有企业能给员工提供全面、深入的培训和个人发展空间,以及每年都有升职、提薪机会。

面对整个就业市场越来越严峻的就业压力,相比不少本科生、研究生浮躁的求职心态,高职毕业生们要务实得多,他们能根据自己的专业和学历情况,理性地调好自己的择业期望值,不少人还选择了"先就业、后择业"的就业方式,即找到的工作,也许并不一定很好，但却适合自己，也不怕从基层做起，力求稳扎稳打，以图长远；或"骑驴找马"，先找到一个相对合适的单位，积累了一定的工作经验后，再寻找更适合自己的工作。

不少前来参加招聘的企业都反映，由于高职毕业生求职心态好，以及高职院校实行的"订单式"培养模式，往年招来的高职毕业生大多能下得去、用得上、留得住，做事认真负责，吃苦耐劳。而一些本科生、研究生签约后毁约率高，到了单位又常眼高手低，不愿从基层做起，或者干了一段时间，因为薪水低或得不到提拔，就频频跳槽，因而高职毕业生占企业基础岗位用人名额的大头，企业现在基本都考虑用高职毕业生。

——摘自《新华日报》

如上所述，随着大学教育的普及，大学毕业生已不再是天之骄子，而是一名名普通的工作者。刚进入社会，从事基层工作，干既苦又累的工作是无法避免的，只有摆正心态，踏踏实实地干好基层工作，才有可能走上更高的职位，获得更好的回报和待遇。

3. 目标心态

一个人要想获得成功，就必须具备两个先决条件：一是要有积极向上的心态；二是要有明确的目标，而且要把目标放在首位。

有了明确而积极的目标，不良心态就会慢慢消失，随之而来的是坚定的信念，坚定的信念会促使你有更加坚定的力量，求职也是如此。

目标下的成长

四十多年前，一个十多岁的穷小子，自小生长在贫民窟里，身体非常瘦弱，却在日记里写到立志长大后要做美国总统。如何能实现这样宏伟的抱负呢？年纪轻轻的他，经过几天几夜的思索，拟定了这样一系列的连锁目标。

做美国总统首先要做美国州长——要竞选州长必须得到拥有雄厚资金的财团的支持——要获得财团的支持就一定得融入财团——要融入财团最好娶一位豪门千金——要娶一位豪门千金必须成为名人——成为名人的快速方法就是当电影明星——当电影明星前得锻炼身体，练出阳刚之气。

按照这样的思路，他开始步步为营。某日，当他看到著名的体操运动主席库尔后，他相信练健美操是强身健体的好点子，因而萌生了对健美操的兴趣。他开始刻苦而持之以恒地练习健美操，他渴望成为世界上最结实的壮汉。三年后，凭借着发达的肌肉、一身似雕塑的体魄，他开始成为健美先生。

在以后的几年中,他囊括了欧洲、世界、全球、奥林匹克的"健美先生"称号。22岁时,他踏入了美国好莱坞。在好莱坞,他花费了十年时间,利用在体育方面的成就,一心去表现坚强不屈、百折不挠的硬汉形象。终于,他在演艺界声名鹊起。当他的电影事业如日中天时,女友的家庭在他们相恋九年后,也终于接纳了这位"黑脸庄稼人"。他的女友就是赫赫有名的肯尼迪总统的侄女。

他们恩爱地度过了十几个春秋。他与太太生育了四个孩子,建立了一个典型的"五好"家庭。2003年,年逾五十七岁的他,告老退出了影坛,转为从政,成功地竞选成为美国加州州长。他的下一个目标就是美国总统。

他就是阿诺德·施瓦辛格。他的经历让人记住了这样一句话:思想有多远,我们就能走多远。

——摘自《大风号》

"我"的观点

施瓦辛格的故事告诉我们,职业规划制定得越早、步骤越详细,越能早日实现自己的梦想。不管这个目标多么艰难、自己的现实和理想之间相差多远,只要自己有恒心、有切实可行细致的计划,并一步一个脚印踏踏实实地去完成,就一定能实现自己远大的理想!

同学们,在追求人生的过程中,一定要有目标,做好自己的职业生涯规划,不仅可以提高你求职的效率,而且还有助于你在有限时间、有限资源的前提下做好准备。

4. 学习心态

"不学习,就落伍,不努力,就下岗"——这是很多人的体会和共识,再权威的毕业证书也存在着一个时效的问题,一个人在学校或短训班里学到的知识占其一生中所学知识的比例会越来越小。因此,只有抱定"终身学习"的理念,具有"不断充电"的行为,才能处变不惊,才能不被社会淘汰。

一位八旬老人的学习之路

在离德国科隆不远的西比希城,约翰娜·玛克司夫人可是个响当当的人物。早在1994年,当时70高龄的她,经过长达6年的刻苦攻读完成了学业,以优异的成绩获得了科隆大学的教育学硕士文凭。9年后,玛克司夫人又在年近八旬的79岁时,完成了长达200页的博士论文,论文的题目是"如何度过晚年——学习使老人永远充满活力",最后被科隆大学授予教育学博士学位。小城的市民们,无不对这位孜孜不倦的老

人赞叹不已，由此她还当选为该城的"最伟大女性"。

——摘自道客巴巴

 **"我"的观点**

玛克司夫人之所以被评为该城的"最伟大的女性"与她的学习精神密不可分。而对于毕业生来说，你们还年轻，拥有着更多的时间与精力去学习，当然，年轻人所要走的路也是更为漫长的，如何有意义地度过你的一生，是每一个毕业生应该思考的问题。

近年来的毕业生劳动者与以往的劳动者比较，最大的优势就是接受新生事物快、学习能力强。不同的人进入社会、进入企业，也许起点不同，但拥有学习心态的人往往走得更远、爬得更高。

 **自我评估**

个人心态测试

你的生活态度积极吗？实事求是地勾出下列最符合你情况的句子。选项中：A（1分）代表"从不"，B（2分）代表"偶尔"，C（3分）代表"经常"，D（4分）代表"总是"。最后将你的得分相加，看看你目前的积极性程度有多少。

(1) 我发现保持乐观心态很难。

　　A. 从不　　　　B. 偶尔　　　　C. 经常　　　　D. 总是

(2) 我觉得生活抛弃了我。

　　A. 从不　　　　B. 偶尔　　　　C. 经常　　　　D. 总是

(3) 遇到厄运时，我向厄运屈服。

　　A. 从不　　　　B. 偶尔　　　　C. 经常　　　　D. 总是

(4) 我会使自己情绪低落。

　　A. 从不　　　　B. 偶尔　　　　C. 经常　　　　D. 总是

(5) 我容易想到最坏的方面。

　　A. 从不　　　　B. 偶尔　　　　C. 经常　　　　D. 总是

(6) 我以消极的语气与人交谈。

　　A. 从不　　　　B. 偶尔　　　　C. 经常　　　　D. 总是

(7) 我觉得自己没有价值。

　　A. 从不　　　　B. 偶尔　　　　C. 经常　　　　D. 总是

(8) 我对别人感到失望。

A. 从不　　　　　B. 偶尔　　　　C. 经常　　　　D. 总是

(9) 我觉得世界充满危机。

A. 从不　　　　　B. 偶尔　　　　C. 经常　　　　D. 总是

(10) 我容易回忆痛苦的往事。

A. 从不　　　　　B. 偶尔　　　　C. 经常　　　　D. 总是

(11) 面对赞美我会局促不安。

A. 从不　　　　　B. 偶尔　　　　C. 经常　　　　D. 总是

(12) 我觉得自己一无是处。

A. 从不　　　　　B. 偶尔　　　　C. 经常　　　　D. 总是

(13) 我会被坏心情淹没。

A. 从不　　　　　B. 偶尔　　　　C. 经常　　　　D. 总是

(14) 我容易愤怒。

A. 从不　　　　　B. 偶尔　　　　C. 经常　　　　D. 总是

(15) 我无法实现我的人生理想。

A. 从不　　　　　B. 偶尔　　　　C. 经常　　　　D. 总是

(16) 我容易忧虑不安。

A. 从不　　　　　B. 偶尔　　　　C. 经常　　　　D. 总是

(17) 人们说我是悲观主义者。

A. 从不　　　　　B. 偶尔　　　　C. 经常　　　　D. 总是

(18) 我很难自得其乐。

A. 从不　　　　　B. 偶尔　　　　C. 经常　　　　D. 总是

(19) 我缺乏自信。

A. 从不　　　　　B. 偶尔　　　　C. 经常　　　　D. 总是

(20) 我做事没有动力。

A. 从不　　　　　B. 偶尔　　　　C. 经常　　　　D. 总是

(21) 我的生命没有意义、缺乏目标。

A. 从不　　　　　B. 偶尔　　　　C. 经常　　　　D. 总是

(22) 我没有舒适、安逸的生活环境。

A. 从不　　　　　B. 偶尔　　　　C. 经常　　　　D. 总是

(23) 我觉得身体不适。

A. 从不　　　　　B. 偶尔　　　　C. 经常　　　　D. 总是

(24) 没有人支持我。

A. 从不　　　　　B. 偶尔　　　　C. 经常　　　　D. 总是

(25) 我的生活方式充满压力。

A. 从不　　　　　B. 偶尔　　　　C. 经常　　　　D. 总是

(26) 我无法控制自己的生活。

A. 从不　　　　　B. 偶尔　　　　C. 经常　　　　D. 总是

(27) 我的爱情生活不尽如人意。
A. 从不　　　　　　B. 偶尔　　　　　　C. 经常　　　　　　D. 总是

(28) 我不满意我的工作。
A. 从不　　　　　　B. 偶尔　　　　　　C. 经常　　　　　　D. 总是

(29) 我缺乏成就感。
A. 从不　　　　　　B. 偶尔　　　　　　C. 经常　　　　　　D. 总是

(30) 失败的一天带给我很大的打击。
A. 从不　　　　　　B. 偶尔　　　　　　C. 经常　　　　　　D. 总是

(31) 我的危机一个接着一个。
A. 从不　　　　　　B. 偶尔　　　　　　C. 经常　　　　　　D. 总是

(32) 我对于自己所处的年龄段不满意。
A. 从不　　　　　　B. 偶尔　　　　　　C. 经常　　　　　　D. 总是

将你的得分相加，然后分析你积极性的程度。要注意记下自己最积极和最消极的方面，这样你就能有针对性地改善你的弱点。

32~64 分，你的生活态度非常积极，基于这个基础，你将获得幸福美满的人生。

65~95 分，你的积极性一般，但通过一些帮助和学习，你将改善自己的思维方式，获得更美满的生活。

96~128 分，你的生活态度令人担忧，但通过一些帮助和学习，你可以获得良好的心理状态。

第二节　就业求职准备——让职业选择更有效

求职是职业人生不可或缺的重要环节，是人生的一次转折、一次考验和一次心理冲击。有的人把求职比作战场，虽然在战场上"胜败乃兵家常事"，但有些失败是可以避免的。在求职中，唯有理顺心绪，做好求职准备，才能收获成功。

 工作情境

模拟招聘

（一）课前准备

1. 布置场景

把课桌重新摆放，安排总经理、人事经理、业务经理和应聘者席位。教室前面墙壁上模拟公司大门，悬挂公司名称和徽标（请同学们自己设计）。后面墙壁上悬挂反映公司文化的大幅口号，左右墙壁贴上标语。

2. 选定角色

根据同学推荐，挑选两人担任考官，考官在公司中的具体职务一人是主管业务经

理，另一人是人事经理，任课老师担任主持人。

3. 角色化妆

制作胸卡供佩戴，分别为"业务经理""人事经理"和"求职1号""求职2号"等。"求职者"在"应聘"前写好1分钟自我介绍，做好服饰、语言等方面的准备。

4. 设计模拟应聘评估表

老师和学生共同设计求职应聘评估表的项目和各项目的分值标准，总分100分。

（二）现场模拟招聘

（1）任课老师上台，以"主持人"身份致开场白。

（2）"人事经理"讲话，"我们绿色饭店发展形势很好，为扩大业务，需要选拔饭店服务与管理专业的年轻人才。现在开始招聘。"

（3）"个人面试"活动开始。求职者分别按顺序上台应聘。首先，求职者进行1分钟的自我介绍。其次，求职者回答招聘组提出的5~6个问题（问题可从附1中选择），时间为3分钟，接下来的2分钟，求职者回答台下其他同学的自由提问。最后，招聘组的成员和台下的同学为每个求职者打分（打分表如附2所示）。

附1 招聘组的问题

（1）你为什么想要到绿色饭店就业？

（2）你希望从工作中得到的最大回报是什么？

（3）你进入本公司想要到什么部门工作？为什么？

（4）你通过了哪些专业技能等级考试？有什么证书？

（5）你认为在本公司能发挥你的什么专长？

（6）到我们公司来工作，你可能有哪些地方不适应？你打算如何调整？

（7）你能够胜任分配给你的业务工作吗？靠什么才能胜任？

（8）依你的学业和各方面条件，你估计今后的工作成绩能打多少分（按百分计算）？

（9）你来求职，对公司和岗位有哪些要求？

（10）你为什么选择现在的专业？如果不是你选择而是分配的，你还觉得这个专业好吗？

（11）你选择工作主要考虑哪些因素？

（12）你喜欢挑战性的工作吗？

（13）你对公司的发展，能够起什么作用？

（14）如果应聘成功，你认为成功的原因有哪些？

（15）如果应聘失败，你认为失败的因素有哪些？

（16）请问你在学校里所学的最重要的是什么？

（17）你是怎么理解服务的？

（18）如果上司交给你一件不属于你分内的工作，你打算怎么做？

（19）如果一个比你工作能力强的同事和你拿的薪水是相同的，你如何看待这件事情？

（20）你的职业梦想是什么？

（21）当你是对的，但别人却反对你时，你该如何处置？

（22）可以描述一下你的性格特点吗？

（23）你希望公司里的人际关系是什么样子？如果实际上不是你所期望的，你会怎么办？

（24）你的职业梦想是什么？

（25）由"大脑"一词联想出10个与之紧密相关的词语。

附2　模拟应聘评估表

应聘者：　　　　　　　应聘岗位：　　　　　　　最后得分：

（1）形象礼仪：　□1　□2　□3　□4　□5　□6　□7　□8　□9　□10

（2）主动性：　　□1　□2　□3　□4　□5　□6　□7　□8　□9　□10

（3）人职匹配：　□1　□2　□3　□4　□5　□6　□7　□8　□9　□10

（4）自信心：　　□1　□2　□3　□4　□5　□6　□7　□8　□9　□10

（5）责任感：　　□1　□2　□3　□4　□5　□6　□7　□8　□9　□10

（6）应变能力：　□1　□2　□3　□4　□5　□6　□7　□8　□9　□10

（7）创新能力：　□1　□2　□3　□4　□5　□6　□7　□8　□9　□10

（8）进取精神：　□1　□2　□3　□4　□5　□6　□7　□8　□9　□10

（9）求职态度：　□1　□2　□3　□4　□5　□6　□7　□8　□9　□10

（10）面试技巧：　□1　□2　□3　□4　□5　□6　□7　□8　□9　□10

情境分析

严峻的就业形势下，学生的就业压力越来越大，毕业生求职时面临的竞争也越来越激烈。求职成功与否很大程度上取决于毕业生本身实力的强弱，然而求职过程中实力是否能够完全体现，在一定程度上取决于毕业生是否做好了充足的求职准备。求职准备的作用和重要性在求职过程中日益凸显。

知识泉眼

沙莉是一家国内外知名企业的资深人事经理，像往常一样，她坐在办公桌前开始一天的工作。桌上堆积如山的是500多份近期收到的求职简历，她必须从中选出这次

面试的人选。第 1 份……第 10 份、第 11 份，看着一行行密密麻麻的文字，沙莉感到自己眼前飞过了一片片乌云，她揉了揉酸涩的双眼，毫不犹豫地把它们扔进了废旧材料筐……11 点左右，沙莉抬起头，舒了一口气，站了起来，她的面前，只留下筛过的一小叠简历。她把这十多份简历递给旁边的助手说："劳驾你通知他们来面试吧。"

"我"的观点

招聘人员往往要面对成百上千的求职简历，后期进行筛选时工作量极大。为了能够吸引招聘者的眼球，我们就要学会制作合格的、使自己能够脱颖而出的求职材料。求职材料中的语言应该力求简明扼要、突出重点，以免增加招聘者的负担，影响求职。

那么，一份好的求职材料应该怎样制作呢？

（一）自荐书的准备

一份完整的自荐书包括：求职简历、求职信、就业推荐表、成绩单、其他辅助求职资料。

1. 简历制作

（1）个人基本信息。必要的信息包括：姓名、年龄、性别、联系电话、健康状况、E－mail、学校、专业、现居住地、政治面貌、籍贯、身高/体重。可选的信息包括：民族、通信地址、邮编、身份证号码等。

（2）确定求职目标。求职目标即求职意向，包含了求职者的规划信息，在做简历时候，最好是直接点出你的求职目标，并将其放在醒目的位置，有助于用人单位清楚地知道你的求职目标。

（3）技能总结。技能总结是简历的核心部分，它展示了一个求职者的竞争力，要着重渲染你所具备的与职位相关的特殊技能。此处可加入学生工作经验，比如担任班长、参加学生会、社团等，要写清时间、职位、职责与贡献。

（4）获奖情况。获奖情况主要包括学习奖学金和各种技能证书等，选择最大最新的写，三到四项就足够，每项一行，要注明获奖年份，此项可以和技能总结合并。

（5）教育背景。教育背景包括：学校、时间、地点、系别、学位，以及选课程的主要原则。所学课程与申请岗位要对应，很高分数的专业课程写明即可。一般按照时间逆序来写，主要是个人从大学阶段到毕业前所获得的学历，时间上需要衔接，最近的学历放在最前面。

（6）工作经历。工作经历是用人单位比较看重的部分，他们认为丰富的工作实践经验会让求职者得到多方面的锻炼，有工作经历的学生能够缩短培养期，上手较快。工作经历里面写两种，一种是实习，一种是兼职，注意区别。所要写的内容包括：时间、公司、地点、职位和职责。职责要分条来写，每个经历的职责不要超过 3 条。总共不要超过 3 个工作经历。这些经历在填写时，对不同的公司要有不同的顺序或者内容。

建议：简历制作切忌冗长，内容要精炼；要围绕单位、行业及岗位要求进行制作，强调针对性。

 小资料

校徽	个人简历	

求职意向：

基本资料

姓　　名：×××	性　　别：男	贴照片处
籍　　贯：辽宁沈阳	政治面貌：中共党员	
毕业院校：×××	学　　历：×××	
专　　业：×××	现居住地：沈阳市	
出生年月：×年×月	身　　高：178cm	
联系电话：1×××××××××	电子邮箱：×××××××@qq.com	

获奖情况

获得国家励志奖学金、国家助学金（总平均分成绩全班第一名）。
获得优秀共产党员、优秀团干部（连续两次）。
获得优秀学生干部、三好学生、社会实践"优秀个人"。

工作经历

2014.06—2014.09　　　　一汽大众总装车间实习　　　　装配工作人员
➤严格执行各项标准文件及生产工艺流程；组件活动部位，条件允许都需要加弹、平垫，或者螺纹胶；单个组件完成要单独调试OK后，再整机装配；项目结束后整理项目物料，标准件及零件分类处理；生产过程要确保生产安全、注意节约。

2014.03—2014.06　　　　中华4S店维修实习　　　　维修工作人员
➤根据前台和车间主任的分配，认真、仔细地完成维修工作；负责在维修过程中对客户车辆采取有效的防护措施；对每个维修项目必须自检，合格后转到下个工序，不断提高专业技术，保证维修质量。

专业技能

➤通过大学英语×级考试，具备良好的听、说、读、写能力。
➤在校期间获得×××技能竞赛证书、全国计算机二级证书等。
➤主修课程：汽车涂装技术、汽车装配技术、冲压工艺与模具设计、焊接工艺与设备等。

社会实践

2011.09—2014.06 担任团总支书记、辅导员助理、本班团支部书记
➢ 协助辅导员做好学生的培养、教育、发展和考核工作，做好奖、贷、助、补等日常管理工作。负责团总支一切统筹工作，把握团总支日常的全局工作计划和执行情况。

个人评价

做事踏实，细心谨慎，责任心强。具有良好的团队合作能力、较强的组织策划能力和口头表达能力，善于与人沟通；并具有良好学习能力和自律能力，大学三年成绩专业排名前5；熟悉汽车涂装、装配等技术。有较强的接受新事物和分析问题能力，勇于接受挑战。

个人简历注意事项如下。

第一，要记住个人简历必须突出重点，与申请的工作无关的事情要尽量不写，而对申请的工作有意义的经历和经验绝不能漏掉。

第二，切记简历并非写得越多越好，要记住，写得越多，被问到的机会越多，因此简历一定要有准备地写。

第三，要保证简历可使面试官在30秒之内，即可判断出你的价值。因为招聘人员没有时间或者不愿意花太多的时间阅读一篇冗长空洞的个人简历，最好在一页纸之内完成。

第四，语言上一定要积极。语言尽量不要过于口语化（不要用口头禅），在描述自己的学习能力、团队合作精神等方面用语应严谨、平实，让人事经理在阅读简历时候能够充分感觉你对这份工作的诚恳态度。

第五，所有的项目或者作品要心中有数。

第六，照片一定要五官清晰。可以稍微做一些美化，但别美化到面试官都认不出来的地步。

第七，根据求职者所使用的媒介，个人简历可以是纸质简历，可以是电子简历，还可以是视频简历。根据求职者所应聘的单位，个人简历可以选择用中文，也可以选择用外文撰写。

2. 求职信

（1）称呼。对收信人的称呼，要注意表示尊敬，要准确，符合收信人的身份。如"尊敬的领导"，称呼写在第一行，顶格书写，称呼之后用冒号。

（2）问候语。在"称呼"下另起一行，空两格书写"您好！"

（3）主体语。主体语一般涉及个人基本情况、欲申请的工作岗位及申请理由等内容。

在介绍个人基本情况时，要突出自己在专业知识、技能、经验、性格、能力和意志等方面的优势，让对方感到无论从哪个角度看，你都能胜任这一份工作。

在表达自己的求职愿望及说明理由时，一定要体现你对该单位的关注与好感以及

对该工作的兴趣。结束处记得表示你期待对方的回音，表达你对面谈机会的渴望。

（4）祝颂语。最常见的是正文之后另起一行空两格写"此致"，转下一行顶格写"敬礼"。当然也可采用其他对机关、团体、企事业单位适用的祝颂词。

（5）署名及日期。正文的右下方，与祝颂语相隔一两行的地方，求职人应写清自己的姓名，最好是手写。在署名下一行靠右写明日期。

自荐信

尊敬的领导：

  您好！

  非常感谢您于百忙之中阅读我的简历，给我一个迈向成功的机会。

  我叫李雪锋，是辽宁丰田金杯技师学院汽车检测与维修专业应届毕业生。近年来，我一直关注着贵公司的发展并为你们取得的成就感到高兴。毕业在即，我特向贵公司自荐，渴望能成为贵公司的一员。

  我来自农村，艰苦的条件磨炼出我顽强拼搏、不怕吃苦的个性。儿时的梦想支撑着我攻克人生道路上一个又一个难关。进入大学学习后，我意识到汽车行业是我人生当中最重要的组成部分，并对汽车的制造行业有了深入的理解。我以学习和工作为乐，成绩优秀，其中"汽车构造"这门课的成绩特别优秀；我曾到金杯股份有限公司进行实习，从而对汽车的生产工艺流程有了更深入具体的了解，并获得了实习厂家的好评；我担任过班级和学生会的学生干部，锻炼出较强的与人合作、交流与沟通、解决实际问题的能力。课余，我积极参与各种体育活动，参加学校各种比赛，擅长打篮球。

  恳请贵公司给我一个机会，我一定竭尽所能，为公司更美好的明天奉献自己的全部聪明才智。

  最后，再次感谢您能阅读我的简历。

  顺颂商祺！

应聘人：李雪锋

2018 年 1 月 18 日

这封自荐信比较能全面地反映求职者的精神面貌，在一定程度上丰富了求职材料的内容，温文有礼又不失个性特色。

3. 毕业生就业推荐表

（1）首先要进行毕业生信息在线填写。

（2）基本信息填写后要辅导员审核。

(3) 辅导员审核后，须下载盖好学院的章。
(4) 盖好学院的章后，再盖学校的"毕业生就业推荐章"。

4. 成绩单

(1) 由学校教务处提供。
(2) 必须加盖公章。
(3) 科目排列有讲究（专业课相对集中，便于用人单位查看）。

5. 其他辅助求职资料

(1) 求职者本人在求职信或简历中有关教育背景的证书和相关资料证明。
(2) 学习期间的获奖证明材料（说明：获奖情况要围绕证明你岗位需要的能力而准备）。
(3) 参赛的技能证书和职业资格证书，如：中级工、高级工。
(4) 身份证复印件、担任的校内或社会职务证明。

(二) 笔试题类型

笔试内容一般包括三方面：一是知识面的考核，主要是对一些通用性的基础知识和担任某一职务所要求具备的业务知识的考核；二是智力测试，主要测试毕业生的记忆力、分析观察能力、综合归纳能力、思维反应能力、不断接收新知识的学习能力；三是技能测验，主要是对受聘者处理问题的速度与质量的测试，检验其对知识和智力运用的程度和能力。

1. 基础常识

 小资料

(1) "皮影戏"中"皮"是（　　）制作的。
A. 牛皮　　　　B. 羊皮　　　　C. 驴皮　　　　D. 马皮

(2) "三峡水电站"位于长江（　　）。
A. 上游　　　　B. 中游　　　　C. 下游

(3) 三国中"三英战吕布"没有（　　）。
A. 赵云　　　　B. 关羽　　　　C. 张飞　　　　D. 刘备

(4) 人体最敏感的部位是（　　）。
A. 舌尖　　　　B. 指尖　　　　C. 耳垂

(5) "郁金香"的原产地是（　　）。
A. 荷兰　　　　B. 中国　　　　C. 芬兰　　　　D. 英国

(6) "沃尔沃"车原产地是（　　）。
A. 瑞典　　　　B. 荷兰　　　　C. 德国　　　　D. 瑞士

(7) 慈禧曾（　　）垂帘听政？

A. 一次　　　B. 两次　　　C. 三次　　　D. 四次

（8）"愚人节"起源于（　　）。

A. 英国　　　B. 法国　　　C. 德国　　　D. 美国

（9）羽毛球的羽毛材料是（　　）。

A. 鸡毛　　　B. 鸭毛　　　C. 鹅毛

（10）电视机是（　　）发明的。

A. 贝尔　　　B. 贝尔德　　　C. 爱迪生

（11）第一个举办奥运会的亚洲国家是（　　）。

A. 日本　　　B. 韩国　　　C. 印度　　　D. 马来西亚

（12）汽车中安全袋里的气体是（　　）。

A. 氖气　　　B. 氮气　　　C. 氩气　　　D. 氙气

（13）太阳系中最亮的行星是（　　）。

A. 水星　　　B. 金星　　　C. 土星　　　D. 木星

（14）人体最长寿的细胞是（　　）。

A. 脑细胞　　　B. 血细胞　　　C. 神经细胞

（15）被称为"六朝古都"的是（　　）。

A. 洛阳　　　B. 西安　　　C. 南京　　　D. 北京

序号	1	2	3	4	5	6	7	8	9	10	11	12	13	14	15
答案	C	B	A	A	B	A	C	B	C	A	B	B	B	C	C

2．专业考试

专业考试主要检验求职者专业知识水平和相关的实际能力。

小资料

（1）汽车一般由（发动机）、（底盘）、（车身）、（电气设备）四大部分组成。

（2）汽车在行驶过程中，受到的阻力有（滚动阻力）、（空气阻力）、（加速阻力）、（爬坡阻力）。

（3）曲柄连杆机构的主要组成分为（机体组）、（曲柄连杆机构）、（曲轴飞轮组）三部分。

（4）汽油机燃料供给系统一般由（空气供给装置）、（汽油供给装置）、（可燃混合气形成装置）、（可燃混合气供给和废气排出装置）等装置组成。

（5）现代汽车发动机润滑多采用（压力润滑）和（飞溅润滑）相结合的复合润滑方式。

3. 思维能力测试题

思维能力测试题主要包括：数字推理题、逻辑推理题、图形推理题、阅读题。

数字推理题

（1） 4，12，8，10，（　　）
A. 6　　　　　B. 8　　　　　C. 9　　　　　D. 24

（2） 2，6，13，39，15，45，23，（　　）
A. 46　　　　　B. 66　　　　　C. 68　　　　　D. 69

（3） 1，1，2，2，3，4，3，5，（　　）
A. 6　　　　　B. 5　　　　　C. 8　　　　　D. 7

（4） 124，3 612，51 020，（　　）
A. 7 084　　　　B. 71 428　　　　C. 81 632　　　　D. 91 836

逻辑推理题

（1）会骑自行车的人比不会骑自行车的人学骑三轮车更困难。由于习惯骑自行车，会骑自行车的人在骑三轮车转弯时，对保持平衡没有足够的重视。据此可知骑自行车（　　）。

A. 比骑三轮车省力　　　　　　　B. 比三轮车更让人欢迎
C. 转弯时比骑三轮车更容易保持平衡　　　D. 比骑三轮车容易上坡

（2）金钱不是万能的，没有钱是万万不能的，发不义之财是绝对不行的。以下除哪些项外，基本表达了上述题干的思想？（　　）

Ⅰ．有些事情不是仅有钱就能办成的，比如抗洪抢险的将士冒生命危险坚守堤防，不是为了钱才去干的

Ⅱ．有钱能使鬼推磨，世上没有用钱干不成的事，抗洪抢险的将士也是要发工资的

Ⅲ．对许多事情来说，没有钱是很难办成的。有时候真是"一分钱急死英雄汉"

Ⅳ．“钱”是身外之物，生不带来，死不带去，钱多了还惹是生非

Ⅴ．“君子爱财，取之有道。”通过合法的手段赚得的钱记载着你的劳动，可以用来帮助你做其他的事情

A. 只有Ⅰ　　　B. 只有Ⅱ　　　C. 只有Ⅰ和Ⅲ　　　D. 只有Ⅱ和Ⅳ

（3）写小说离不开对人生世相的描绘，一个阅历不多、涉世不深的作者，是很难

在这一领域崭露头角的。诗的创作,特别是许多脍炙人口诗篇的诞生,大都是源于诗人的灵感和天赋。以上论述最能得出以下哪一项?(　　)

A. 诗人一般都比较年轻
B. 写小说的人都是中老年人
C. 一个人不可能既是优秀的小说家,同时又是杰出的诗人
D. 早慧的小说家,古今中外比较少有

笔试的准备

(1) 良好的笔试成绩来自平时的努力学习。
(2) 保持良好的身心状态。
(3) 笔试前应进行简单的复习。
(4) 学以致用,理论联系实际。
(5) 增强口头表达能力,提高快速反应能力。

(三) 面试的准备工作

如何把一包餐巾纸卖到10万?

想必最近忙着面试的各位应届毕业生们都遇到了一个难题,那就是面试,面试其实难度不大,步骤普遍都一样,难就难在面试官当场出的考题,总是让人有些出乎意料,有些人可能样样都符合标准,但就是回答不出来,导致最后没有被成功录取。

陈芳是一名应届毕业生,她个性比较开朗,大学的时候就经常外出兼职,积累了不少社会经验,但她这次应聘的这家公司面试官出的问题也是难住了她,好在最后有惊无险,被成功录取。

这家公司的面试官出的问题是如何把一包餐巾纸卖到10万元?

很多求职者在听到这道题之后,都发出了叹息声,因为大部分人都觉得不太可能,甚至有些求职者都不说话了。

第一位求职者思考了片刻,称:"将一包餐巾纸卖到10万元也不是不可能,毕竟现在有钱的人那么多,只要找准人群,找到那些土豪,跟他们说这包餐巾纸有神奇的特

效,擦一下就能年轻十岁,他们自然就会买了。"面试官显然对第一位求职者的回答不太满意,面试官称这纸没这些功能。

紧接着,第二位求职者称:"自己也会找一些有钱人去推销,不然一般人不会去买这么贵的一包餐巾纸,紧接着再告诉他们,这包餐巾纸有很深的收藏意义,一般有钱人都喜欢有格调东西,只要说是收藏,不是拿来普通用的,他们肯定会花钱买下来。"面试官听完毫无表情,随后让第三位求职者继续。

第三位求职者就是陈芳,只见陈芳先是从包里拿出一包餐巾纸,然后拿出一支笔,用笔在餐巾纸的包装上写"售价10万"四个字,然后说完成了,陈芳表示面试官只是让自己将一包餐巾纸卖到10万,又没有说一定要去想怎样才能成功卖出去,现在这包餐巾纸明码标价10万,自己顺利完成。

面试官在听完陈芳的回答后,终于露出了笑容,并且表示陈芳被成功录取,因为陈芳能看出这道题真正要考验求职者的是什么,也能真正回答出来并且做到。

就连陈芳自己也没有想到自己会因为一个动作被一家公司录取,对此,大家还有什么不同的答案吗?

——摘自百度百家号职场看透透

 "我"的观点

面试是一种经过组织者精心设计,在特定场景下,以考官和考生的面对面交谈、对考生的观察为主要手段,由表及里测评考生的知识、能力、经验等有关素质的一种考试活动。一般来说,面试有以下几个目的:①考核求职者的动机与工作期望;②考核求职者仪表、性格、知识、能力、经验等特征;③考核笔试中难以获得的信息;④最重要的是在于观察求职者在特殊环境中的表现,考核其知识与业务能力,判断其解决问题的能力,从而获得有关求职者的第一手资料。因此,对于应届毕业生来讲,面试准备尤为重要。

1. 求职方式

(1)"专卖店":校园专场招聘会。

(2)"面试超市":大型供需见面会。

(3)"在线直销":网上求职。

(4)"传统老字号":邮寄简历。

2. 面试方式

(1)模式化面试。主考官根据预先准许备好的询问题目和有关细节,逐一发问。其目的是为了获得有关应聘者的全面、真实的材料,观察应聘者的仪表、谈吐和行为,以及沟通能力等。

(2)问题式面试。主考官对应聘者提出一个问题或一项计划,请应聘者解决。其

目的是为了观察应聘者在特殊情况中的表现，以判断其解决问题的能力。

（3）非引导式面试。主考官海阔天空地与应聘者交谈，让应聘者自由地发表议论，尽量活跃气氛，在闲聊中观察应聘者的能力、知识、谈吐和风度。

（4）压力式面试。主考官有意识地对应聘者施加压力，针对某一问题做一连串的发问，不仅详细，而且追根问底，直至无法回答。甚至有意识地刺激应聘者，观察应聘者在突如其来的压力下能否做出恰当的反应，以考察其机智程度和应变能力。

（5）综合式面试。主考官通过多种方式综合考察应聘者多方面的才能。如用外语同应聘者会话以考察其外语水平，让应聘者抄写一段文字以考察其书写能力，让应聘者演讲一段课文以考察其演讲能力，或要求应聘者现场操作计算机或传真机，等等。

面试官：5 000个橘子只有一个没毒，怎么分辨？

面试是分批次的，四个人一组。面试官说："5 000个橘子只有一个没毒，你会怎么分辨？"在座的几个人当场就懵了。不过面试官似乎也没有给他们太多的考虑时间，直接让他们回答问题。

第一个应聘者回答道："这什么题目啊，与面试有关，还是与我们以后的工作有关？难不成公司是卖橘子的？今天我不面试了。"说完就走了出去。

第二位应聘者，他说："用仪器检测吧，现在的仪器都比较先进，所以，如果是我，我会去检测的。"

第三个应聘者，他说道："5 000个橘子？这检测也不知道要检测到什么时候呢，我不知道，不过我还不想走，我想知道最后的答案是什么。"

小刘是第四个应聘者，小刘思考了一下，他说："我觉得5 000个橘子，只有一个有毒，那还检测它干啥？卖都没法卖，不如全部丢掉呢，太浪费时间了。"

面试官听到这个答案，露出了微笑，最终录用了小刘，面试官觉得小刘的思维很有跳跃性，这个岗位需要的就是这种人。有的时候作为一个销售不能太死板，换个思路说不定就会找到新的答案。

——摘自百度百家号勤奋是今天的热血

这是一个典型的问题式面试，其目的是观察应聘者在特殊情况中的表现，以判断其解决问题的能力。鉴于目前面试问题的灵活化趋势，建议同学在准备面试问题时，

培养和锻炼自己的发散思维能力。

3. 面试礼仪

（1）守时。这是职业道德的一个基本要求，提前 10~15 分钟到达面试地点效果最佳。迟到会影响自身的形象，这是不尊重他人、不尊重自己的表现。

（2）等待。在等候区耐心等待，不要擅自走进面试房间。

（3）进门。听到叫名，敲门进入，敲两三下是较为标准的。

（4）入座。向面试官鞠躬行礼，面带微笑称呼一声"老师好"。坐椅子时最好坐满三分之二，上身挺直，这样显得精神抖擞；保持轻松自如的姿势，身体要略向前倾。不要弓着腰，也不要把腰挺得很直，这样反倒会给人留下死板的印象，应该很自然地将腰伸直，并拢双膝，把手自然地放在膝盖上面。

（5）交谈。

①公务凝视区域：以两眼为底线、额中为顶角形成的三角区。

②社交凝视区域：以两眼为上线、唇心为下顶角所形成的倒三角区。

③亲密凝视区域：从双眼到胸部之间。

如果有几个面试官在场，说话的时候要适当用目光扫视一下其他人，以示尊重。

（6）告别。再次强调你对应聘该项工作的热情，并感谢对方抽时间与你进行交谈。表示与主考官们的交谈使你获益匪浅，并希望今后能有机会再次得到对方进一步的指导，有可能的话，可约定下次见面的时间。记住了解结果的途径和时间。

小资料

交谈中的礼仪

首先，诚恳热情。把自己的自信和热情"写"在脸上，同时表现出去对方单位工作的诚意。

其次落落大方。要把握住自己，应答时要表现得从容镇定，不慌不忙，有问必答。碰到一时答不出的问题可以用两句话缓冲一下："这个问题我过去没怎么思考过。从刚才的情况看，我认为……"这时脑子里就要迅速归纳出几条"我认为"了。要是还找不出答案，就先说你所能知道的，然后承认有的东西还没有经过认真考虑。考官在意的并不一定只是问题的本身，如果你能从容地谈出自己的想法，虽然欠完整，很不成熟，也不致影响大局。

最后谨慎多思。回答提问之前，应对自己要讲的话稍加思索，想好了的可以说，还没有想清楚的就不说，或少说，切勿信口开河、夸夸其谈、文不对题、话不及义。

 小资料

怎样让面试官重视你

让面试官重视你的最佳方式：语言就是力量，气质高雅与风度潇洒。

风度总是伴随着礼仪，一个有风度的人，必定谙知礼仪的重要，既彬彬有礼，又落落大方，顺乎自然，合乎人情，外表、内涵和肢体语言的真挚融合为一。每个人都有自己的形象风格，展现自我风采的另外一个重要因素便是自信，自信可体现出一种独特的自然魅力。

在展现语言方面，自我介绍是很好的表现机会，自我介绍是面试实战非常关键的一步，因为受到"首因效应"的影响，这2~3分钟的自我介绍，将是你所有工作成绩与为人处世的总结，也是你接下来面试的基调。

自我介绍应把握以下几个要点。

首先，要突出个人的优点和特长，并要有相当的可信度。

其次，要展示个性，使个人形象鲜明，可以适当引用别人的言论，如老师、朋友等的评论来支持自己的描述。

再次，坚持以事实说话，少用虚词、感叹词之类。

最后，要符合常规，介绍的内容和层次应合理、有序地展开。

4. 面试中仪容仪表的要求

仪表往往左右着招聘者的第一印象。穿着、仪表是一个人内在素养的外在表现，得体的打扮不仅体现求职者朝气蓬勃的精神面貌，表示求职者的诚意，还有意无意反映着一个人的修养。

 小资料

家境很好的应届毕业生小林去某单位应聘。在面试前，她对自己的仪容和服饰做了精心准备，穿上一套价值上千元的高档新潮服装，带上价值不菲的耳环、项链和戒指等首饰，还请美容师帮忙化了个浓妆。当她出现在面试现场时，几位面试官都睁大了眼睛看着她，以为是哪位明星走错了地方。

 "我"的观点

拥有良好的仪容和服饰是取得用人单位良好第一印象的前提。在仪容方面要求求职者保持良好的精神面貌，女生应该化淡妆，服装必须与准上班族的身份相符，

端庄整洁、自然大方，尽量少佩戴或不佩戴首饰，不要在服饰上给人花枝招展的感觉。小林在服装、首饰、化妆等方面都违背了面试仪容仪表应遵循的原则，以至于适得其反。

面试仪容仪表小细节

第一，整洁最重要。头发和指甲要干净，衣服要整齐，皮鞋要擦亮。

第二，不要标新立异。凡是令年长的人觉得不顺眼的服饰，不予以考虑。

第三，应根据应聘的公司和职位选择服装。运动装、凉鞋、背囊之类都是不适宜的。若应聘的是文职，男士最好穿西装，女士最好穿套裙。若应聘技术一线的工作岗位，西装就不适宜了。

第四，提前准备。在面试前一天才理发，未必能达到最佳效果；面试前两星期做头发，面试时会比较自然。

第五，勿穿新衣。面试是紧张的场合，若穿一套完全不习惯的衣服，应聘者往往会更不自然。勿浓妆艳抹。女士若化妆或佩戴饰物，应该适可而止；男士不要用香水、佩戴手镯之类的东西。

第六，勿挑逗暴露。太短的裙子、低胸上衣、紧身衣裤，对女士都不适宜。

第七，舒适原则。不论穿戴什么，都应以自然和习惯为原则。

第八，检查。面试前几分钟，到洗手间进行全面的检查。理理发型、整理衣服、补妆、抹汗等等，这样能给主考官留下良好的印象。

某同学应聘企业管理岗位，聘者不小心把应聘者的简历放在市场营销里了，下面是聘者与应聘者的一段对话。

应聘者："杨先生，我应聘企业管理岗位，但怎么被安排到市场营销部门这里面试？"

聘者："啊，真对不起，是我的疏忽，把你的简历放错了。那么，我想问你，你应聘企业管理的哪个岗位？"

应聘者："办公室管理或者行政管理，您看怎么样？"

聘者："请问你了解办公室工作或行政工作吗？"

应聘者："行政工作就是进行企业管理工作，请问咱们公司办公室的工作都有哪些方面的内容？"

聘者："办公室工作细密琐碎，办公室主要是为各部门员工服务的一个部门，很辛苦,但还不一定显成绩,你觉得你愿意从事这样的工作吗?"

应聘者:"那么,咱们公司的市场营销的工作怎么样?我可以试一试吗?"

聘者:"你觉得你从事市场营销工作有什么优势吗?"

应聘者:"我善于协调各种人际关系。我的演讲才能也不错,您也许能从我的交谈中感觉出来。再有,我的学习能力十分强,这是知识经济时代中人才竞争的资本。"

聘者:"那么,你告诉我什么叫市场营销?"

应聘者:"市场营销比销售大一些,市场营销还要涉及研究、开发、生产、销售等方面。"

聘者:"还有吗?"

应聘者:"市场营销比销售高级一些。"

聘者:"你能告诉我市场营销的'4P战略'是什么?并告诉我4P的英文。"

应聘者:"产品Products、渠道Place、价格Price、推销……"

聘者:"你能告诉我市场营销与销售的出发点有何不同吗?"

应聘者:"销售是往外出卖产品,而市场营销是有组织有计划地销售自己的产品。"

聘者:"NO,很抱歉,我不能给你机会,因为你出错的地方太多了。"

应聘者:"您能不能再问一些问题,跟我再谈一谈?"

聘者:"NO!"

上面应聘者的失误在哪些方面?假设你是应聘者,应该注意哪些问题?

 **自我评估**

面试过程中,大致会遇到以下问题,请自问自答后,思考一下在实际面试前,你应该如何去回答呢?

(1) 我们为什么要雇请你呢?

(2) 你认为自己最大的弱点是什么?

(3) 你喜欢的课程是什么?为什么?

(4) 你最不喜欢的课程是什么?为什么?

(5) 你能为我们公司带来什么呢?

(6) 最能概括你自己的三个词是什么?

(7) 你为什么来应聘这份工作?

(8) 你对加班有什么看法?

(9) 你对我们公司有什么认识?

(10) 你有想过创业吗?

(11) 告诉我三件关于本公司的事情?

(12) 你有什么需要问我的问题吗?

面试官：客户五个人，可你车上只能坐四人，你怎么办?

随着社会的发展，面试已经从以前单纯的考验专业能力发展到了考验各方面因素，很多面试官都会想方设法地去问你各种奇奇怪怪的问题！他们从这些问题上面能看到一些不一样的东西！

老板都喜欢全方面发展的员工，也就是意味着你必须有各方面的能力！然后还得善于沟通，处理问题、解决问题！情商也得高！职场不是你专业能力高就好了，而是看你个人能否在工作环境中游刃有余。刚毕业的大学生王强，收到一家大型公司的面试邀请，去到公司后发现还有两个人和他一起面试，面试官在询问了他们一些基本的问题后，在最后问了一个这样的问题让他们都摸不着头脑。

面试官问道："客户五个人，可你车上只能坐四人，你怎么办？"

和王强一起面试的几个面试者都有点蒙了，一下不知道该怎么回答这个问题，都陷入了深深的沉思之中。

让大家想了一会儿，第一个面试者是个女孩，回答道："面试官你这个问题纯粹就是在调侃我们，这个根本就不可能嘛！不行就只能挤挤了，你这就是在浪费我们时间，你这公司不待也罢！"说完就走了。

面试官摇摇头，没说话，看向第二个面试者。

第二个面试者，想了一会说道："五个客户只能坐四个人，那我给另一位或者两位客户约一辆滴滴车就好了，这有时候也是可以理解的！"

面试官听完笑了笑，看向第三个面试者。

第三个轮到了王强，王强想了一会儿说道："首先的话，既然在一开始就已经确定了是五个客户的话，那么我在找车的时候肯定是会找一个大一点的车，而不是找一个四座的，相信即使再叫一辆车，那多出的一个人也不愿意独自过去坐。这样不仅浪费而且人家也不舒服。而五个人如果要挤着去的话，这样也不安全，相信司机也不愿意。所以我会在去之前就订好一辆大一点的车，让所有人都可以坐在一块。"

面试官听完以后，很是欣赏，略作考虑后，便直接决定录用王强，王强也因此获得了自己心仪的岗位。

确实既然明知会有这样的尴尬，为何不提早做出应对，一个面试者或者是职场的新人，在考虑事情的时候一定要全面，并且尽可能将许多细节方面的东西都考虑进去，这样的话才能更好地在公司做下去。

——摘自百度百家号职场精英畅谈

第三节　就业能力准备——让第一份职业更出色

"民以生为本，以业为基，有业为乐，无业为祸。"每个学生都希望自己在社会上能有一个合适的位置,服务社会,展现自身价值。机遇总是留给有准备的人。学生在就业前除了具有一个务实的心态、掌握求职面试常识之外,还需要在就业能力方面做好哪些准备呢?

×××学院跟岗实习问卷调查表

同学们,你们好:

学校组织你们在×××汽车集团控股有限公司实习实训,为了更全面地了解大家的实习情况,为以后的实习以及就业提供更好的指导和建议,请认真填写问卷调查表,在所选答案序号上打"√",感谢大家的配合。

(1) 在为期5周时间的实习中,你觉得哪段时间你最不适应?
□ 第1周　　　□ 第2~3周　　　□ 第3~4周　　　□ 第4~5周

(2) 什么原因使你这段时间不适应?
□ 生产量　　　□ 体力　　　□ 心理　　　□ 人际关系沟通

(3) 从第几周开始,你感觉身体出现疲惫现象?
□ 第2周　　　□ 第3周　　　□ 第4周　　　□ 第5周

(4) 当你感到身心疲惫时,是什么能帮助你度过"极点"慢慢适应?
□ 意志力　　　□ 工资　　　□ 同学老师的鼓励

(5) 在日常的生产实习中,你感觉什么是你最大的困难?
□ 生产环境　　　□ 人际关系　　　□ 生理和心理的不适　　　□ 倒班

(6) 你认为跟岗实习的时间多久为最佳?
□ 一个月　　　□ 三个月　　　□ 半年

(7) 在实习过程中,你是否按要求正确穿戴好劳动保护用品?
□ 偶尔　　　□ 经常　　　□ 从不　　　□ 一直

(8) 在跟岗实习中你是否受伤?
□ 是　　　□ 否

(9) 出现伤害大概在第几周?
□ 2　　　□ 3　　　□ 4　　　□ 5

(10) 通过这次实习,你收获最大的是什么?
□ 薪资　　　□ 增长见识　　　□ 锻炼个人能力　　　□ 适应工厂环境

(11) 通过这次实习,你感觉自己在哪方面缺乏锻炼?
□ 与人交流　　　□ 为人处事　　　□ 体能缺乏　　　□ 意志力

(12) 通过这次实习你认为我们理论课程是否在实习中得到运用？

□ 没有　　　□ 基本可以　　　□ 充分运用

(13) 通过实习你认为我们理论课程应该多开设哪些方面的课程？

□ 专业课　　□ 意志力的培养　　□ 体能的培养　　□ 心理的培养

(14) 通过本次实习，你对将来的计划是什么？

□ 升学　　　□ 就业　　　　　□ 创业

为了以后能更好地开展实习工作，请你提出（对学校、企业）宝贵的意见：＿＿＿＿＿

＿＿

情景分析

上面是一位有责任心而且经验丰富的辅导员在陪伴学生5周的跟岗实习后制作的问卷调查，其目的是了解学生在实习过程中的真实想法和具体感受，回到学校后又针对性地对学生进行引导、指导，并为以后的顶岗实习奠定基础。

其实，通过这份问卷，我们会看到，学校和企业之间在人文环境、工作内容、工作要求上有诸多不同，怎样才能让学生尽快适应企业的环境，理解和认同企业的工作要求和职业价值观？必须采取各种途径锻炼和培养学生，以实现学校与企业的无缝对接，让学生尽快适应工作。

知识泉眼

（一）尽快进入新的角色

惯性一般是对物体而言，其实，人也有惯性。从上小学，到大专毕业最少经历了15年，在这15年里，你的角色就是学生。但工作后，你必须正视一个现实，此时的你是一名正式的员工，虽有惯性，但必须事先做好准备，在工作中力求表现出色。

1. 从零做起，从基础做起

从一个天之骄子的学生，转变为一个普通的企业员工，这一角色的转变要抛开浪漫、抛开幻想，要认识自己所处的真实地位和严酷的社会现实，要实事求是地面对就业。不能把学校、家庭、亲友及同学所给予的关心、呵护、尊重当成是社会的最终认可。要摆正自己的位置，客观、冷静地进入工作状态，认识社会、了解社会，以自身的实力，积极主动地去适应社会需要，正确地迈出人生这关键的一步。

小资料

适应角色转变，踏实工作

陈同学是2004年7月毕业于旅游管理专业的一个本科生，现在南昌的五星级五湖

大酒店担任人力资源部副经理。

陈同学说旅游管理学科是随着我国旅游经济和旅游产业的发展而建立的一个新型学科。旅游管理专业毕业生就业主要面向旅行社、酒店以及与专业相关的政府机构。不管毕业生是本科还是专科（高职），到了单位都必须从基层干起，从端盘子倒水做起。

这个专业需要跟人沟通的工作多，所以性格外向、开朗、活泼的学生更适合学习本专业。但是通常要求管理人员要从服务员做起，因为要做高层管理者，必须要有基层经理、服务员的经验，否则，很难做好工作。在国外，酒店中高级管理人才一般都需要5~10年的一线服务经历。做旅游管理专业，首先做好心理准备，要做好吃苦的准备。刚开始什么都不会，工作待遇不会好到哪里去。在学校舒服的日子已经过去了，加班的日子来啦。好的心态可以帮助你坚持下去，不要过多抱怨。

要感恩，要感谢你的公司要了你，让你有一个安宁的工作和生活环境。

要做好自己的本职工作。和同事搞好关系，他们是你学习成长的榜样。

要学会帮助别人，没有任何一个人有责任教你东西。

要善于学习。

要相信在大部分情况下，能力是等于薪水的。

要踏实，不要总想着跳槽，特别是刚开始。

每一个人新进一个公司都有一个适应期，不会那么容易完全融入的，这就是适应期。不要把自己时间都浪费在每一公司的适应期上。在一个公司要待上一段时间才能真正学到东西。

——摘自百度文库

"我"的观点

学生毕业后无论做什么岗位的工作，都需要专业知识、转强的个人能力和丰富的基层工作经验。所以，角色的转化是必需的，只有角色转化了，你才能踏实地做好基层工作，积累经验，积极创新，最后才能获得成功。服务员到酒店高管、企业生产线员工到公司段长、销售员到销售总监等等，这些都是大家努力的方向。

2. 做得更好，做到最优

日常工作中，很多事情所有的人都能做到，但是能不能做到更好，就显示出了一个人的敬业度和责任感。对于员工来讲，只有想做、想做好、想做更好的员工才是有价值、有潜力、有前途的员工。这样人才在公司绝对是个人才，公司对他付出肯定会有回报，因为他处处为工作着想。

 小资料

优秀员工的基本素质与特征

同一批员工进入企业以后，会产生"分化"现象，一部分人会很快离开企业，另一部分人会留下来继续为企业服务，其中有少部分员工会逐步成长为企业的骨干、领到越来越高的工资。这些优秀员工都有什么样的特征、具备什么样的素质？通过近段时间在制造类企业进行的调查，我们从一线管理者口中找到了答案，企业高工资员工往往具有以下三种基本的素质与特征。

第一，规矩意识。那些在企业工作很长时间并获得高工资的人都是守规矩的人。所谓守规矩，就是能遵守企业的各种规定，特别是生产规定，能服从企业的安排踏实做好工作。具体到制造类企业，就是能严格地执行7S管理，这些员工总是把工作环境收拾得整整齐齐，细心维护自己的设备与工具，使它们处于良好的工作状态。管理者还发现，这些员工在自我管理方面是自觉自愿的，不用外来的检查督促，因为这样做，"他们自己感觉舒服"。规矩意识实际上是人的一种素养，员工有规矩意识，企业的管理成本就会大大降低，因此企业自然愿意为他们支付更高的工资。对企业而言，这样的员工越多，企业的品质也就越高。

第二，改进思维。在制造类企业，许多生产流程都机械化、自动化了，但对于员工来说，并不是不需要思维，而是对于思维的要求更高了。以数控加工为例，生产产品的过程是一个可以不断优化的过程，所谓改进思维就是这种优化的思维。那些在企业拿到高工资的员工，在生产过程中会不断地去思考生产的环节，哪些方面可以改进，如工艺流程、工具装夹、物品摆放等，这样的改进可以不断降低成本、减少生产时间，从而获得效率提升。改进思维本质上是一种创新性思维，对于员工个人而言，他们可以用同样的时间生产更多更好的产品；对于企业来说，他们的个人改进会成为企业共同的经验，推动企业的技术落地与进步。

第三，"肯做"品性。企业最喜欢吃苦耐劳的员工，也最需要吃苦耐劳的员工。在管理者眼中，他们最希望员工"肯做"。肯做有两个方面的含义：一是为了更高的收入，愿意付出更多的时间加班加点；二是愿意为企业分忧，在企业人员不足或是赶工等情况下，会主动承担更多的工作。肯做的员工一般都有比较好的品性，这类员工与其他员工之间一般相处得都比较融洽，与管理者之间的关系也相对和谐，在一个小的团体内往往起到带动风气的作用。肯做是一种比较稳定的品性，当一个员工进入企业成为一个"肯做"的人，往往也是这个员工逐步成熟的标志，他更多地承担起了"家庭"的责任，这些员工是企业的稳定器。

——摘自百度知道

 **"我"的观点**

优秀员工的这三种素质是一致的。7S管理做得好的员工一般都"肯做",他们多数是会去钻研的人,在工作经验中发现改进的机会,使"活儿干得越来越好"。事实上,这三种品性也暗合工匠精神的本意,投入最多的时间与努力做一件事,恪守规矩与本分,并把它做得越来越好。

(二) 处理好人际关系

相信很多人会说,没问题啊,我人缘很好呢!一般情况下在同学中人缘就很好的学生在职场上也不会太差,因为凡是有人群的地方就会有人际关系,人缘好,说明你懂得尊重他人,善于换位思考,乐于帮助别人,不斤斤计较。但是职场上的人际关系肯定与学校同学之间的人际关系有不同点,需要同学们事先做好准备,遵守职场中规则,一定要低调做人,高调做事。保持自查自省的良好习惯,拥有良好的人际关系,才会在工作中如鱼得水、挥洒自如。

 小资料

刘女士是一位业务精湛的中学教师,却因过分内向、自卑、敏感而遭遇了人际关系的尴尬。同事在一起有说有笑,当她不存在一般,即便是她主动找人说话,别人也是爱答不理。于是,痛苦不堪的小刘不断吃东西,借助满足口欲来寻求内心的平衡和补偿,之后却因体重增加而更加焦虑,由此陷入恶性循环,最终患上神经性贪食症,并产生严重的抑郁情绪,造成心理和生理的双重危害。

——摘自百度贴吧

 **"我"的观点**

人际交往的黄金规则是"像你希望别人如何对待你那样去对待别人"。

在人际交往方面要注意:创造良好的第一印象,微笑是无往不胜的"通行证",要表现出真诚、自信,赢得对方的信赖;学会赞美、感恩、欣赏、包容、与人合作,善于借用他人的智慧,让自己融入团体中,无论遇到什么情况,都要尽量做到不发"火",展现出自己的大度和涵养;时刻保持积极进取的态度,拥有不断学习的能力、达到不断提升自我的境界。

小资料

人际相处小贴士

以下内容比较能够全面地说明和公司同事相处时应该注意的一些问题,但愿对你们能有所启发。

(1) 无论发生什么事情,都要首先想到自己是不是做错了。如果自己没错,那么就站在对方的角度,体验一下对方的感觉。

(2) 让自己去适应环境,因为环境永远不会来适应你。即使这是一个非常非常痛苦的过程。

(3) 学会赞美。好的夸奖,会让人产生愉悦感,但不要过头到令人反感。

(4) 有礼貌。打招呼时要看着对方的眼睛。

(5) 有一颗平常心。没什么大不了的,坏事要往好处想。

(6) 不要把别人的好,视为理所当然,要知道感恩。

(7) 遵守时间,但不要期望别人也遵守时间。

(8) 信守诺言,但不要轻易许诺。更不要把别人对你的承诺一直记在心上并信以为真。

(9) 不要向同事借钱,如果借了,那么一定要准时还。

(10) 不要推脱责任(即使是别人的责任,偶尔承担一次又能怎么样啊?)。

(11) 在一个同事的面前不要说另一个同事的坏话。如果有人在你面前说某人坏话时,你要微笑。

(12) 经常帮助别人,但是不能让被帮的人觉得理所应当。

(13) 对事不对人;或对事无情,对人要有情;或做人第一,做事其次。

(14) 经常检查自己是不是又自负了,又骄傲了,又看不起别人了。

——摘自百度文库

(三) 自我调适

1. 抗压能力

在职场中,工作的抗压能力也是你工作能力的一种,良好的抗压能力,也能够帮助自己在人群中脱颖而出,那么对于刚入职场的小白来说,如何才能够提高自己的职场抗压能力呢?首先,要对初入职场会遇到的问题有一个清醒的认识,做好心理准备;其次,找到解决抗压能力的职场法则。

快速融入企业,提高抗压能力

(1) 第一周要注意的事项。记住人名、询问哪里可以吃午餐、向同事做自我介绍,并设法了解你的主管以及主管的顶头上司各是个什么样的人。

(2) 牢记人名。尽可能在一个人独处时,随时记下你所遇到的人的姓名和头衔。下回你再遇到他们时,直接叫出他们的名字不但能够取悦对方,还有助于你建立良好的人际关系。注意听别人怎么称呼他人。例如,同事们是否彼此只叫名字?称呼主管时要不要冠上职称?

(3) 学习公司的文化。公司跟人一样,有它独特鲜明的性格。每一家公司自有它的一套价值制度、可接受与不可接受的行为模式、奖惩办法、好恶、令人崇拜的人物、为人不知的事情。所以在你准备大展才华之前,不能不对公司的文化与性格有所了解。对于积极向上的公司文化,你要努力学习,对于一些负面的东西,第一不接受、第二不介入,但从中学习汲取教训。

(4) 谨慎行事。初到单位,尽量做一个倾听者。保持亲切有礼的态度总是对的,但是不要在初次与人认识后,就勉强去发展密切的友谊关系。不要轻易向人吐露心事,也别随便坦述内心深处的想法。

(5) 跟主管建立融洽的关系。试图领会你的主管要的是什么。他喜欢简单明了的说明,还是喜欢长篇大论的解释?他喜欢你巨细无遗地报告所有问题,还是只听重点?他很在乎守时与工作有没有如期完成吗?了解主管的"做事模式",可使你成为主管心目中的得力助手。

(6) 话到嘴边留半句。《祈祷书》上有一句祷词:"让我的口舌远离中伤诽谤的话语。"这句祷告语也非常适用于工作场所。当你还在念大学时,你也许可以大肆抨击教师、校园的行政人员,可是一进入公司,若对你的主管口出恶言,可能会让你的事业毁于一旦。

——摘自百度知道

"我"的观点

你对新工作的兴奋与憧憬,可能很快就会因你的不适应或者与你的期望有差距而被产生的不满情绪替代。这是正常的或者说是司空见惯的事情。毕竟,新的工作已经改变了你原来舒适的生活方式。有了工作以后,私人时间变少了,日常的生活步调也变得难以控制。当你觉得怀才不遇时,也许你正处于缺乏安全感与对自我不肯定的状况。面对这段自我要求高的时期,你对自我本身以及将来应有切合实际的期望。由于是一个新人,你可能被分派给最不好的任务,被要求花更长的时间工作,甚至你领的薪水还很低。实际上，所有的专业领域都会有新人，因而这种情况不能算是要求过分或者不公平。你要做的就是培养适应岗位需求的能力，培养与企业文化一致的职业价值观，能够出色完成自己的本职工作。

2. 受挫能力

"这世界没有能喝酒的人，只有能扛的人！"可以说是《士兵突击》中最经典的一句话。扛得住，对职场新人来讲，则体现在抗压能力强之上。

（1）虚心接受领导批评。没有一个新人是不需要培训、不需要历练就完成好本职工作的，这里有经验的问题，也有将书本上的知识转化为工作能力的问题，所以即使你很努力、很用心，也可能会受到领导的批评。一名大学生自恃自己名牌大学毕业又有能力又很努力，在领导批评几句后立马辞职走人。这样的高才生估计下一份工作也不会长久。年轻气盛，受不了一点委屈，把自己的尊严放得过大，这不会提升你的工作业绩，对自己的成长也没有半点好处。正确的做法是要懂得调整自己的心态，适时收起自己的小自尊。

 小资料

积极面对领导批评

有个做汽车电话销售的学生跟老师诉苦，说公司的销售经理天天盯着他的电话量和新客户开发数量，基础工作数据一天没达标，就是一通批评，毫不给面子，好像故意找他的不是，他为此很苦恼，有了不干的想法。

老师送给他一句话："玉不琢，不成器，经理批评你说明你是个好坯子，玉坯是经过长时间的雕琢、经过一次又一次的敲打，才变成美轮美奂、人见人爱的玉器。"

学生听了之后，如释重负，回去后严格按照公司要求认真工作，经过一年的努力，现在已经成长为他们公司的销售主管。

——摘自百度百家号

 "我"的观点

在各大招聘网站关于销售人员的招聘广告中，受挫能力强是必备条件，只有这样，才能在对手嚣张、士气低落、业绩糟糕、客户背叛、上司批评、同事误解的情况下，依然信心满满、越挫越勇。

（2）相信自己，不要惧怕竞争。刚毕业的大学生，入职后，我们会发现一些老员工没有我们学历高，这会给我们一个错觉：我应该比他们强很多，自视甚高。可时间

却会残忍地打击你，我们会发现自己"一无是处"。

此时，我们应该始终保持自信。首先，自信使自我优势得以发现，相信自己有能力做，你就会努力尝试，勇敢地去实践，尝试和实践的过程就是纠正自己自卑的认知或夸大难度的认知过程，也就是发现自己优势的过程。其次，自信使自己的潜能得以发挥，"唉，其实，只要我再努力一点，就不会……"当你发出这样的惋惜，是否曾经想过，当初的那一丝懈怠，使机会和你失之交臂的重要原因就是你对自己没有足够的信心。工作也是如此，只要你相信自己，就一定能做好。

 小资料

小张在2017年的冬天入职某公司担任质检员，天气的寒冷及工作的不适应都在考验着初来乍到的他，面对全新的岗位，第一感觉就是一个人忙不过来，好难，由于刚开始的不适应，再加上工作不熟练，难免会遭到领导的指点与批评，越学习越感觉职责的艰巨，害怕无法胜任这个工作的想法悄悄爬上了他的心头，导致越学越急躁，一度产生辞职的想法。面对这种情况应该如何战胜恐惧呢？看到别的师傅都能熟练操作，不停地给自己打气"别人行，我也可以"，抱着这种心态开始一点点学习和摸索，虚心请教，一步步地克服工作中的困难，当他真正成为一名合格的检验员时，那种胜利的喜悦溢于言表。

通过这件事以后小张无论从事哪个岗位都能全力以赴，因为他明白困难并不可怕，可怕的是消极的态度，生活态度消极的人事事不顺心，事事只会埋怨而不去改变；生活态度积极的人，内心必定充满活力，即使是突然下起的暴雨，小张也认为是上天赐予的甘霖；再大的困难他都不以为意，因为事情再麻烦，他也会笑着说"没关系，小事一件"，面对生活中的种种不幸，不要抱怨，因为一味地抱怨根本解决不了任何问题。

——摘自百度知道

 "我"的观点

其实每一个困难与挫折，都只是生活中必然的跌跤动作，我们不必太过惊慌难过，只要心里牢记"挫折就是迈向成功应缴的学费""困难是上天掉下来教你成长的礼物"，坚信自己能够战胜困难和挫折，就会实现你职业生涯的新目标。

（四）职场礼仪

礼仪是普通人修身养性、持家立业的基础，而职场礼仪的重要性从某种意义上讲，比智慧和学识都重要，职场礼仪，是指人们在职业场所中应当遵循的一系列礼仪规范。

学会这些礼仪规范，将使一个人的职业形象大为提高。职场礼仪包括职场仪容仪表礼仪、握手礼仪、道歉礼仪、电梯礼仪、着装礼仪、商务餐礼仪，等等，初入职场最应该引起重视的是着装礼仪和上下班礼仪。

1. 着装礼仪

着装要清洁整齐，上班要穿正装或职业装，工服装整齐干净，纽扣要齐全扣好，不可敞胸露怀，衣冠不整，不洁。工牌或司标要佩戴在左胸前，不能将衣袖、裤子卷起，女工作人员穿裙子，不可露出袜口，应穿肉色袜子。系领带时，要将衣服下摆扎在裤里，穿黑皮鞋要保持光亮。

切忌，女生穿得太暴露或者太花哨，男生穿短裤或者拖鞋。

 小资料

在一场宴会中，有一个女孩子戴了四枚戒指，一枚是绿色翡翠的，一枚黑色玳瑁的，一枚咖啡色玛瑙的，一枚彩色玫瑰金的。耳环则有两组：一紫一蓝。远看像棵圣诞树，近看像个杂货铺。戴的饰物质杂色乱，串了味了！

——摘自百度文库

 "我"的观点

职场礼仪方面，外在形象问题也不容忽视。形象设计其实就是一个穿着打扮、言谈话语、举止行为。要注意同质同色原则，其具体含义是：质地色彩要相同，搭配要协调。

2. 上下班礼仪

在上下班的过程中是最能发现一个人是否有礼貌、懂礼节，因为在上班、下班的时间段要经历或遇到很多场景，比如乘坐电梯、遇到客人、碰见领导等。

（1）电梯礼仪。乘坐电梯时，应先出后进，并让领导、长者或客人先进电梯，等候电梯时应站立在电梯门口的右侧，出电梯时也应从右侧走出，这样就避免了相互拥挤。

楼层按钮用手请按一下即可，不能反复乱按，更不能用伞柄、钥匙等物品来代替你的手指。当遇到人多不方便按按钮时，麻烦按钮附近的人帮忙按下楼层按钮。

在电梯内不应大声喧哗、嬉戏或者打电话。

（2）行走礼仪。行走应轻盈稳健，不可摇头晃脑，更不能边走边吃，不要东张西望，三人以上不要横排行走，不要与熟人搂腰搭背行走。因工作需要必须超越他人时，要礼貌致歉，说声对不起。同时注意以下几点。

①尽量靠右行，不走中间。

②与他人相遇时，要点头示意。

③与他人同行至门前时，应主动开门让他们先行，不能抢先而行。

④同事或顾客迎面走来或上下楼梯时，要主动让路。

（3）问候礼仪。不仅仅是对新入职的员工，在日常的工作中也要遵守问候礼仪。因为问候是敬意的一种表现。当问候他人时，在具体态度上需要注意以下几点。

①主动。首先是积极主动问候他人，其次是对他人的问候要立即回应。

②热情而友好。

③自然而大方。

 小资料

上下班礼仪

上班的第一个礼仪是要遵守"工作守则"。

工作场合，应当遵守"工作守则"和与公司签订的劳动合同，通常"工作守则"会包括公司对员工的一些常规性的规定，比如：上下班时间、假日、休假制度、工资、服务规则以及奖罚制度等。

（1）提前5分钟到岗。

上班应当准时，上班时间最晚也要提前5分钟到岗，做好上班前的准备工作。不能到了上班时间才匆匆忙忙跑进办公室。看到上司和同事应当积极主动打招呼，如果别人先和你打招呼，应当精神饱满地回应。

（2）下班礼仪。

员工下班时，如果办公室还有同事在工作，你就得向同事告别，说××，我先走了之类的话，以示尊重。

（3）想要休假。

如果在别人都要工作时候提出休假，最好在一个星期之前向上司提出，得到允许并且有人接手你休假时的工作时才能离开，要尽量做到不给别人增加太多的困难。

原则上不应当在工作业务最繁忙的时候申请休假。如果休假时间比较长，应当在提交申请前，尽早和上司商量。休假结束后，应当及时上班，上班时向上司和同事表示歉意和谢意。

——摘自百度文库

 "我"的观点

上班不能迟到。迟到是办公室礼仪中最低档次的违规，是一种相当可耻的行为，会被认为是不成熟的举动。当你发现自己要迟到的时候，务必在上班前和上司联络，

在道歉的同时报告上班的确切时间。如果因为身体不适无法上班，应当及时告知上司，同时要考虑到当天要做的工作会不会因为你的缺席而无法进行，禁止无故缺席。请假时应当这样说：因为感冒发烧了，我想现在去医院，可以请一天假吗？通常情况应该由本人亲自打电话请假，除非是病重才可以让别人代为请假。请假的第二天上班后，应当向上司和因为你请假而受到影响的同事道歉。

职场礼仪知识竞赛

（1）讲究礼仪的原因，用一句话概括为（　　）。

A. 内强素质　　　B. 外塑形象　　　C. 增进交往　　　D. 使问题最小化

（2）在商务礼仪中，男士西服如果是两颗扣子，那么扣子的系法应为（　　）。

A. 两颗都系　　B. 系上面第一颗　C. 系下面一颗　D. 全部敞开

（3）商务场合女性的头发最长不应该长于（　　）。

A. 耳部　　　　B. 颈部　　　　C. 腰部　　　　D. 肩部

（4）商务场合中女士穿着套裙的四大禁忌不包括（　　）。

A. 穿黑色皮裙　　　　　　　　B. 裙、鞋、袜不搭配

C. 穿白色套裙　　　　　　　　D. 三截腿

（5）在商务交往过程中，务必要记住（　　）。

A. 摆正位置　　B. 入乡随俗　　C. 以对方为中心　D. 以上都不对

（6）在与人交谈时，双方应该注视对方的（　　）才不算失礼。

A. 上半身　　　　　　　　　　B. 双眉到鼻尖的三角区

C. 颈部　　　　　　　　　　　D. 脚

（7）在公共场合，人际交往的距离应以（　　）为宜。

A. 半米之内　　B. 0.5～1.5米　C. 1.5～3米　　D. 3米以上

（8）一般握手的时间为（　　）秒。

A. 3～5秒　　　B. 5～6秒　　　C. 10秒　　　　D. 30秒

（9）关于握手的礼仪，下面描述不正确的是（　　）。

A. 先伸手者为地位低者

B. 客人到来之时，应该主人先伸手；客人离开时，客人先握手

C. 下级与上级握手，应该下级伸手之后再伸手

D. 男士与女士握手，男士应该在女士伸手之后再伸手

（10）在正式场合下用（　　）方式称呼对方较合适。

A. 职务称呼　　B. 代词称呼　　C. 亲属称呼　　D. 头衔称呼

（11）电话铃声响后，最多不超过（　　）声就应该接听。

A. 一　　　　　B. 二　　　　　C. 三　　　　　D. 四

（12）假定你现在接到你上级给你打来的电话，通话完后由谁先挂电话（　　）。

A. 自己先挂　　　　　　　　B. 上级先挂

C. 随意，没固定要求　　　　D. 以上都不对

（13）以下关于交际礼仪的举止行为，哪一项比较适宜（　　）。

A. 用后跟着地走路

B. 正式场合，女性文员的双腿可交叠翘成二郎腿

C. 男性在任何场合都可以戴着手套握手

D. 穿着短裙的下蹲姿势，应跨前半步后腿虚跪，上身保持挺直，蹲下时慢慢地弯下

（14）女性在商务交往中佩戴首饰时，应该注意到的有（　　）。

A. 与众不同　　B. 同质同色　　C. 不能佩戴　　D. 彰显价值

（15）办公室礼仪中打招呼显得尤为重要和突出，在职员对上司的称呼上，应该注意（　　）。

A. 称其头衔以示尊重，即使上司表示可以用名字、昵称相称呼，也只能局限于公司内部

B. 如果上司表示可以用姓名、昵称相称呼，就可以这样做以显得亲切

C. 可以直呼其名，或者用"喂""你"之类的词

D. 随便怎么称呼都可以

 小资料

做好角色转变，适应新岗位

（一）角色的转换

从学校进入社会，我们的角色发生了变化，主要表现在以下几个方面。

1. 位置不同

从学校进入社会。

2. 任务不同

在学校，以学习为主，是培养能力的过程；在企业，以工作为主，是发挥和应用能力的过程。

3. 角色不同

角色不同表现在以下几个方面。

第一，由原来的别人服务我，别人（或社会）对自己尽责任和义务转变为我服务别人，自己对别人（或社会）尽责任和义务。

第二，由父母抚养自己，向父母要钱转变为自己养活自己，并赡养父母，给父

母钱。

综合起来，最根本的变化还是责任主体的变化，即从一个责任的被动接受者到责任的主动提供者的转变，简单地说，原来由学校、老师、家庭培养我们，现在该是我们回报的时候。现在，我们必须慢慢地学会替别人想事情。

(二) 如何尽快成长为公司的栋梁

(1) 认真负责的工作态度是最基本的职业道德。不论事情大小，在做完之后，一定要先检查两遍，确认没有错漏和问题存在了再上交，这样可以提高公司对你的信任度。

(2) 做个积极主动的人，要做到以下几点。

一是主动按时完成所交代的任务。

二是主动汇报工作完成情况。

三是主动提出工作中的改进及修改建议。

(3) 尽量提前完成任务，至少一定要按时完成任务。

(4) 尽量独立完成工作。如果任何事情都是别人告诉你怎么做，你就会失去很多思考的机会，那么你永远比别人成长得慢。

(5) 学习接受别人的批评意见。批评也是一种关爱，批评使人进步。

(6) 学会克服困难。人都是在挫折中长大的，只有能不断地挑战困难并解决困难的人，才能获得比别人更快的成长速度和更大的成就。

(7) 成为该行业的行家。经常带给公司一些与众不同的资料与信息，比如行业发展的最新动态等，让公司知道你与众不同，把公司的利益放在第一位，并不断地学习与进修。

总之对工作要认真、负责、主动；对各种业务非常熟悉，达到精益求精；对同事诚恳、和善，学会协作；对自己严格，保持纯正、朴实。同学们，请相信自己，带着对未来的憧憬，踏实工作，稳步前行！

模块四

扬帆远航——创新创业指导

开拓创新，放飞青春梦想

青春，是人生中最美的那一部分，是世界上任何语言中最动人的词汇之一。青年，是国家的未来和民族的希望，是社会上最富有朝气、最富有创造力、最富有生命力的群体。

李克强总理早在2014年就号召"大众创业、万众创新"，2016年5月国务院办公厅印发《关于建设大众创业万众创新示范基地的实施意见》（以下简称《意见》），系统部署双创示范基地建设工作。李克强总理指出："推动大众创业、万众创新，既可以扩大就业、增加居民收入，又有利于促进社会纵向流动和实现公平正义"。在论及创业创新文化时，强调"让人们在创造财富的过程中，更好地实现精神追求和自身价值"。

作为职业院校毕业的你们该怎样在中国特色社会主义新时代放飞自己的梦想？

在这一模块中针对创业创新中起决定作用的细节和服务做了详细的阐述，旨在引导学生不要忽视细节，不要因小失大，引导学生要深入了解客户，了解客户内心最关心最在乎的东西。当全球都在注重质量品牌的情况下，优质服务才是客户最需要的。创业不是每个人都能做的事业，也不是每个人创业都能成功。所以在项目二中详细介绍了创业者的特质，目的是引导学生培养自己的创业特质，以便成功创业，同时介绍了创业流程，在此模块，没有详细介绍创业政策，一是因为科技的发展日新月异，创业政策也会随之更新，二是政策性的东西教师在讲授的时候可以根据学生的需求为学生进行有针对性的解读。

项目一 扬帆远航

第一节 专注细节——为创业提速

创业需要准备——选择项目、选厂址、筹集资金、组建团队、推销产品、制作创业计划书……每一项都要细致入微，所谓细节决定成败，在创业上尤为明显。

 工作情境

场景：×××寝室。

人物：评委A、评委B、评委C、评委D、评委E。

剧情如下。

（旁白）学院最近组织了文明寝室评比，要求干净整洁，物品摆放规范有序，寝室氛围对学生有引领作用。

评委A，×××寝室中的鞋子不仅都是鞋跟朝外，而且每名学生都放在床下的同一个位置，最为关键的是运动鞋在左、拖鞋在右。

评委B，×××寝室中的洗漱用品的摆放非常有特点，牙具、香皂都在脸盆的同一侧面，毛巾都是叠成统一形状，留在脸盆外面的长度也一样。

评委C，×××寝室中的床都是用天蓝色的胶纸重新缠好的，物品柜都是用粉色的胶纸贴好，感觉非常清新。

评委D，×××寝室的门擦得很干净，关键还有温馨提示——离寝三查：灯、门、窗。

评委E，×××寝室文化氛围浓厚，有学习角，有图书，有学习目标——各学科优秀率100%，有寝室精神——打造温馨、向上的家庭文化，回到"家"后，轻声细语，戴耳机听音乐。

（旁白）最后的结果和大家预想的是一样的，该寝室被评为文明寝室，而且是文明寝室中的五星寝室。

 **情境分析**

请同学们分析，回答下面问题。

评委A、B、D的评语中给我们什么启示？

评委 C 的发现，说明了什么？

在这次文明寝室评比中你学到了什么？

 知识泉眼

（一）细节概述

1. 什么是细节

细节就是细枝末节，指那些细小的，不被人注意的情节。

生活就是由一些小得不能再小、平凡得不能再平凡的小事构成。而这些不起眼的小事就是生活中的细节，都是一些重复的事、简单的事，它们也许平凡、琐碎，但正是这些生活中的小事，也许会改变一个人一生的命运。

 小资料

小事成就大事

一家大公司招聘新人，已经淘汰了好几批参加面试的人。

这时，一位年轻人走进了面试办公室。他在门口看到地上有一张纸片，出于习惯，他很自然地弯下腰捡起了纸片，看了看，原来是一张废纸，就顺手把它扔进了垃圾篓。面试过后，主持面试的公司总裁叫这位年轻人留下了，他告诉年轻人可以马上到公司参加培训，等培训合格后就可以正式上班了。年轻人自己都不敢相信，因为他知道在这次招聘过程中，进入面试这一关的都是精英，而且据他观察，其中有不少人的能力水平都在他之上。总裁看到年轻人一脸的疑惑，笑着说道："这正是我找你谈话的原因，你的能力水平确实不是所有应聘者中最好的，但是，只有你在面试时通过了一项最关键的考验——门口的那张小纸片是我故意叫人放在那里的。"

这个年轻人就是美国汽车工业之父——亨利·福特。他用自己的实际行动证明了当初那位总裁的独到眼光，

亨利·福特是幸运的,他的幸运不仅仅在于自己遇到了慧眼识英才的总裁,更在于他对每一件小事都不疏忽的认真精神。

戴维·帕卡德说:"小事成就大事,细节成就完美。"成功就是由一件又一件小事、一个又一个细节积累而成的。如果能把握住这些细节,人们就能获得成功;如果不注重细节的积累,而只想一举成功,那实在是白日做梦。

——摘自瑞文网

2. 细节的要素

(1)敏锐的观察力。观察力是指大脑对事物的观察能力,如通过观察发现新奇的事物等,在观察过程对声音、气味、温度等有一个新的认识。观察力对于一个人来说是非常重要的。敏锐的观察力可以使我们避免受表面现象的迷惑,而真正地看到事物的本质和变化的趋势。观察力,可以使一个人变得更加睿智、严谨,发现其他人不能发现的东西。

 小资料

一次意外的发现成就了大三男生的创业梦

"让消费者手持一张'消费通'卡,就可以在山东青岛不同的商店享受到会员待遇,这就是我的梦想。"为了实现这个看似不可能的梦想,今年25岁的聂名勇在读大学三年级时就和同学一起成立了自己的公司。"到目前为止我的营业额已经近100万元,去年一年我净赚30万。"在创业战场上小试牛刀的聂名勇踌躇满志,期待自己的公司有更好的发展。昨天中午,记者在聂名勇的公司里,面对面听他讲述了自己的创业故事。

"创业这两个字说说简单,像我这样的外地大学生一没钱二没经验,真要干是很难的,真正让我下决心开公司的,还是我无意间想出的一个创业点子。"聂名勇说。他上大三时有次到台东逛街,看见每个商家几乎都有会员卡,消费者只要凭卡可以享受打折优惠,甚至看到不少人有专门的卡包来装不同的卡,找起来很不方便,他突然有了用一张通用卡代替所有商家会员卡的想法。这样消费者只要持有一张全城通用的会员卡,就可以享受上千家商家的折扣服务,不同行业的商家也能因此招揽到更多的客户,这就叫双赢。

——摘自腾讯网

 "我"的观点

一次细致入微的观察,收获的不仅仅是利润,还有自信和成就感。

(2) 缜密的分析力。分析力就是把一件事情、一种现象、一个概念分成较简单的组成部分，找出这些部分的本质属性和彼此之间的关系单独进行剖析、分辨、观察和研究。缜密的分析力可以弄清事情之间的来龙去脉和内在联系，为准确的判断力打下良好的基础。

甲午海战为何失败？

中日甲午海战前，日本间谍伪装后到中国军舰上侦察。当时，中国的军舰在吨位、数量、火力上都胜于日本，举国上下一致认为中日海战中方必胜无疑。

然而，当那个日本间谍看到中国军舰的炮塔上居然横七竖八晾着短裤、袜子，就把这个细节写在情报中，并由此分析道：这是一支纪律松弛、管理混乱的军队，不会有强大战斗力。应当说，日本间谍的观察力与分析力都是正确的。果然，海战一开，中方惨败，几乎全军覆没，先进的军舰也都成了日军的战利品。

缜密的分析力，既是敏锐观察力的再加工过程，也是准确判断力的前提和依据。

(3) 准确的判断力。判断力是一个人诸多能力的综合体，它展现了一个人长期形成的习惯性的常识判断。开发判断力的必备条件包括：认清局势的本领，专注的能力，敏锐的感知能力，推理能力，估测能力，冷静的头脑，自制力，等等。一旦培养出这些特质，人就能够获得高度敏锐的悟性和实用的判断力，就能够洞悉事物的本质，并以恰当的方式处理问题。

敏锐的判断力掌握成功的契机

电影《巴顿将军》有这样的一场戏：巴顿将军率领大军疾行，大军来到一座小桥时，一辆拉了一整车物资的驴车，突然横在中央不走，导致大军无法通过，士兵们赶忙走到拉车的驴子旁边，又推又拉，但那只驴子就是寸步不移。

这时候，巴顿将军走了过来，在了解情况后，只淡淡地说了一句："推它下去！"在巴顿将军的指挥下，士兵们把驴连车一起推下了桥，大军最终顺利过桥，取得了战争的主动权，最后也赢得了该场战役。

——来源电影《巴顿先生》

"我"的观点

在强手如云的激烈竞争中，机会都是稍纵即逝的，只有先抓住它的人，才能把握住成功的契机。人总是不断地与时间赛跑、与同伴赛跑，跑在前面的人，才有机会赢得最后胜利。

当然，在竞争中，有时难免要舍弃一些东西，面对这些问题和抉择时，你必须懂得取舍、迅速判断，以免错失良机。

（二）细节对创新创业的作用

1. 细节决定成败

随着经济的发展，专业化程度越来越高，社会分工越来越细，更要求人们做事认真、精细，否则会影响一个人的成败，甚至影响整个社会体系的正常运转。一个错误的数据可以导致病人死亡；一个标点符号的错误，可以使几个通宵的心血白费；一篇材料的失误，可以使若干年的努力泡汤；而在紧要关头踏错一步，可以使命运彻底改变。这就是细节的重要性，这就是精细的力量。

小资料

一颗纽扣酿成的恶果

20世纪50年代初，一个以科学技术发达而著称的国家决定组织一次规模宏大的军事演习，这次军事演习将由该国的陆、海、空三军联合举行。

这次军事演习邀请了几乎世界各国的重要领导人。整齐的列队、严肃的军容以及先进的高尖端武器，博得了在场所有人士的一致赞赏。正当观看演习的人们意犹未尽的时候，一架当时世界上最先进的战斗机被运到了演习现场，由最好的飞行员担任此次飞行任务。为确保万无一失，在演习之前，相关的主管部门已经对这架飞机进行了全面检查，而且地勤人员也对飞机实施了多次全方位的检测。

随着指挥员一声令下，飞行员精神抖擞地启动了飞机。期待着看到飞机直冲云霄的人们紧紧地将视线锁在飞机上，但是他们并没有看到飞机升入高空的飒爽英姿，而是看到飞机刚离开地面就发生剧烈震动，然后就一头栽到跑道上。随着一声巨响，映入人们眼帘的是滚滚的浓烟还有支离破碎的飞机残骸。

原本应该是一场完美的军事演习就此结束。到底是什么原因引起如此严重的事故

呢？随着调查工作的不断展开，迷雾被一层层拨开，但是最终的结果却令人难以置信——造成这次飞机失事的原因就是飞行员衣服上的一颗纽扣。原来在飞机起飞的一刹那，飞行员衣服上的一颗纽扣掉到了仪器当中，仪器不能正常运行，影响了其他部件的运转，最后导致了机毁人亡的恶果，震撼了整个欧洲。

"我"的观点

千里之行，始于足下。伟大事业的成功源自于每一个细节的完美。同样，任何一次重大灾难也源自于一些不起眼的细节上的失误。

2. 细节积累人脉

一个人的一生中会交许多朋友，这些朋友有的会成为你的至交，有的会持续交往，但有的也会中断。交朋友固然不必勉强自己和对方，但不妨采取更有弹性的做法，不投缘的也不必"拒绝往来"，而把他们通通纳入你的"人脉"。

小资料

克林顿的"朋友档案"

美国前总统克林顿在回答《纽约时报》记者提出的问题"如何保持自己的政治关系网"时说："每天晚上睡觉前，我会在一张卡片上列出我当天联系的每一个人，注明重要细节、时间、会晤地点以及与此相关的一些信息，然后输入秘书为我建立的关系网数据库中。这些年来，朋友们给了我不少帮助。"

"我"的观点

一个当总统的人都在建立"朋友档案"，何况一般人呢？很多时候，光建立"朋友档案"还不够，还要善于利用"朋友档案"来帮助自己。

3. 细节获得尊重

有人总认为，要成大事就要不拘小节，否则就会被小节拖累，其实这种想法是不妥的。注意小节是对事情的周密安排，是一种负责的表现。尤其是在与人交往的时候，尊重他人的细微表现将获得他人的尊重。

名人小记

作家陈西滢早年与蔡元培先生有过一些交往,他曾在文章中记录了这样一件事。有一回,他和蔡元培先生及另外一个人一起在一家旅馆住宿,三个人住在一个房间里,蔡元培先生不太爱聊天,所以,当陈西滢和另一个人聊天的时候,他就在旁边做自己的事,看书或写东西。但有一天晚上,另一个人出去了,房间里只剩下陈西滢和蔡元培先生,蔡元培先生便不再看书和写东西,而是恭恭敬敬地陪着她坐着,有时陈西滢提起个话头,蔡元培先生就很认真地回答。陈西滢内心很着急,因为他知道蔡元培先生很忙,他希望蔡元培先生能去做自己的事,但蔡元培先生却依旧微笑着陪着他坐着,直到后来另一个人回来,蔡元培先生才去忙自己的事。

鲁迅先生住在北京时,每天晚上都会有客人来访,鲁迅先生总是热情接待,亲自为客人倒茶,拿花生和糖果给客人吃,当客人告辞的时候,他总是要端起灯来,将客人送出门外,客人作别离去,他并不立即回屋,而是一直那么端着灯站着,直到客人走远看不到了,才关上门回屋。未名社作家王冶秋曾在《怀想鲁迅先生》一文中这样写道:"深夜,他端着灯送出门外,我们走了老远,还看到地下的灯光,回头一看,灯光下他的影子好看得很,像是个海洋中孤岛上的灯塔,倔强地耸立在着这漆黑的天宇。"

摘自中国论文网

"我"的观点

很多人会在大的方面对别人表现出足够的尊重,但在小的方面却忽略了对别人的尊重。在大的方面尊重别人,很容易做到;在细枝末节的小事上也能时时表现出对别人的尊重,就十分难能可贵了。尊重他人,体现在方方面面,连细节之处也不放过,才是对他人真正的尊重。体现在细节中的尊重,是一种更加让人感动的尊重。两位大师的行为,为我们做出了榜样。

4. 细节影响个人前途

很多人在找工作时,十分注意自己的个人形象,他们穿戴整齐,举止彬彬有礼。但是,很多人却会屡次碰壁,因为他们忽略了个人的细节。

许多人在求职时喜欢用手写的简历,但字迹潦草,像"天书"一样令人看不懂。这会让用人单位认为你是一个不严谨的人,工作起来也有可能马马虎虎,所以只好放弃。而许多企业在招聘时,也把简历作为筛选人才的第一步。

此外,在面试时还要注意自己的言谈举止,不要过于卖弄才学,否则会显得和身份极不相称。

谁敢邀其加盟？

刘强与用人单位约好下午14：05进行面试，可他直至14：12分才到。前台小姐把他带去面试时，面试的经理还没问什么呢，他就开始解释说路上车堵了好长时间，真没办法。面试刚开始三分钟，动听的手机音乐响起来了，刘强习惯性地接听了电话，像是旁若无人。只听他说"这件事不是跟您说好多次了吗？你直接问经理就行了……"谈到一个专业问题时，面试官问：这样操作可行吗？他答道：这样做肯定没问题，这方面我有十几年工作经验。结果是，虽然对方对于他的业务能力表示认可，但其不注重细节，谁敢邀其加盟？

企业在用人时，特别注重应聘者的行为细节。一个不注重细节的人，即便他很专业，很有专业能力，想他以后能给企业带来多大的价值也是很难的事。说不定，还会因一件小事让公司大受损失。

"从天而降"的工作

一个大学毕业生去广州想靠打工闯出一番事业来。但很不幸，一下火车，他的钱包被偷，钱和身份证都没了。在受冻挨饿了两天后，他决定开始拾垃圾——虽然受白眼，但至少能解决吃饭问题。一天，他正低头拾垃圾，忽然觉得背后有人注视自己。回头一看，发现有个中年人在他背后。中年人拿出一张名片："这家公司正在招聘，你可以去试试。"

那是一个很热闹的场面——五六十人同在一个大厅里，其中很多人都西装革履，他有点自惭形秽，想退下来，但最终还是等在了那里。当他递上名片时，小姐就伸出手来："恭喜你，你已经被录取了。这是我们总经理的名片，他曾吩咐，有个青年会拿着名片来应聘，只要他来了，就成为我们公司的一员！"就这样，没有经过任何面试，他进了这家公司。后来，通过个人努力，他成为副总经理。"你为什么会选择我？"闲聊时他都会问总经理这个问题。"因为我会看相，知道你是栋梁之材。"每次，总经理都神秘兮兮地一笑。

又过了两三年，公司业务越做越大，总经理要去新城市进行投资。临走时，他将这个城市的所有业务都委托给了他。送行那天，他和总经理在贵宾候机室面对面坐着。"你肯定一直都很想知道，我为什么会选择你。那次我偶然看见你在拾垃圾，就观察了你很久，你每次都把有用的东西拣出来，将剩下的垃圾归类好再放回垃圾箱。当时我想，如果一个人在这样不利的环境下还能够注意到这种细节，那么无论他是什么学历、什么背景，我都应该给他一个机会。而且，连这种小事都可以做到一丝不苟的人，不可能不成功。"

——摘自《青年参考》

"我"的观点

由此可见，细节可以使人失去一份触手可得的工作，也可以使人获得一份连自己都不敢奢求的工作。所以，面试时，应聘者要注重自己的一言一行，不要让细节毁了你的前程。

5. 细节蕴含机遇

哪种人机遇最多？可以肯定地说是注意微小事物的人。牛顿没有放过苹果落地的现象，伽利略没有忽视吊灯摆动的现象，瓦特没有无视水烧开后壶盖跳动……他们都在细小的情节中发现了机遇，可见细节蕴含机遇。

小资料

每桶4美元

从前，在美国标准石油公司里，有一位小职员名叫阿基勃特。他远行住旅馆的时候，总是在自己签名的下方写上"每桶4美元的标准石油"字样，在书信及收据上也不例外，签了名，就一定马上写这几个字。他因此被同事们叫作"每桶4美元"，而他的真名倒没有人叫了。

公司董事长洛克菲勒知道这件事后，说："竟有职员如此努力宣扬公司的声誉，我要见见他。"于是邀请阿基勃特共进晚餐。

后来，洛克菲勒卸任，阿基勃特成了标准石油公司的第二任董事长。这就是注重细节带来的成功。

——摘自百度文库

 **"我"的观点**

这是一件谁都可以做到的事,可是只有阿基勃特一个人去做了,而且坚定不移、乐此不疲。在嘲笑他的人中,肯定有不少人的才华和能力都在他之上,可是最后只有他成了董事长。

6. 细节是创新之源

有人说:"拘于细节势必妨碍创新。"这就要求我们对创新有正确的认识。我们都知道一个哲学原理,即量变引起质变。很多创新都是从不起眼的细节开始的,人类的多数创新其实原本是对一些细节的改进、修订或提升,细节具有创新功能。创新很少是开天辟地、凤凰涅槃的,而往往是一个渐进的、逐步完善的过程。

 **小资料**

牙刷的细节创新

狮王是日本最著名的牙刷品牌之一,20世纪80年代初,随着牙刷行业竞争的日益加剧,狮王遭受到了前所未有的严峻考验。整个公司都在为如何才能使狮王在竞争中独树一帜而努力,可是牙刷是一个非常简单的东西,要在这么一个简单的小产品上有所创新谈何容易!

加藤信三是狮王的一名普通职员,和其他职员一样,每天过着匆匆忙忙的生活。一天早上,加藤信三在刷牙的时候,发现自己的牙龈又被刷出血了。这已经不是第一次了,平时为了避免这种情况,他都尽量减小使用刷牙的力度。这一天,他起床晚了,因为赶时间不得不加快速度,而使用牙刷的力度也就在这种紧张感中不知不觉地加重了。

换作平时,加藤信三除了责怪自己不小心外,不会去想别的问题,但是面对狮王现在的处境,他不由得多想了一点:肯定有很多人也像自己这样,被牙刷刷出了血。也就是说现在的牙刷在这方面存在缺陷,存在着需要改进的地方,既然如此,为什么不在这方面下功夫呢?

接下来的几天里,加藤信三一直思考这个问题,也试验了许多改良方法。他把牙刷毛改用更加柔软的毛,这样确实能够避免刷牙出血,但牙刷毛过于柔软,不能很好地清除牙缝中的污垢。他甚至尝试过在使用前把牙刷浸在热水里,让它变得柔软,但这样做的结果仍然不够理想。

有一天,加藤信三突然想到,牙刷毛这么细,通常没人在意,刷牙出血会不会与牙刷毛的形状有关系呢?想到这里,他把牙刷毛放在放大镜下仔细查看,加藤信三不禁被吓了一跳,那些细细的牙刷毛末端,放在放大镜下,显得特别狰狞恐怖。牙刷毛的末端是四角形的，因为切割而形成的切口，就像一个个锋利的刀片，特别在四角形的边缘处，简直就是一把把尖尖的匕首！

加藤信三意识到，把牙刷毛的末端磨成圆形，或许用起来就不会使牙龈再出血了。他很快利用工作的空余时间，加工了几把牙刷毛末端被磨圆了的牙刷，他将这些牙刷带回家和家人们一试用，效果居然超出了想象。很快，加藤信三正式确定了自己的创新方案，并且呈递给了狮王高管，高管对他的创意非常感兴趣。按照这一方案，狮王把牙刷毛的末端全部改成了圆形，推向市场后，这种牙刷受到了消费者的普遍欢迎。

这样一来，狮王品牌很快巩固了自己在消费者心目中的地位，几十年来，它在众多竞争者里是一枝独秀，取得了长盛不衰的业绩。加藤信三也因为独具创新的思维，在此后短短的几年时间里，从一个普通的小职员晋升为了狮王的董事，直接参与公司的管理。

——摘自百度文库

"我"的观点

这个世界上，没有任何一个事物是孤立存在的，只有没有留意到的问题，没有不需要改进的细节。只要你善于思考和观察，甚至把牙刷放到放大镜下，就能找到创新的方向！

（三）培养注重细节的好习惯

1. 学会倾听

倾听是了解对方需要，发现事实真相的最简捷的途径；倾听能使你更真实地了解对方的立场、观点、态度，了解对方的沟通方式、内部关系；倾听也利于抓住对方的种种细节，找到问题的关键点；倾听还能给人留下良好印象，改善双方关系，形成良好的人际关系。

要注意的细节如下。

一是听别人说话，要看着对方的眼睛，不东张西望。

二是听别人说话，要面带微笑，表情随对方的谈话内容有相应的变化。

三是听别人说话，要专心致志，不做其他无关的事情。

小资料

学会倾听

一位汽车推销员，有一次向顾客推荐一种新型车，他热忱接待，并详尽地为客人

介绍了车子的性能、优点。客人很满意,准备办理购买手续。岂料,从展厅到办公室,短短几分钟,客人的脸色却越来越难看,突然决定不买了,眼看就要成交的生意就这样黄了。

这位顾客为什么突然变卦?推销员辗转反侧,不能入眠。他回忆着自己的每一句话,并没有发现讲错的地方,也没有冒犯顾客的地方,真是百思不得其解。于是他忍不住给那位顾客拨了电话,询问原因。

顾客告诉他:"今天你并没有用心听我说话。就在我签字之前,我提到我儿子即将进入密歇根大学就读,我还跟你说到他喜欢赛车和他将来的抱负,我以他为荣。可你根本没听我说这些话!你只顾推销自己的汽车,根本不在乎我说什么。我不愿意从一个不尊重我的人手里买东西!"

原来,那位客人的儿子考上了名牌大学,全家人异常高兴,并决定凑钱买辆跑车送给儿子。客人谈话中数次提及儿子、儿子、儿子,而他却一味强调:车子、车子、车子!

这位推销员恍然大悟。他从此引以为戒,外出推销不仅带上自己的"嘴巴",更带上自己的"耳朵",带上感情、带上爱心。

——摘自豆丁网

"我"的观点

学会倾听,不仅可以让你获取更多的信息,更重要的是这是一种尊重他人的表现,也是一个人具有良好修养的表现。谁都希望别人能够静静地倾听自己的讲话,同样,别人也希望你能静静地倾听他的讲话;谁也不喜欢被别人打断讲话,同样,别人的讲话也不希望被你打断。自己只有站在对方的立场上,耐心听取别人的讲话,你才能够赢得别人的尊重。

2. 学会谨小慎微

世上的事情都有一个恰到好处的分寸。有一分谨慎就有一分收获,有一分疏忽就有一分丢失。十分谨慎就完全成功,完全疏忽就会彻底失败。办事只讲究一个谨慎用心。

许多人在办事时,开始比较谨慎,过不了多久,就松懈下来了;有的人对大事、难事比较谨慎,对小事就容易疏忽。生活中常常有因为忽略小事而酿成大祸的惨痛教训,如果不想失败,就要十分谨慎。尤其在事物进展到尾声时切勿疏忽大意,以防前功尽弃。

历史之鉴

战国时,秦国国富民强,气势最盛。秦武王以为从此可高枕无忧,便以骄色示人。一谋士见势不妙,便进言提醒武王道:"诗曰,行百里者半九十",指的是要把持到最后关头的困难。今天的霸业是否能成,还得看各方诸侯是否出力。然而大王现在就沾沾自喜,以骄色见人,而忽视图霸的准备,若让其他国知道了,受诸侯攻击的恐怕非楚而秦了。秦武王虽精于政治,其霸业也只维系了短短的4年。可见他没有听进谋士的忠言。

在施政方面,真正做到善始善终、居安思危的,要数唐太宗李世民了。

唐太宗常对左右说:"治国之心犹如治病。病人希望尽快痊愈,求医心切。如果病人能认真听从医生的嘱咐,配合治疗,身体就痊愈得快;反之,恐怕就得事事谨慎;若在关键细节上有疏忽,必招亡国之祸。现要天下的安危全置于我一人肩上,因此,我要慎重地警惕自己。即使歌功颂德,我还需检点自己的言行,加紧努力。但是,只靠我一人是难有作为的,希望你们能做我的耳目,发现我有过失,请直言无妨,君臣之间如有疑惑而不说,对治国是极其有害的。"

唐太宗如此开明,才引出善谏的魏征,以这种态度施政,才出现了历史有名的"贞观之治"。

"我"的观点

有一段话说得很精辟:"不论是简单的运动形式,或复杂的运动形式,不论是客观现象,或主观现象,矛盾是普遍存在着,矛盾存在于一切过程中,这一点已经弄清楚了。"要想办事顺利,就要小心谨慎,顺风满帆不掉以轻心,以"安全驾驶"的姿态去把持最后关头。

3. 学会抓住问题的核心

在工作与生活中,我们不但要善于发现问题、解决问题,更要找出问题的核心去解决问题,才能切中肯綮,"药到病除"。

跑出笼子的袋鼠

有一天动物园的管理员们发现袋鼠从笼子里跑出来了,于是开会讨论,一致认为是笼子的高度过低，从而导致袋鼠从笼子里跳了出来。所以他们决定将笼子的高度由原来的 10 米加高到 20 米。谁知第二天，他们发现袋鼠依旧能够跑到外面来，所以他们又决定再将高度加高到 30 米。

然而，没料到第三天居然又看到袋鼠全跑到外面，于是管理员们大为紧张，决定一不做二不休，索性将笼子的高度加高到 100 米："嘿嘿，这下子看你还能不能跳出如来佛的神掌？"

第四天，神了，袋鼠还是从笼子里跑了出来，而且，还在和它们的好朋友长颈鹿聊天呢。

"你们看，这些人会不会再继续加高你们的笼子呢？"长颈鹿问。

"很难说，"袋鼠说，"如果他们再继续忘记关门的话！"

——摘自搜狐网

"我"的观点

这故事告诉我们：很多人都知道有问题，却抓不住问题的核心，只有找到问题的核心，问题才会迎刃而解。

4. 培养责任心

有人说，一滴水可以折射出整个太阳的光辉，一件小事就可以看出一个人的内心世界。所以，一个人有没有责任感，并不仅仅是体现在大是大非面前，而是体现在细微的小事中。事实上，一个连小事都不愿负责的人，又怎能在大事面前敢于担当呢？

小资料

一次面试

一位人力资源部经理说："看一个人是否有责任，不用从什么大的方面来看，就从那些细微的小事，下意识能做的事情就可以得到答案。"他的话不无道理。

一家公司正在招聘新员工。来了不少应聘的人，看起来一个个精明干练。面试的人一个个进去又一个个出来，大家看起来都是胸有成竹。面试只有一道题，就是谈谈你对责任的理解。对于这样一个问题，很多人都认为简单得不能再简单。

然而结果却出人意料——一个人都没有被录取，难道这家企业成心不想招人？

"其实，我们也很遗憾，我们很欣赏各位的才华，你们对问题的分析也是层层深入，语言简洁畅达，非常令各位考官满意。但是，我们这次考试不是一道题，而是两道，遗憾的是，另外一道你们都没有回答。"经理说。

大家哗然："还有一道题？"

"对，还有一道，在你们的候考室里，我们故意将照明灯打开，白天点灯是浪费资源的行为，可惜你们没有人主动将灯关掉；在所有人都出了候考室在这里等待结果的时候，也没有一个人想着将屋里的灯关掉。"

"对责任的深刻理解远不如做一件有责任的小事，后者更能显现出你的责任感。"经理最后说。

——摘自《责任与忠诚》

"我"的观点

看来这位经理的挑剔确实很必要，因为没有哪一位领导者会对如此没有责任意识的员工给予深深的信任，没有多少人可以面临大是大非的抉择，也没有多少人的责任感会有大是大非的考验，那么就从小事来展现你自己吧。

5. 学会坚持

细节是一种思维与行动意识的高效组合。谁都想做好每件事，但有的人就是做不好，一件事不是这里出错就是那里出错。不能说他们不努力，但问题就是发生了，原因就是没有坚持细节习惯的培养：一段时间做到了认真执着，一段时间又懒散松懈，做事有头无尾，总是半途而废，这样就无法真正养成注重细节的好习惯。

再坚持一下……

在第二次世界大战时，有艘船被炮弹击中沉没，全船只有一个人活着漂到孤岛，在那里艰苦地生活。他克制住了原先生活中的种种欲望与冲动，终于在荒凉的孤岛上生存了下来。他天天站在岸边大摇白旗，希望有人来救他，可是一直都没有结果。

有一天，他千辛万苦所搭盖的茅屋，突然起火燃烧，而且一发不可收拾，把他所有的家当都烧光了。

他伤心之余，埋怨上帝："我唯一的栖身之处，我仅有的一点儿生活用品，都化为灰烬。上帝啊，你为何使我走上绝路？"他万分绝望，失去了生活的信心，于是从孤岛的小山崖上跳落跌死。

他死后不久，有人驾着船来到孤岛上。原来，他们看见岛上有火光，所以赶过来看看是否有人落难了。船上的人四处寻找，终于找到了那个人的尸体。当他们猜到了那人是因为没有坚持下来而自杀身亡时，无不扼腕叹息。

"我"的观点

有时候，人们所缺乏的不是勇气和智慧，而是等待。因为你已经得到了命运的垂青，只不过时机尚未成熟。这时，你要克制自己，耐心地守候下去，再坚持一下……

找不同

时间：10分钟。

人数：不限人数（人数以偶数最佳）。

目的：让学生学会观察细节。

规则：

(1) 变化必须是细微的。

(2) 双方都找出5个变化时，请举手，耗时少者为胜。

(3) 寻找变化时，不得有暗示或提醒。

步骤：

(1) 将学生分成两组。

(2) 让学生面对面站着，用一分钟时间观察对方。

(3) 让两人背对背站着，给三分钟时间各自在自己身上做5个变化。

(4) 两人分别向后转，彼此找到对方身上的变化。

讨论：

(1) 哪的变化最容易被发现？

(2) 找到别人的变化时，你的心情如何？

(3) 别人找到你的变化时，你的心情如何？

(4) 从这个活动中，我的体会是：_____

_____

_____

观察力测验

(1) 进入某个机关时，你（　　）。

A. 注意桌椅的摆放

B. 注意用具的准确位置

C. 观察墙上挂着什么

(2) 与人相遇时，你（　　）。

A. 只看他的脸

B. 悄悄地从头到脚打量他一番

C. 只注意他脸上的个别部位

(3) 你从自己看过的风景中记住了（　　）。

A. 色调

B. 天空

C. 当时浮现在你心里的感受

(4) 早晨醒来后，你（　　）。

A. 马上就想起应该做什么

B. 想起梦见了什么

C. 思考昨天都发生了什么事

(5) 当你坐上公共汽车时，你（　　）。

A. 谁也不看

B. 看看谁站在旁边

C. 与离你最近的人搭话

(6) 在大街上，你（　　）。

A. 观察来往的车辆

B. 观察房的正面

C. 观察行人

(7) 当你看橱窗时，你（　　）。

A. 只关心可能对自己有用的东西

B. 也要看看此时不需要的东西

C. 注意观察每一件东西

(8) 如果你在家里需要找什么东西，你（　　）。

A. 把注意力集中在这个东西可能放的地方

B. 到处寻找

C. 请别人帮忙找

(9) 看到你的亲戚、朋友过去照片，你（　　）。

A. 激动

B. 觉得可笑

C. 尽量了解照片上都是谁

(10) 假如有人建议你去参加你不会的游戏，你（　　）。

A. 试图学会玩并且想赢

B. 借口过一段时间再玩而给予拒绝

C. 直言你不玩

(11) 你在公园里等一个人，于是你（　　）。

A. 仔细观察仍在旁边的人

B. 看报纸

C. 想某事

(12) 在满天繁星的夜晚，你（　　）。

A. 努力观察星座

B. 只是一味地看天空

C. 什么也不看

(13) 你放下正在读的书时，总是（　　）。

A. 用铅笔标出读到什么地方

B. 放个书签

C. 相信自己的记忆力

(14) 你记住邻居的（　　）。

A. 姓名

B. 外貌

C. 什么也没记住

(15) 你在摆好的餐桌前（　　）。

A. 赞扬它的精美之处

B. 看看人们是否都到齐了

C. 看看所有的椅子是否都放在合适的位置上。

答案及解析：

题目	1	2	3	4	5	6	7	8	9	10	11	12	13	14	15
A	3	5	10	10	3	5	3	10	5	10	10	10	10	10	3
B	10	10	5	3	5	3	5	5	3	5	5	5	5	3	10
C	5	3	3	5	10	10	10	3	10	3	3	3	3	5	5

一叶落而知秋，一叶生而知春；细节关系成败，举止察知命运。以上的测试题反映的都是个人日常生活中的小事，恰恰是一些不经意的小事却折射出一个人的某些潜意识特征，进而反映出一个人的行为方式、生活习惯和性格特征。可以根据自己的得分进行如下对照分析。

110~150 分：说明你具有很好的观察习惯，而且反应敏锐、思维活跃，是一个具有很强观察能力的人。你不但能正确分析自己的行为，也能够极其准确地评价别人。

75~110 分：说明你有相当敏锐的观察能力，思想深刻而且犀利，做事目的性比较强。但是对别人的评价有时候带有偏见，特别在处理人际关系的方式和方法上有待改善。

45～75分：说明你对别人隐藏在外貌、行为背后的思想和企图漠不关心，对生活中的变化置若罔闻，尽管你在人际交往中不会产生严重的心理障碍，但是在机遇和变故面前常常麻木不仁，得过且过。

0～45分：说明你不关心周围的人和事。你甚至连分析自己的时间都没有，更不会观察事物、理解别人。因此，你是一个自我中心倾向很严重的人。这可能会成为阻碍你社会交往的极大障碍。

有先进的，必定有落后的；有进步的，必定有淘汰的。对于懒于观察、惰于思考、急于行动的人来说，社会淘汰他们是合理的，否则人类社会就失去了动力和平衡，进而也就失去了公平。有人说竞争是无情的，然而只要你掌握了事物发展的根本规律，抓住了事物的细节，那么无论竞争多么激烈，你都无所畏惧。

第二节　优质服务——助创业成功

在市场竞争日趋激烈的今天，技术、产品、营销策略等很容易被竞争对手模仿，服务营销是产生差异的主要手段。而服务策略、服务形式也是很容易被模仿的，只有服务中人的因素——代表公司形象和服务意识的服务人员所表现出来的思想、行为和意识才是不可模仿的。从现代企业的发展中不难看出，成功的企业、优秀的企业都已发现服务的重要性。例如：我们身边的"肯德基""海尔""通用电器"等诸多企业都懂得服务的必要性，他们都具有共同的企业特征，就是把"竭诚为客户服务"当成一种使命、一种理念和企业的价值观，并以最完美的方式演绎。商界中流行着这样的一句格言：当你还在考虑是否为客户服务时，卓越的企业已经开始身体力行，几乎每个品牌企业都视服务为企业发展生存的生命线。

工作情境

希尔顿酒店服务理念

希尔顿将企业理念定位为"给那些信任我们的顾客以最好的服务"，并将这种理念上升为品牌文化，贯彻到每一个员工的思想和行为之中，从而塑造了独特的"微笑"品牌形象。希尔顿饭店的每一位员工都被谆谆告诫：要用"微笑服务"为客人创造"宾至如归"的文化氛围。

1. 希尔顿饭店的"顾客中心论"

我们知道，服务业以顾客为中心，以满足顾客的需求为首要任务。这就不但要求酒店的部门结构合理化、科学化，最大可能地方便顾客，而且也要真正地了解你的客人。你必须深入客人的内心，用他的眼睛来看你自己，即当你作为一名顾客时的看法、视点来要求自己。真正掌握客人的心理是知悉、应对客人的基本功。

2. 要在客人最需要的时候出现

对待喧闹和闹事者不要陷入争吵，应降低声调，不要使他发怒。对待酒醉或行为怪异的客人应以礼待之，说话温和，尽量给予帮助并尽快地去服务。如果客人喧闹或争吵，应告诉上级处理。对待带小孩的客人，不要抱起小孩或与小孩嬉戏，不要让他们在走廊追逐或在电梯、升降机上游玩，要给其父母讲明危险性。对待有缺陷的客人要特别关注，在开关电梯要予以帮助，在餐厅里应尽快给予座位，避免引起其他客人的注意。

3. 永远不要让客人感到尴尬

如果客人生病，可建议选一些易于消化的食物并提议厨房把肉切开放好。如果是失明的顾客，应安排坐在入口处。在上食品时应说明食物的名称，如说："先生，您的汤。"除非是客人自动提及有关自身缺陷的事，否则不要问及此事，更不应与其他客人或同事作任何评论。对不遵守酒店规定的顾客，如穿拖鞋在酒店走动等，应及时劝阻，如不听劝话，也不要批评客人，可及时通知上级处理。对带动物或宠物的客人，要有礼貌地告诉他酒店的规定。对遗留下的物品应立即交到酒店，这样当客人来电询问或返回认领时，可以尽快取回失物。对于"万事通"型的客人要记住不要比你的客人更聪明，即使你知道他是错的也应微笑着表示同意，或告诉他你不清楚。顺便说一句，作为一名好的服务员，应该对自己工作和生活的城市有一定的认识，熟知交通、通讯、旅游点、本地餐饮等，以便更好地为客人服务。

实施服务授权，减少管理层次，是提升服务质量的有效途径。为了提升服务质量，希尔顿建立了倒金字塔形的组织架构，一线员工在倒金字塔顶端，而执行层、管理层、决策层依次向下排列，并向操作层进行授权。

柔性管理策略，希尔顿酒店提升服务柔性的有效方式是交叉培训。希尔顿酒店认为，将员工长期放在一个岗位上，时间一长，难免会产生职业倦怠。因此，希尔顿采用了交叉培训和轮岗模式。采用这一模式之后，希尔顿发现虽然人力资源的投入减少，员工的结构却得到了优化，希尔顿每年的净收益也增加了10亿美元。

希尔顿之所以能够实施人本管理，与其持有的人力资源观息息相关。希尔顿认为，人只有角色和分工的不同，但所有人在人格上是平等的。只有尊重员工，平等对待员工，员工才能以最高的服务质量和饱满的热情来对待顾客。希尔顿通过其完美的服务理念不断地吸引新客户和留住老客户，这就是为什么希尔顿可以在纷繁复杂的酒店业竞争中成为龙头老大的原因。

——摘自百度文库

 情境分析

我们卖给顾客的不仅是商品，更多的是一种经历和体验，这一切都要通过优质的服务体现出来。要让顾客把这种感受记在心里，带回家里，陪伴客户左右。这就有赖于每天工作在一线的服务人员。他们的一言一行就是最有效的品牌广告，比任何媒体、任何时段广告效用都好。因此迅速提高他们的服务意识和礼仪水平是关系企业生存发展的不可忽视的因素。

（一）为什么说优质服务，助力成功创业？

客户是企业经营发展的灵魂，企业依附于客户，没有了客户企业就失去了经营的基础。因此，培养经营者意识，最重要的是先要培养他们如何获得更多客户的意识，只有众多的客户才能为他们带来更大的利益。

彩电都有影，冰箱都制冷，电脑自己装，买什么都不用等……

这几句话反映出了当前的一种市场状态——激烈的市场竞争、卖方市场转向买方市场、产品高度同质化。事实的确如此，当今激烈的市场竞争使得企业的生存日益艰难，稍有不慎就可能倒闭破产；卖方市场时代已经结束，顾客成了上帝，企业若想长久生存下去，就必须围着顾客转；而商品的高度同质化也使得各企业的产品优势减弱，竞争能力下降。

在这样的商业环境之下，服务的价值鲜明地凸显出来。对企业来说，服务成了突出重围的重要途径；对顾客来说，服务成了衡量一个企业是否值得追随的重要标准。

研究表明如下。

第一，在一个行业当中，公司的产品优势在硬件方面占5%，且容易被"抄"和"超"；其他的优势在软件，不容易被"抄"和"超"，而在所有软件里面，服务是产生差异的主要手段。

第二，服务的质量是整体产品的重要特征和不可分割的部分，也是决定购买和重复购买的主要原因。

第三，只有客户满意的公司才会在服务经济社会里取得成功，才能得以生存，否则就会失败，甚至破产。

海尔领先众多企业一步，意识到今日市场之争的主流应该是服务之争，提出"星级服务"战略。它的"星级服务"战略的宗旨是：用户永远是对的。其原则一：用户永远是对的；原则二：如果用户有什么错误，请参照原则一执行。服务的目标是：产品零缺陷，使用零抱怨，服务零烦恼。服务的理念是：留下海尔的真诚——真诚到永远；带走用户的烦恼——烦恼到零。而在这样的服务战略基础上，海尔建立起覆盖全国的服务网络，包括大区级、省级、市级、县级等四级服务中心，其中大区级占1.9%，省级占10.94%，市级占44.09%，县级占43.06%，同时还深入大约有6万多个村。

——摘自百度知道《为什么要有客户意识》

 **"我"的观点**

正是海尔的这种超前意识和说到做到的精神，使它成为中国企业的领头羊，成为众多企业学习的榜样。同时，也正因为它的这种优质服务意识，使它打开了国际市场，在海外也赢得了自己的一席之地。

 小资料

杭州的文三路上有一个"枫林晚"书屋，取自唐人杜牧的诗《山行》："停车坐爱枫林晚，霜叶红于二月花。"令人一看就感觉到浓浓的文化气息。虽然书屋的面积只有20多平方米，但是买书人很多，收入非常不错。

面对记者的采访，店主朱升华说，我选择地点后，就进行有针对性的营销策略，什么样的环境，什么样的消费者，就进什么样的货，卖什么样的东西。他说，大学生多、大学教师多，所以进的图书大多也是迎合大学生和大学教师口味的，以普通书店不多见的学术类书籍为主。哪怕整个杭州市场上可能也只有那么几个人会买，只有那么几个人需要，有的书或许一年只能卖出去一两套，可他照样会去进货。只要在你这里有一次买到了好书，买到了他们需要而别处买不到的书，以后他们就会老到你这里来。从长期来看，这些人的图书购买量非常大，价值非常高，属于那种"金卡"型和"贵宾"型的忠诚客户。

朱升华在他的书店也经常举办学术沙龙，包括汪丁丁之类的名人都在他的小书店里举办过讲座。此外，朱升华每月的第二个星期五还会在自己的书店里举办定期的"诗歌沙龙"以及不定期地举办各类小型学术聚会。

其实，朱升华"枫林晚"的周围还有其他多家书店，比他面积大的有，比他实力强的也有，但只有朱升华书店的生意最好，原因就在于他抓住了环境因素对商业的影响，抓住了主流客源。

——摘自百度百科

 **"我"的观点**

要想创业成功，必须要树立"客户第一"的服务理念。

首先，我们要永远把客户放在第一位，客户利益高于一切。客户是我们存在的理由，是我们最大的无形资产。如果我们失去了服务的对象，没有客户的消费，也就意味着企业生命的停止。公司的客户愈多，人气越旺，愈显出企业的生机和活力。

其次，我们必须树立"永远让客户满意"的观念。我们要把自己始终置于用户的严厉挑剔和审察之下，虚心接受来自各方面的意见和建议，从善如流，不断改进服务，使之达到尽善尽美。做一次令客户满意的服务并不难，难的是长期为客户提供不厌其烦、不畏其难的优质服务，始终坚持让客户满意，从而留住老客户，争取新客户。

（二）优质服务的含义

"优质服务＝使客人满意＋惊喜"，用客户喜欢的方式去满足他的合理化要求，除了我们的服务标准以外，我们给客户的应是一种感觉，这种感觉要超越客人的期望值。

把服务的英文单词"SERVICE"每个字母拆开来解读的话，可以对服务做出新的诠释，服务的含义将得到扩展。

S——Smile：要给每位需要服务的人提供微笑服务。

E——Excellent：要将每一项微小的服务工作做得都很出色。

R——Ready：要随时准备好为客人服务。

V——Viewing：要用心观察，并把每位需要服务的人都看作是需要给予特殊照顾的贵宾。

I——Inviting：要每次服务结束时都要邀请欢迎再次光临。

C——Creating：要精心创造出使客人能享受其热情服务的氛围。

E——Eye：始终要用热情好客的眼光关注客人，预测客人的需求，并提供服务，使客人时刻感受到你在关心他。

服务高于一切，服务是海底捞最大的特色

现如今，我们国家的餐饮行业日趋多元化，而我们国家也有"民以食为天"这句俗语。中国960万平方公里，56个民族，23个省，还有直辖市、自治区。每个地区就食物来讲都极具地方特色，而火锅就是四川省的特色。火锅连锁店不胜枚举，海底捞火锅就是其中之一，它的成功秘诀是什么？根据以下的分析，我们应该就可以明白海底捞火锅的魅力所在。

优质服务程序如下。

第一，迎客入座。

第二，询问客人是否需要豆浆或柠檬水并送免费水果和黄豆，把菜单和笔放在餐桌上。

第三，询问客人锅底种类并叫锅底。

第四，增、减餐具和抽筷套并询问客人油碗种类。

第五，发围裙、套衣套等细节服务。

第六，接单、交单。

第七，打沫子、洗碗、盛汤。

第八，对菜（报号）并询问锅底味道。

第九，中间服务。

第十，餐尾服务。

第十一，提前打单并核对菜单做好提前找零核对。

第十二，买单。

第十三，及时恢复台面，若是在最后一轮，则及时关灯、关空调等。

"海式"服务——4S分析如下。

第一，Satisfaction 满意——海底捞如何保证满意度？

海底捞每150个顾客中就有130个是回头客，超高的顾客满意度是海底捞的"王牌"之一。顾客满意度作为海底捞对员工考核的一个重要指标，海底捞是如何保证顾客的满意度的呢？

首先，预先考虑顾客需求。虽然顾客的需求是各种各样，但作为顾客都有一个共同的购物心理。海底捞根据这个规律，预先考虑顾客需要什么，提前为顾客准备好，比如说等候区的饮料、零食。海底捞的服务不仅为顾客解决问题，而且还让顾客心情愉悦，带给顾客美妙的感觉。一切服务以顾客为中心，以顾客的满意度为核心，才会使众多需求各异的顾客对海底捞的服务赞不绝口。

其次，尽可能地为顾客提供方便。在这么一个快节奏、高效率的时代，海底捞在为顾客服务的时候，首先考虑如何节省顾客的时间，为顾客提供便利快捷的服务，设身处地为顾客着想，以顾客的观点来看待各项服务，使顾客感到方便满意。

最后，要满足顾客的尊荣感和自我价值感。海底捞的服务员不仅是被动式地解决顾客的问题，更是努力对顾客需要、期望和态度进行充分了解，把对顾客的关怀纳入自己的工作和生活中，发挥主动性，提供量身定做的服务，真正满足顾客的尊荣感和自我价值感，不仅要让顾客满意，还要让顾客超乎预期的满意。

第二，Smile 微笑。

在许多地方，你可能会看到一些标准的微笑，即露出6颗或8颗牙齿的微笑。但是在海底捞，情况却大不相同。在海底捞的员工手册的任何一页，你都找不到微笑应该露6颗牙齿还是8颗牙齿的标准，但在任何一家海底捞的门店，你都无法忽略每个员工脸上"发自内心的微笑"。标准化固然重要，但是笑容是没有办法标准化的。

第三，Speed 速度——"现代化"的"飞虎队"。

海底捞服务员们送给后厨传菜组的小伙子们一个美称——飞虎队队员。在海底捞吃饭，传菜甚至可以作为娱乐项目观看：这些被称为"飞虎队"的传菜员们，两手各托一个大托盘，稳稳当当却又快如飞。而他们的"猛如虎"是形容他们擦桌子的动作，他们收台也堪称表演。一张桌子三道擦：头道用桌刷，刷两下，抹布再绕桌子，残渣剩饭一扫光；二道，噌噌，要不了10秒，水渍油渍跑光光；三道，刷刷刷，一条洁白的毛巾，从锅圈向桌边环绕过来，桌子焕然一新，马上就能接待顾客。

为了保证服务的迅速，海底捞在全国拥有五个大型物流配送基地和一个底料生产基地，分别设立在北京、上海、西安、郑州和成都。公司拥有标准的食品加工车间和国际先进的加工设备；建有现代化的冻库、保鲜库仓储设施；拥有自动化的搬运工具和采购车队；以多年的实际营运经验，形成了集采购、加工、仓储、配送为一体的大型物流供应体系。正是有这种强大的现代化的设备做支撑，才使海底捞的一线服务如此迅速。在各个门店，海底捞也配置了现代化设备，减少员工的工作量。如火锅底料是通过机器来盛装，员工只要按一下按钮就行；客人要加菜，服务员只要在餐厅的触摸屏上操作一下，订单就下到后厨了。所有这些做法，目的只有一个，使员工能有更多的精力让客户满意。

第四，Service 待客——贴心。

每一家海底捞门店都有专门的泊车服务生，主动代客泊车。

大堂里，女服务员会为长发的女士扎起头发，并提供小发夹夹住前面的刘海，防止头发垂到食物里。

戴眼镜的朋友可以得到擦镜布。

放在桌上的手机会被小塑料袋装起以防油腻，餐后，服务员马上送上口香糖，离开时一路遇到的所有服务员都会向你微笑道别。

诸如此类的例子数不胜数，海底捞的待客之道可谓深入人心。

——摘自百度文库

"我"的观点

由此我们可以看到，海底捞的服务体系是非常完整的，使其能够为顾客提供更加舒适贴心的服务。正是凭借着优质的服务，不仅为企业赢得良好的信誉和形象，而且还为企业带来巨大的经济效益。

（三）优质服务的着眼点

1. 客户感知五维度

客户通常对服务质量的衡量有五种维度：响应性、可靠性、安全性、移情性、有形性。

可靠性就是可靠地、准确地履行服务承诺的能力。可靠的服务行为是顾客所期望的，它意味着服务以相同的方式、无差错地准时完成。一句话形容可靠性就是按照承诺行事。

响应性就是帮助顾客并迅速有效提供服务的愿望。让顾客等待，特别是无原因的等待，会对质量感知造成不必要的消极影响。一句话形容响应性就是主动积极帮助客户。

安全性指员工所具有的知识、礼节以及使顾客信任的能力。能回答和解决客户提出的问题并能使客户满意，这样的人就值得信赖。一句话形容安全性就是激发客户信任感。

移情性就是设身处地地为顾客着想和对顾客给予特别的关注。移情性的特点为接近顾客的能力、敏感性和有效地理解顾客需求。一句话形容移情性就是理解认同客户需求。

有形性是指有形的设施、设备、人员和书面材料的外表。一句话形容有形性就是提供服务时的硬件要求。

小资料

晚上八点，还有半个小时就要下班了。这时从国美电器电梯口上来一位中年孕妇，困难地挪动着自己的脚步，一步一步地朝前走，（她买什么呀！不会吧，快下班了，是不是逛着玩的，但她这个样子，不大可能是逛着玩的呀）她一直不停地朝前面走，走到新飞冰柜的展台。（糟了，新飞冰箱的促销员今天上早班，现在早已经下班了，怎么办呢？）

就在这个时候，海尔冰箱的促销员俞红如赶紧走到顾客的面前，"您好，欢迎光临，有什么我能为你服务的？""我想买一台冷柜，开饭店用的。"顾客说，海尔的促销员微笑地对她说："哦，你们开饭馆用的，大概需要多大的？"商场的铃声响了，下班了，大家都呼呼地冲出楼梯出口，顾客盯着她："你们下班了吗？""没关系，你别着急，请坐，我拿图片给你看。"海尔促销员说，她先和收银台人员说好，让她们等会下班，然后再耐心地解答顾客的每一个疑问，并给她推荐适合她想要的型号，这样使得顾客没有那么着急地购物了，而且她并没有催促顾客快点买了，我好下班，还不停地安慰顾客你别着急。

顾客被她的一举一动感动了，你帮我开一台你说的那个型号吧，她帮顾客填好小票，微笑着说："女士，我帮你去交钱吧，您不方便。"顾客从衣袋里拿出一卷带着体温的钱，数着一百、两百、三百……转交给她，她不慌不忙地给顾客交了钱，并拿回两张单子，一张提货联，一张发票联，给顾客讲解到，叫她小心收好，又笑着说："不好意思，请再等一会，我去给你领赠品。""好的，谢谢！"她从仓库里拿出一把很大的太阳伞走到顾客面前，顾客用诧异的眼神盯着她，她微笑着对顾客说："您别着急，我帮您拿。"她一手拿着大伞，一手扶着这位孕妇，微笑地对她说："你一个人来买，家里没人陪你吗？""忙，家里的人都忙，因为明天就要开张了，这个必须要用的，你真是个大好人，你是卖新飞冰箱的吗？""哦，我是卖海尔冰箱的，""真是不好意思，耽搁你这么久，""没关系，这是我们应该做的。"现在已经是晚上九点半了，早已没有公交车了，她叫了一辆出租车把顾客送回家，顾客紧紧地握住她的手，激动得不知说什么，就是一直不放她的手，"谢谢，我只有说谢谢！"俞红如再次微笑着对她说："不用谢，这是我应该做的。"

——摘自百度文库

"我"的观点

准确感知客户的需求，并全方位地提供周到、热心的服务，这是优质服务的真谛。其核心内容是换位思考，如果把我们当成顾客，我们需要什么样的服务，那就是我们需要做的事情。

2. 超越客户期望

客户期望，是指客户对某一产品或服务提供商能够为自己解决问题或提供解决问题的方案方法能力大小的预期。这种预期是客户在参与服务体验之前就已经形成的一种意识形态，它具有很强的可引导性。虽然客户期望是一种意识形态，但其实质却离不开产品或服务本身这一核心，因此，如果能够围绕产品或服务这一核心，对客户的行为、意见及特殊需求进行周密的观测及调查，客户的期望是能够被测量的。如果超出客户期望，将使客户产生愉悦的购买心理，给客户留下难忘的购买体验，利于形成企业的稳定客户群体。

至微至善，超越期望

2014年11月23日清晨，厦门国美明珠店服务台电话铃响起，来电提醒是114，当班服务台专员林丽梅从来电听出对方是一个老大爷，他询问我公司是否有卖DVD。老大爷表示平时就喜欢在家看看古装剧和听听歌，现在没有DVD什么也看不了，生活非常无趣和难过。林丽梅听出老大爷的失落，决心帮助老大爷。老大爷告知他住在湖滨四里，现已78岁高龄，因其是独居老人腿脚不便，无法到门店购买，希望我们为顾客选购一台性价比高质量好的DVD帮他送货上门。在服务专员林丽梅的协调下，她为顾客成功选购一台DVD。品类科因忙于店内销售，无法提供上门服务。林丽梅脑海浮现出老人的情况，决定自己下班后为顾客送货上门。11月23号下午商品送达后，林丽梅帮助老大爷将DVD机安装调试直到正常使用才离开。老人非常感动，万分感谢！

——摘自百度文库

"我"的观点

优质的服务体现在每一个细节、每一次的沟通上,每一个员工至微至善——超越顾客期望值服务,从量变到质变,进而彰显公司的"诚信"文化。

两个馒头、三种境界

在送餐服务中,我们会遇到很多的状况,并且是我们始料未及的,但是却可以把一切客人的不满意都化为对我们的肯定。

在上晚班时,服务员接到电话。"您好,送餐服务。请问有什么可以帮您?""你好,请问是送餐服务吗?""是的,先生。请问需要点餐吗?我们这里有……""你能上来一趟吗?"服务员顿时愣了一下,此时餐厅还有一桌零点的客人。"您好,先生请问您需要什么?我马上为您送上去。""不是,是这样的,我母亲身体不好,你能不能过来一趟给我们推荐下菜品,电话说不清。"心里虽然害怕,可还是去了。按了门铃:"您好,客房送餐。"客人开了门,只见是个男人,里面有一位老奶奶(客人的母亲)。

从客人口中得到以下讯息:他们从外地过来,刚住进酒店;老奶奶身体极为不好,血压高,胃不舒服而且还有糖尿病。我第一时间打电话让师傅尽快给客人准备一些点心充饥。根据老奶奶的身体状况,服务员推荐了两款菜品,不含任何糖分,最后我又为客人点了两杯牛奶,可以促进睡眠。两位客人,忙说谢谢。一切进展顺利。没想到点完后老奶奶要吃馒头,问有没有,当时犯难,不过还是答应了。可是酒店却没有现成的。所以我就告诉了师傅,说我去下大润发马上回来。回来时,手上拎着热乎乎的馒头。第二天,客人要走前来吃早餐,还连连表示感谢。

——摘自百度文库

"我"的观点

力所能及为宾客解决问题的同时,让宾客满意,为自身赢得服务的主动及赞许。在此案例中体现出急客户所急、想客户所想,为客户提供个性化的服务而赢得客人的肯定。所以在餐饮服务中在遇到问题时多思考,根据问题灵活做出相应的处理方法。我们的举手之劳,得到的是客人的赞赏、客人的感动,给客人惊喜!让顾客满意、让顾客惊喜、让顾客感动的服务三境界,是企业优质服务追求的方向。

3. 企业文化的引领

企业文化是在一定的条件下，企业生产经营和管理活动中所创造的具有该企业特色的精神财富和物质形态。它包括文化观念、价值观念、企业精神、道德规范、行为准则、历史传统、企业制度、文化环境、企业产品，等等。其中价值观是企业文化的核心。

企业文化，是企业综合实力的体现，是一个企业文明程度的反映，也是知识形态的生产力转化为物质形态生产力的源泉。在公司面临新形势、新任务、新机遇、新挑战时，要想在激烈的市场竞争中取胜，把企业做大做强，实现企业的跨越式发展，就必须树立"用文化管企业""以文化兴企业"的理念。进一步弘扬企业文化，树立公司正面形象，增强员工的归属感，推动公司企业文化建设持续健康发展，最终达到以文化管理企业的目的。

 小资料

企业文化一旦受到员工认同，就会指导他们的思想和行为，员工遇到什么事情就会觉得我就该这样做，很自然。正如海尔在青岛崂山建的培训中心，中心对内部就是培养公司的干部，对外部属于招待所性质的。一年春天，培训中心接待了一个客人，这个客人走路一瘸一拐，服务员就上前问："先生，你的脚怎么啦？"这位先生不好意思地说："脚气又犯了，也没带药。"说完之后，他就去逛崂山了。过了两三个小时，当他回到房间时，他发现，在他床前放了一盆热水，桌子上放着一瓶治脚气的药，这位先生非常感动地说："我现在知道了，海尔为什么发展这么快了！"这位培训中心的服务人员，到企业还不到一年的时间，就可以主动地做到想客户所想、急客户所急，将真诚细致、全心全意为客户服务这个理念完全融入工作之中。所以即使企业的制度、规范、标准规定再严密，是不可能规定到客人腿瘸的，此时你应该怎么办？只有我们的价值观、使命感才能让大家做得更好。

摘自百度文库

 **"我"的观点**

企业文化是企业的灵魂，是推动企业发展的不竭动力。它包含着非常丰富的内容，其核心是企业的精神和价值观。这里的价值观不是泛指企业管理中的各种文化现象，而是企业或企业中的员工在从事经营活动中所秉持的价值观念。它使组织独具特色，区别于其他组织。

 **自我评估**

下面共有10道测试题，每道题满分是10分，请你如实为自己打分。

（1）在你的家里，你作为年轻的家庭成员，总能做到尊重、关心、顺从老人；关心老人的心情和健康，让老人高兴；在你的影响下，家庭关系很和睦。

（2）只要家里来了客人，你总能主动为客人沏茶倒水，与客人亲切交谈，让客人舒心、随便、高兴。

（3）和朋友们在一起时，你总是主动关心每一个人的冷暖和心情。

（4）在你工作的单位里，你总是乐于关心和帮助同事，谁遇到困难你都能尽力帮忙。

（5）你经常称赞和夸奖别人。

（6）得到别人的谅解、赞美和帮助时，你总是心存感激之情。

（7）走在大街上，陌生人向你问路时，你总是不厌其烦地给他讲清楚。

（8）如果有人请你帮忙，而你却实在无能为力，你内心会感到愧疚。

（9）在你从业的零售店铺里，你感到有义务和责任去帮助每一位客人，让他们高兴和满意。

（10）你总是能看到别人的优点并欣赏别人。

如果你的总分在80分以上，说明你已经很有服务意识了，相信你一定能够成为一位了不起的服务明星。

如果你的总分在60~80分，说明你只要稍加努力，便会成为服务高手。

如果你的总分在40~60分，说明你还需要把自己的爱心扩展到更大的范围。

如果你的总分在40分以下，说明你需要经过三个月的适应性训练，来培养和提高自己的服务意识。

项目二　创业指导

第一节　创业者特质

"大众创业、万众创新"政策受到社会各界的广泛支持和响应，创业创新氛围浓厚。"双创"实施，不仅促进了就业，带动了创新，推动了产业结构的调整，而且更加鼓励了职业院校学生积极实现自我跨越。是职业院校学生在这样的大环境下，大学生创业风起云涌，创业成功的比比皆是，但创业失败的案例也充斥耳鼓，为什么呢？要想创业成功，必须培养哪些创业具备的特质呢？

 工作情境

 小资料

"财经快递"一年赚到 6 位数

"很多快递只能送到校门口，从宿舍跑到校门口至少也得 20 分钟，有些快递员就会不高兴。"浙江财经学院东方学院学生孙晓告诉记者。好在，该校财政专业的学生陈博甫，在校内开办了一家"财经快递"。据小陈的合作伙伴、杭州电子科技大学工业设计专业大四学生景棋介绍，这是一家专门为同学取快递而设的学生公司，他们与杭州一家规模较大的快递公司达成协议，专门负责校内快递的揽发和派送，而学校则专门给他们配备了一间仓库。

有了这家快递公司，学生的快递到了，公司会有专人打电话通知学生，学生则随时可以到公司的仓库去取货，一下子方便了许多。"现在基本上一天会有 500 到 600 份包裹，"景棋告诉记者，"公司已经取得了可观的经济效益，基本'爬'上了 6 位数。"

——摘自青年创业网创业成功案例

 情境分析

"大众创业、万众创新"是我国目前经济发展的内在原动力引擎，国家鼓励，政府支持。但对于很多在校学生和即将毕业的学生来说，似乎是高不可攀，遥不可及；有的人则是充满恐惧或者说不敢，因而他们封闭了自己的创业大门。但上面例子告诉我们，只要你寻找到创业的商业价值，具备创业素质和创业能力，创业是可以成功的。

 知识泉眼

（一）大学生为什么要创业？

 小资料

目前越来越多的大学生希望通过自主创业实现自身价值。那么，究竟有多少大学生想创业，又有多少人已经在创业？他们在创业中遇到什么问题？

1. 意愿——八成人想创业，实践者仅 3%

调查结果显示，受访大学生中有自主创业意愿的达到 84%，也就是说八成以上大学生怀揣创业梦想。但是，真正进行创业实践的大学生创业者却仅有 3%。

"我们同寝室几个人天天商量想创业,可是不知道到底干啥好,我就怕耽误学习了,事也没做成。"一名大三学生不无担心地说。

想或不想,这只是主观意愿的调查,但调查数据足以表明当前大学生就业观念的转变。在就业压力越来越大的今天,多数大学毕业生主观上希望通过自主创业来体现自己的价值,可是面对风险,他们却缺乏足够的勇气走上创业路。

2. 期望——五成多大学生想做百万富翁

52%的受访者期望创业三年后,企业的年利润能达到100万以上,其中14%的人期望达到500万以上,而希望企业"三年内能够存活"的大学生创业者仅占25%。

其实对于大学生创业者来说,赚到"第一分钱"要远比掘出"第一桶金"更实际些。"初生牛犊不怕虎",年轻、朝气蓬勃,对未来充满希望,这些都是大学生创业者的优势,但是"好高骛远""眼高手低"往往成为初入社会的年轻创业者的"绊脚石"。

生存是任何企业首先要面对的考验,对于大学生创业者来说,"生存才是硬道理",能够生存就成功了一大半。

3. 困扰——最大障碍是经验和资金不足

接受调查的大学生创业者中,51%认为创业最大的困难是社会经验及管理营销知识缺乏,35%表示缺少启动资金是最大难题。

资金、社会经验的确是当前大学生创业的最大障碍,很多创业者都想尽办法寻求启动资金帮助,但是有了这些,创业就一定能成功吗?创业者本身才是内在的决定性因素,大学生如果摆不正自己的位置,不能发挥自己真正的优势,拿到的资金越多,也许赔的就越多。

对于大学生创业,郑州市中小企业局副局长侯国强提出了自己的建议:如果创业遇到难题,路走不通,大学生可以换一种思路,放弃自己建厂、办公司的想法;转而以合作的方式创业,充分发挥大学生在技术、专业知识方面的优势,扬长避短。

4. 观念——九成家庭不反对孩子创业

家庭观念方面,91%的家庭不反对孩子大学创业,其中还有26%的家庭大力支持,而仍然有9%的家庭认为大学生创业是"不务正业"。

"我"的观点

数据表明,大学生创业作为一种新的就业观念,不仅被大学生接受,也正在被社会和家庭接受。大学生的创业实践有时候也会受到家庭观念的巨大影响,大学生创业能得到家庭的全力支持,而不是来自家庭、亲朋的压力,这对创业成功无疑又多了一份筹码。

比尔·盖茨、李嘉诚、乔布斯、马克·扎克伯格等巨富传奇般的创业史和马云、张朝阳、丁磊、陈欧等人的成功形象,无疑就是当代创业大潮的核心动力。那么到底

什么是创业？简单来说，创业就是一个发现和捕捉机会并由此创造价值的过程。

创业是一项极具诱惑力和挑战性的事业，大学生往往对未来充满希望，他们有着年轻的血液、蓬勃的朝气以及"初生牛犊不怕虎"的精神，而这些都是创业者应该具备的素质。

随着我国的教育事业越来越发达，大学生人数也越来越多，毕业生就业压力越来越大。面对这种形势，选择自主创业既可为自己寻找出路，又可为社会减轻就业压力。选择自主创业，不论在社会效益方面，还是在自身价值发现和实现方面，都是有益的。但同时，大学生创业由于缺乏社会经验，抗风险能力不足，所以要增强风险意识和提高规避风险的能力。

1. 社会形势

高校扩招，毕业生就业问题已成社会问题，因找不到工作或是短时间内找不到合适工作，选择其他方式就业成为一种无奈之举。大学生就业问题的背后原因，十分复杂，这里只试着讨论通过自谋职业等方式来寻找。

2. 国家政策的支持和引领

李克强总理早在2014年就号召"大众创业、万众创新"，2016年5月国务院办公厅印发《关于建设大众创业万众创新示范基地的实施意见》（以下简称《意见》），系统部署双创示范基地建设工作。李克强总理指出："推动大众创业、万众创新，既可以扩大就业、增加居民收入，又有利于促进社会纵向流动和公平正义。"在论及创业创新文化时，他强调"让人们在创造财富的过程中，更好地实现精神追求和自身价值"。

3. 自主创业实现个人价值

小资料

对于普通高校毕业生来说，国内就业形势越来越严峻。有些大学生毕业后会选择到珠三角、北京或上海等一线城市去打拼，也有一部分大学生会回到二、三线城市就业或自主创业。其中，一部分选择了自主创业的大学生，他们认为这条路最能体现自我价值，大公镇王院村的黄小兰就是其中一员。

毕业前夕，黄小兰像大部分同学一样，经历了洒雪花一般投递简历的过程，小兰发现，一份朝九晚五的工作不能满足小兰对自我价值的定位，在校表现优秀的她相信自己的能力不仅仅于此，在看到一篇关于大学生回乡创业的文章之后，她心生回乡创业的念头。村里的大学生村官周晓萍听说了此事，立马找到小兰，在了解小兰的情况之后，她积极鼓励小兰，并向政府请求对回乡大学生创业的支持。

在政府及企业的支持下，海安兰森机械厂开张了。原来，在听说小兰的情况后，政府决定将其作为典型给予鼓励，从各方面采取帮扶。依托王院村建材企业多的大环境，帮助小兰找准定位，从选址到厂房建设，全程跟踪服务，呵护着这颗创业的小苗。

创业的日子是艰苦的,尽管企业刚刚起步,小兰说:"选择了创业这条路就不会后悔,不管成功还是失败,过程中自己获得的是一股精神、一分力量、一股毅力!"

——摘自百度文库

 **"我"的观点**

大学生创业是自立自强精神的典型体现。创业能够带来良好的经济效益,有利于提高自己的社会地位。

4. 自主创业的社会效益

创业不是单打独斗,是团队合作,协同作战。创业不但自己解决了就业问题,还带动就业,产生社会效益。创业能够磨炼创业者的意志,学会团队管理,团队运作。在这条道路上,企业不仅服务社会,创造经济效益,更增加社会效益。

5. 国家支持大学生创业

国家出台相关政策,鼓励有条件的大学生创业。例如,今后大中专和技校毕业生两年内从事个体经营的,自其在工商部门首次注册登记之日起三年内免交登记类、证照类和管理类等行政事业性收费。政府及其部门所属的人力资源公共服务机构要为创业大中专和技校毕业生提供劳动保障(人事)事务代理,并免收两年代理费。

银行方面,提供小额商业贷款。比如,在东莞,东莞户籍的大学毕业生自谋职业、自主创业的,今后可申请到最高 8 万元的贷款,合伙经营或组织起来创办中小企业的,申请小额贷款最高额度为 20 万元,东莞市财政局对符合条件的小额担保贷款据实全额贴息。

随着一系列的优惠政策和措施的出台,相信政府为大学生自主创业已经铺开了一条道路,大学生就业问题将得到有效缓解。

(二)创业者的个人素质条件

1. 个性特征

不是每个人都能创业,也不是每一个想创业的人都能创业成功,创业者除了具备前文所述的职业价值观外,还要有如下个性特征。

(1)善于发现。

 **小资料**

有一位年轻人乘火车出行。火车行驶在荒无人烟的山野中,人们一个个百无聊赖地望着窗外。

前面有一个拐弯处,火车减速,一座简陋的平房缓慢地进入人们的视线。也就在这时，几乎所有的人都瞪大眼睛"欣赏"这寂寞旅途中特别的风景。有的乘客开始纷纷议论这座房子。

年轻人的心为之一动。返回时，他中途下了车，不辞劳苦地找到那座房子。主人告诉他，每天火车都要从门前"隆隆"驶过，噪音使他们受不了。房主很想低价卖掉房子，但多年来一直无人问津。

不久，年轻人用三万元买下了那座房子，他觉得这座房子正好处在拐弯处，火车一经过这里时都会减速，疲惫的乘客一看到这座房子时，就会为之一振，用来做广告是最好不过的。

很快，他开始和一些大公司联系，推荐房屋正面是一面很好的"广告墙"。后来，可口可乐公司负责人看到了这个广告媒体，在三年租期内，就支付了年轻人18万元的租金。

——摘自《就业与发展》

"我"的观点

案例中的年轻人具有一双善于发现的慧眼，发现是成功之门。在市场经济条件下，商机很多，能不能发现商机，是决定创业成功的前提。致富道路四通八达，只要创业者用心发现，加上自身努力，何愁不能致富。对多姿多彩的生活心领神会者，创业良机就不会与他擦肩而过。

（2）善于应变。

小资料

刘虎锋是陕西宝鸡农家孩子，2005年考入南京工业职业技术学院自动化专业，哥哥每月资助他300多元，整个读书期间异常艰辛。毕业后他在南京找到一份称心的工作，为一些大型的电厂、钢厂锅炉"热控"做技术检测。

刘虎锋任职的企业由于负责人经营不善亏损倒闭，在投资方准备注销公司时，刘虎锋觉得"太可惜"，出资人见状便把公司"壳"留给了他。就这样，凭着仅剩的几张办公桌椅以及缴了一年房租的"公司"，刘虎锋开始自主创业。起初，他投入了打工积攒的一万元，开始跑市场，可惜3个月下来却没有一笔业务，就在他把钱花完，家里人劝他回家的时候，偶然，前往一家军工企业，试图为公司发展寻求转机。在他与军工企业谈生意的时候，发现对方需要的是一种通信信息化设备，不是自己的主打产品，又不是自己的专业特长，但是他请来专家合作，以确保订单质量。在他的努力下，很快生产出全新产品。

看到新项目市场前景的广阔，刘虎锋决意专攻这个系统集成产品，注册了"北冶

机电设备公司"，并报名参加创业培训班以进一步提高业务能力。由此，2011年公司销售额超过百万元。

"我"的观点

从上述事例中不难看出，企业能否根据市场需求的变化适时推出新的产品，决定着企业是否能良好地生存和发展。

企业之所以存在，是因为它源源不断地向人们提供自己的产品和服务。如果某一天企业不能向人们提供自己的产品和服务，那么，这家企业也就失去了它存在的价值。现代的市场环境，人们的需求在变，变得日益个性化，要满足这种日益变化的需求，企业就必须能够提供日益变化的产品和服务，企业的产品就必须具有应变力。具体地说，面对人们不断变化的需求，企业产品的品种、规格、花色和质量应能够不断调整以适应人们的变化。只有"以变应变"，企业才有可能存在和发展。

(3) 善于管理。

小资料

分粥

有七个人曾经住在一起，每天分一大桶粥。要命的是，粥每天都是不够的。

一开始，他们每天轮一个人来分粥。于是乎每周下来，他们只有一天是吃饱的，就是自己分粥的那一天。后来他们开始推选出一个道德高尚的人出来分粥。强权就会产生腐败，大家开始挖空心思去讨好他、贿赂他，搞得整个小团体"乌烟瘴气"。然后大家开始组成三人的分粥委员会及四人的评选委员会，但他们常常互相攻击，扯皮下来，粥吃到嘴里全是凉的。最后想出来一个方法：轮流分粥，但分粥的人要等其他人都挑完后拿剩下的最后一碗。为了不让自己吃到最少的，每人都尽量分得平均，就算不平，也只能认了。大家快快乐乐，和和气气，日子越过越好。

——摘自《就业与发展》

"我"的观点

同样是七个人，不同的分配制度，就会有不同的风气。所以一个成功的创业者应该是懂得如何制定有效管理制度的人，如何让员工在企业内充分发挥聪明才智的人。

（4）处事果断。

 小资料

大一就成功创业

1980年，钱俊冬出生于安徽省无为县赫店镇的一个贫困农民家庭。他从小就立志要考上重点大学，毕业后找一份好工作，改变家庭贫困的生活。

1. 开学一周，掘得第一桶金

开学第三天的下午，钱俊冬正独自在寝室里翻阅新课本，一位师兄推门进来推销随身听。正在这时，几位室友也回到了寝室。结果，这位师兄没费多少口舌，4部随身听以每部80元的价格被室友买下。这件事情使钱俊冬隐约地觉得一种商机和一个比较大的消费群就在自己身旁。后来，他从同学那里打听到在西安东郊有两处小商品批发市场。第一个周末，他逛遍了这两个小商品批发市场，仔细对比了各种随身听的性能和价格后，他以15元的批发价购买了6部师兄推销的那种款式的随身听，一倒手净赚了300元。这是他掘得的第一桶金。之后，当同学们刚习惯用卡式电话时，他以低廉的价格从IC卡经销商那里购进电话卡，然后以比市场低的价格出让给同学，在赚得一点辛苦费的同时，让同学们也得了一些实惠。后来，像考研用的复习资料、英语磁带，他都找到了低于校外价格的供应渠道。一年后，他便成了校园里小有名气的"生意精"。

2. 底层做起，为创业做准备

为了实现自己的理想，钱俊冬除了学习好专业课外，还不时去学校图书馆看一些法律、心理学、市场营销等方面的书籍。他认为，搞推销和倒卖纯属个人行为，还没有完全融入社会。要创业最好还是先融入企业，到企业中去体验，懂得如何把学到的知识与企业实际相结合，这样才能获得成功。

 "我"的观点

创业者在创业过程中，会遇到许多棘手的问题，每一个问题都需要做出决断；时刻会遇到发展机遇问题，需要创业者及时做出决策；发展中会遇到瓶颈问题，需要创业者做出理性决策。不一样的决断结果，会给企业带来不一样的影响。决断好了获得的是利益，决断不好给企业带来的是损失甚至是灭顶之灾。

(5) 决策正确。

 **小资料**

战国时代,有一名叫季梁的人,对魏国的国王说:"我刚才在路上看见一个人坐着车子向北走,他对我说:'我是到楚国去的。'我问他:'楚国在南方,你要到楚国去,为什么向北方走呢?这不是越走越远了吗?'他说:'不要紧,我的马很能跑路。'我说:'你的马虽然很能跑路,但这不是到楚国去的路呀!'他说:'不要紧,我的旅费很多。'我说:'你的旅费很多,但这也不是去楚国的路呀!'他又说:'这不要紧,我的车夫驾车的本领很高。'大王,您看!这个要到楚国去的人,尽管他有能跑的马,充足的旅费,本领高强的车夫,可是他把方向搞错了,永远也不能到达楚国。而且,在这种情况下,他的马越好,旅费越多,车夫驾车的本领越高,只能使他离开楚国越远。"

——摘自百度百科

 **"我"的观点**

这个故事说明了一个简单的道理,走路必须识别方向。创业和走路一样,需要不断地识别方向,根据市场需要做出正确的决策。打仗需要"知己知彼",才能"料敌制胜",在人生旅途中,一个人如果迷失了方向就会迷失自己,就会犯错误,甚至会使自己成为一个碌碌无为的人。如果在创业决策中,迷失了方向,就会血本无归。所以,正如培根所说:"跛足而不迷路者能赶过虽健步如飞但误入歧途的人。"

 **小资料**

哪些人不适合创业

一是缺少职业意识的人。职业意识是人们对所从事职业的认同,它可以最大限度地激发人的活力和创造力,是敬业乐业的前提,如职业运动员、职业演员等,他们具有较强的职业意识。

二是优越感过强的人。这些人自恃才高,我行我素,脱离集体,与集体的关系难以融洽。

三是偷懒的人。这种人被称作"工资小偷"。他们付出的劳动与工资不相符,空闲时间过多,只会发牢骚、闲聊,每天晃来晃去,浪费时间,影响工作。这种行为实际是一种变相的盗窃。

四是片面与傲慢的人。有的人只注意别人的缺点,看不到别人的优点;或明知别人的缺点，却不能向好的方面引导。有的人喜欢贬低别人，抬高自己，总认为自己是强者，搞自我为本位、以自我为中心。这两种人弱点明显，即使有能力，也可能会给公司造成很大的负面影响。

五是僵化死板的人。这种人做事缺少灵活性，对任何事都只凭经验教条处理，不能灵活应对。习惯于将惯例当成金科玉律，不能适应迅速变化的形势和环境。

六是感情用事的人。处理任何事情都要理智，感情用事者往往以感情代替原则，想如何干就如何干，不能用理智自控。这对公司的工作是极为不利的。

七是"多嘴多舌"的人与"固执己见"的人。"多嘴多舌"的人，不管什么事，他们都插话说几句；"固执己见"的人，则从不倾听别人的意见。不过，要把这两种人与有自己独立见解、坚持正确意见的人区别开来。

八是虚伪的人。这种人表里不一，表面上恭维人，待人非常礼貌客气，内心却完全相反，看不起别人，背地里我行我素，这种人会产生消极影响。

——摘自百度知道

2. 心理特征

创业与就业的最大区别，就是要承担更大的风险，成功的创业者喜欢迎接挑战，敢于并乐于承担风险，并从克服困难中获得无穷乐趣。

世界上的事情，绝对安全可靠、有百分之百成功把握的是极少数的。常常是事业的范围和规模越大，能取得的成就就越大，同样伴随着的风险也越大，需要承受的心理负担也就越重。所以，创业者应具备敢于行动、敢于冒险、敢于决断的魄力，拥有敢于承担挫折和失败的良好心理品质。

（1）自信。由于种种原因，读高职也许是一种无奈的选择，自卑会从心底里萌生；也有人表现为"自尊心"很强，很要"面子"，但内心却胆小怕事，做事缺乏信心。这种自卑型人格是创业的极大障碍。学习成绩只能反映人的一个方面，而不代表人的全部。正确认识自我，发现与发挥自己的潜能，勇敢地跨越自卑，才能让丑小鸭变成白天鹅。

 小资料

小黄中专毕业后，就是找不到称心的工作，许多招聘单位不是嫌他学历低就是嫌他没技能。自尊心很强的小黄，接受了黄浦职业介绍所职业指导员的意见，看准了目标，下定了决心学技术，先参加了厨师初级的学习。拿了证书后，边工作边实践，到了允许的年限，马上参加了中级培训。就这样，他认定方向，用了多年的功夫，边工作边培训，如愿地获得了高级厨师的证书。

学历不高，但有了丰富的实践经验的小黄，揣着高级厨师证书，顺理成章地进了自己早就钟爱的一家沪上著名的餐饮公司。他不骄不躁，虚心向老师傅学习，并把自己学到的烹饪理论用到实践中，并大胆创新。为了一道菜，他常常搞到深夜，最后一个离开单位成了家常便饭。功夫不负有心人，经过长时间的钻研，他把宫廷传菜加以革新，独创了多道特色菜肴。他所在的餐饮大厅里，食客盈门，很多人就是冲着他的特色菜而来的。小黄如今创办了自己的饭店，以其独创的特色菜肴作为饭店的主打菜，饭店生意兴隆。

——摘自道客巴巴《就业与创业指导》

"我"的观点

小黄战胜了自我，经过艰苦的磨炼，终于赢得了成功。他如果不能战胜自我，那么今天他可能还是一个普通的打工者。

（2）不怕困难。有个企业家决策时遇到了难题，坐在餐厅的角落里独自一个人喝着闷酒。一位热心人走上前去问道："先生，您一定有什么难题，不妨说出来，让我给您帮帮忙行吗？"

企业家看了他一眼，冷冷地说："我的问题太多了，没有人能帮我的忙。"这位热心人立刻掏出名片，原来他是个心理咨询专家，他请企业家明天到他的办公室去一趟。

第二天，企业家依约前往，这位热心人说："走，我带你去一个地方散散心吧。"企业家不知道他葫芦里卖的什么药。

热心人把企业家带到郊外。两个人下了车，热心人指着一片墓场说："你看看吧，只有躺在这里的人才统统是没有问题的。反之，活着的人上至总统下至平民哪一个没问题？有谁不被问题所困扰？"企业家恍然大悟。

人，只有到了坟墓，才不会为问题所累。因此，活着，就不要害怕问题和困难。创业遇到的困难会很多，一个敢于直面困难的人，才能在挫折和失败面前不放弃，坚持不懈。每个人都是哭着来到这个世界的，但一定要争取笑着离开。有困难很正常，努力解决它就是了。

（3）居安思危。美国康奈尔大学做过一次有名的实验。经过精心策划安排，他们把一只青蛙冷不防丢进煮沸的油锅里，这只反应灵敏的青蛙在千钧一发的生死关头，用尽全力跳出了那势必使它葬身的滚滚油锅，跳到地面安然逃生。

隔半小时，他们使用一个同样大小的铁锅，这一回在锅里放满冷水，然后把那只死里逃生的青蛙放在锅里。这只青蛙在水里不时地来回游动。接着，实验人员偷偷在锅底下用炭火慢慢加热。

青蛙不知究竟，仍然在温水中享受"温暖"，等它开始意识到锅中的水温已经使它熬受不住，必须奋力跳出才能活命时，一切为时太晚。它欲试乏力，全身瘫痪，呆呆地躺在水里，终致葬身在铁锅里面。

这个实验揭示给我们一个十分残酷的事实——突如其来的外在刺激或强敌往往能使人奋起面对，发挥出意想不到的潜力，而慢慢的腐蚀却往往使人防不胜防，一蹶不振。

创业者在创业成功之后必须居安思危，继续保持清醒的头脑，敏锐思危，及时捕捉市场信息，否则就会在成功的喜悦中慢慢地走向失败。

3. 个人能力

小张是某职业技术学院机械专业毕业生，立志创业，毕业后学着别人倒卖蔬菜、水果、服装，几经波折，没有一件事干成。正当小张垂头丧气时，恰好社区组织个体经营者进行自我创业资源分析。经过分析，小张发现自己最大的长处还是自己的专业。在这之后，小张开了一家汽车修理店，他感到一下子有了广阔的空间。

"我"的观点

创业并不是一件容易的事，除了付出艰辛和努力外，还需要对自己的优势和不足有一个正确的评价，只有这样，才能走向成功。小张的专业是机械，修理汽车是他的专长，在认识到自己的长处后，小张及时调整方向，最终获得了成功。

不同的行业经营的性质、特点不同，对创业者的能力要求也不同，而任何人又不会全能全知，有所长，必有所短。因此在创业者选择创业目标时，必须正确认识自己的能力和优势，了解自己的个性和特长。创业者要了解自己能做什么，能做好什么，力争做到扬长避短，与创业的具体要求相匹配。否则，舍长就短，绝对不会成功。

就我们职业院校的学生而言，自身的优势应该是职业技能，也可以称之为专业技术能力。专业技术能力是创业者掌握和运用专业知识进行专业生产的能力。专业技术能力的形成具有很强的实践性。许多专业知识和专业技巧要在实践中摸索，逐步提高发展、完善。创业者要重视创业过程中知识积累的专业技术方面的经验和职业技能的训练，对于书本上介绍过的知识和经验在加深理解的基础上予以提高、拓宽；对于书本上没有介绍过的知识和经验要探索，在探索的过程中要详细记录、认真分析，进行总结、归纳，上升为理论，形成自己的经验特色，积累起来。只有这样，专业技术能力才会不断提高。所以在校期间，应努力学习专业技能，提高自己的动手能力和实践能力，除了获得职业资格证书外，还应该尽可能地丰富自己的头脑，提升自己的知识内涵，为自己创业奠定深厚的技术基础。

很多大学生在创业时，过多强调资金因素影响力，其实不然，创业条件中资金虽然很重要，但不是至关重要的，更重要的是创业者个人的经营管理能力。

经营管理能力，是指对人员、资金的管理能力。它涉及人员的选择、使用、组合和优化，也涉及资金聚集、核算、分配、使用、流动。经营管理能力是一种较高层次

的综合能力,是运筹能力。经营管理能力的形成要从学会经营、学会管理、学会用人、学会理财几个方面去努力。

(1) 学会经营。创业者一旦确定了创业目标,就要组织实施,为了在激烈的市场竞争中取得优势,必须学会经营。

(2) 学会管理。要学会质量管理,始终坚持质量第一的原则。质量不仅是生产物质产品的生命,也是从事服务业和其他工作的生命,创业者必须严格树立牢固的质量观。要学会效益管理,要始终坚持效益最佳原则,效益最佳是创业的终极目标。可以说,无效益的管理是失败的管理,无效益的创业是失败的创业。做到效益最佳要求在创业活动中人、物、资金、场地、时间的使用,都要选择最佳方案运作。做到不闲人员和资金、不空设备和场地,不浪费原料和材料,使创业活动有条不紊地运转。学会管理还要敢于负责,创业者要对本企业、员工、消费者、顾客以及对整个社会都抱有高度的责任感。

(3) 学会用人。市场经济的竞争是人才的竞争,谁拥有人才,谁就拥有市场,拥有顾客。一个企业没有优秀的管理人才、技术人才,这个企业就不会有好的经济效益和社会效益,一个创业者不吸纳德才兼备、志同道合的人共创事业,创业就难以成功。因此,必须学会用人,要善于吸纳比自己强或有某种专长的人共同创业。

(4) 学会理财。学会理财,首先,要学会开源节流。开源就是培植财源,在创业过程中除了抓好主要项目创收外,还要注意广辟资金来源。节流就是节省不必要的开支,树立节约每一滴水、每一度电的思想。大凡百万富翁、亿万富翁都是从几百元、几千元起家的,都经历了聚少成多、勤俭节约的历程。其次,要学会管理资金。一是要把握好资金的预决算,做到心中有数;二是要把握好资金的进出和周转,每笔资金的来源和支出都要记账,做到有账可查;三是把握好资金投入的论证,每投入一笔资金都要进行可行性论证,有利可图才投入,大利大投入,小利小投入,保证使用好每一笔资金。总之,创业者心中时刻装有一把算盘,每做一件事,每用一笔钱,都要掂量一下是否有利于事业的发展,有没有效益,会不会使资金增值,这样,才能理好财。

自我评估

你适合创业吗?你是和别人不同的那一颗蛋吗?你有适合创业的基因吗?这个问题决定你的创业前途哦!

从点菜看你是否适合创业:当你和朋友或其他人到一间饭店或酒店里用餐,你点菜时通常是(   )。

A. 不管别人,只点自己想吃的菜。

B. 点和别人一样的菜。

C. 先说出自己想吃的东西。

D. 先点好,再视周围情形而变动。

E. 犹犹豫豫,点菜慢吞吞的。

F. 先请店员说明菜的情况后再点菜。

答案解析如下。

A 答案：不管别人，只点自己想吃的菜。

你是个乐观、完全不拘小节的人。做事果断，容易跨出创业的第一步，但是否正确却难说。先看价格后，迅速做出决定的人是合理型的；选择自己想吃的人是享受型的；比较价格与内容才决定的人，为人吝啬。

B 答案：点和别人同样的菜。

这种人多是顺从型的，做事慎重，往往忽视了自我的存在。对自己的想法没有自信，常立刻顺从别人的意见，这种人是易受人影响的人，不适合创业。

C 答案：先说出自己想吃的东西。

性格直爽、胸襟开阔，难以启齿的事也能轻而易举，若无其事地说出来。这种人待人不拘小节，可能是为人缘故，有时说话尖刻，也不会被人记恨，适合创业。

D 答案：先点好，再视周围情形而变动。

小心谨慎，在工作和交友上易犹豫的人。此类型的人给人的印象是软弱的。想象力丰富，但太拘泥于细节，缺乏掌握全局的意识，在创业中千万不可犹豫不决。

E 答案：犹犹豫豫，点菜慢吞吞的。

做事一丝不苟，安全第一。但你的谨慎往往是因为过分考虑对方立场所致。你能够真诚地听取别人的劝说，但不应该忘掉自己的观点，应该说比较有创业优势。

F 答案：先请店员说明菜的情况后再点菜。

自尊心强的人，讨厌别人的指挥，在做任何事之前，总是坚持自己的主张。做任何事都追求不同凡响。做事积极，在待人方面，重视双方的面子。如能谦虚，将对创业更有帮助。

第二节　了解创业流程——让创业更顺利

从事任何事情的时候都需要有对应的流程做指引，先做什么后做什么，只有了解了流程顺序，才能更有条理，更有效率地完成既定目标。创业也同样如此，只有了解合理的创业实施流程，才能为我们的创业之路提供更为清晰的思路，在创业过程中更高效地完成每一个步骤，从而提高创业成功率。

 工作情境

大学即将毕业，同学们纷纷开始为自己毕业之后的去向做准备。计划自己创业的同学们也不例外。为了扶持大学生自主创业，很多地区政务服务中心推出了一站式解决大学生创业就业诉求窗口。这一天，小刘、小李、小赵三位同学相约来到了当地政务中心，准备了解创业相关信息。

小刘："哎？咱们来创业是现在就可以申请了吗？就直接注册公司名称就可以了吗？可是我还没想好要经营什么呢。"

小李："经营什么你都没想好，就准备创业了？别开玩笑了。创业可得谨慎，我想了好久才定下来项目，不过就是不知道能不能有得赚，也不知道现在做这个的人多不多。好像还得缴税什么的，都得去办理呢。"

小赵："这创业可不是随便说说，里面的流程多着呢。着手之前还要进行详细的市场调研，如果需要找投资人或者投资机构，还要制定完备的创业计划书呢。我已经做完这些准备了，今天就来这办理公司注册。"

思考：通过小刘、小李、小赵这三位同学的话，你认为了解创业流程是否有必要？了解创业流程对能否创业成功是否有着重要意义？

情境分析

创业的成功案例一直像磁铁似的吸引着大众，于是越来越多的人开始走上了创业之路。但创业路是一条漫长的道路，中间会经过各种各样的困难与问题。有的人成功了，接到了鲜花与掌声，但往往还有很大一部分人就以失败告终了。人人都可以创业，但不是每个人都能成功。如果你想创业，创业前你必须打有准备的仗。即：创业前需要做好一些准备工作才能保证事半功倍的效果。

知识泉眼

（一）市场调研

创业前需要对如下几个方面进行调研，以便确定创业经营项目。

一是调研行业状况。对创业拟选择项目所处的行业状况进行调查分析。主要包括政策支持、法律保障、市场饱和度与市场空白、地理分布状况、未来发展趋势分析、经济社会发展水平，等等。

二是进行竞品分析。主要包括竞争对手数量、产品特征、经营规模、经营策略、购销渠道、发展目标、市场占有率，等等。

三是进行用户群体分析。主要包括服务对象的消费习惯、消费水平、购买力的发展趋势，用户群体差异化与同质化分析，产品对应所解决的问题，产品主要使用场景，等等。

四是了解经营项目的基本要求。主要包括经营某一项目所需要的资金、人力、供应商渠道、销售渠道、推广营销方式、生产技术、场地、设备等方面的数据。

SWOT 分析法

S（Strengths）是优势，W（Weaknesses）是劣势，O（Opportunities）是机会，T

（Threats）是威胁。按照企业竞争战略的完整概念，战略应是一个企业"能够做的"（即组织的强项和弱项）和"可能做的"（即环境的机会和威胁）之间的有机组合。

所谓SWOT分析，即基于内外部竞争环境和竞争条件下的态势分析，就是将与研究对象密切相关的各种主要内部优势、劣势以及外部的机会和威胁等，通过调查列举出来，并依照矩阵形式排列，然后用系统分析的思想，把各种因素相互匹配起来加以分析，从中得出一系列相应的结论，而结论通常带有一定的决策性。

SWOT分析模型

"我"的观点

从整体上看，SWOT可以分为两部分：第一部分为SW，主要用来分析内部条件；第二部分为OT，主要用来分析外部条件。利用这种方法可以从中找出对自己有利的、值得发扬的因素以及对自己不利的、要避开的东西，从而明确企业的经营方向。

因此，SWOT方法最大的现实意义在于帮助分析形势，为项目论证，为公司的经营方向做出较正确的决策和规划提供结构性方法论支持。

（二）制作创业计划书

1. 制作创业计划书

创业计划书，又名"商业计划书"，是由创业者准备的一份全面计划、用以描述创办一个新的风险企业（提供产品与服务）时所有相关的内部及外部要素。从各地的情况来看，创业计划是一无所有的创业者或某一具有市场前景的新产品或服务向风险投资家游说以取得风险投资的商业可行性报告。

创业计划书不仅仅是一种业务构思的策划和一份信息披露，而且还是吸引投资的宣传书，更是以后公司运作的指导书。创业计划对创业者、潜在的投资者，甚至新员工的招聘都很有价值。他们通过企业计划来熟悉风险企业，了解它的目标。我国学生创业往往凭借计划书而赢得投资人的注意。一个好的计划书对于创业者来说实在是非常重要的。创业计划书应作为创业的重要环节，或作为培养创业能力的重要途径。

 小资料

创业计划书写作指南

创业计划的组成部分,创业计划一般包括执行总结,产业背景和公司概述,市场调查和分析,公司战略,总体进度安排,关键的风险、问题和假定,管理团队,企业经济状况,财务预测,假定公司能够提供的利益等10个方面。

1. 执行总结

该部分是整个创业计划书的概括,包括以下方面:
- 本创业计划的创意背景和项目的简述;
- 创业的机会概述;
- 目标市场的描述和预测;
- 竞争优势和劣势分析;
- 经济状况和盈利能力预测;
- 团队概述;
- 预计能提供的利益。

2. 产业背景和公司概述
- 详细的市场分析和描述;
- 竞争对手分析;
- 市场需求;
- 公司概述应包括详细的产品或服务描述以及如何满足目标市场客户的需求,进入策略和市场开发策略。

3. 市场调查和分析
- 目标市场客户的描述与分析;
- 市场容量和市场的分析、预测;
- 竞争分析和各自的竞争优势;
- 估计的市场份额和销售额;
- 市场发展的走势。

4. 公司战略

阐释公司如何进行竞争,包括:
- 在发展的各阶段如何制定公司的发展战略;
- 通过公司战略来实现预期的计划和目标;
- 制订公司的营销策略。

5. 总体进度安排

公司的进度安排,包括以下领域的重要事件:

- 收入来源；
- 收入平衡点和正现金流；
- 市场份额；
- 产品开发介绍；
- 主要合作伙伴；
- 融资方案。

6. 关键的风险、问题和假定
- 关键的风险分析（财务、技术、市场、管理、竞争、资金撤出、政策等风险）；
- 说明将如何应付或规避风险和问题（应急计划）。

7. 管理团队

介绍公司的管理团队，其中要注意介绍各成员与管理公司有关的教育和工作背景（注意管理分工和互补）；介绍领导层成员、创业顾问以及主要的投资人和持股情况。

8. 企业经济状况
- 股本结构与规模；
- 资金运营计划；
- 投资收益与风险分析。

9. 财务预测
- 财务假设的立足点；
- 会计报表（包括收入报告、平衡报表，前两年为季度报表，前五年为年度报表）；
- 财务分析（现金流、本量利、比率分析等）。

10. 假定公司能够提供的利益

这是创业计划的"卖点"，包括：
- 总体的资金需求；
- 在这一轮融资中需要的是哪一级；
- 如何使用这些资金；
- 投资人可以得到的回报，还可以讨论可能的投资人退出策略。

创业计划书可以理清自己的创业思路，可以考虑自己所从事的事业。当创业者确立了创业的目标，产生创业的激情时，创业者要把自己的思想和策划以创业计划书的形式写出来，并把反面的理由也写进去，从正反两方面反复推敲，看看自己的创业理想是否切实可行，是否具有诱人的前景。通过创业计划书，创业者可以对自己的创业有比较清晰的认识。

创业计划书也可以帮助创业者寻找投资者、合作者以及供应商、销售商，赢得他们的支持与理解，使公司外部的关系户明白企业的经营目标和范围，为企业的发展创造良好的外部环境。

创业计划书为企业经营定下比较具体的目标、范围和重点，明确企业存在的价值与发展方向。创业计划书必须思考产品开发、市场开拓、投资回收等方面的重大战略决策，为企业的创建与发展精心准备。

创业计划书的写作过程，是一个思考整体，调研市场，捕捉商机，运筹帷幄的过程。立志于创业的同学，请认真完成你的创业计划书。

"千鸟互联"宣布完成3 800万元A轮融资，成立六个月共计完成5 600万融资

近日，印刷包装领域的互联网公司"千鸟互联"宣布完成由青松基金领投、前海天禾文化基金跟投的3 800万元A轮融资。此前，"千鸟互联"已经获梅花创投领投、朱晔和孔毅个人跟投的800万元Pre-A轮融资以及由广东文投领投的1 000万元天使轮融资。至此，"千鸟互联"成立六个月，公司共计完成5 600万元融资。

成立于2017年11月，"千鸟互联"以印刷厂的废纸回收为切入点，以自营方式与客户签约、通过千鸟回收系统预约，而后完成上门回收、分拣、称重、出单、打包、销售等流程，构建了完整的回收方案。

传统废品回收的流程是这样：三轮车（上门揽收）→城市配送→回收中心（临时存储）→打包厂（分拣、打包）→造纸厂，造纸厂生产后卖给加工企业。中间环节多、回收链条长，且管理无秩序，所以短斤少两、掺假注水是业界常态。

2015年曾涌现一批O2O回收企业，如九贝壳、再生活等，模型中最大的问题是低客单价、高物流成本导致难以盈利。如今的回收企业则纷纷转向2B——商户可以产生稳定的供给，且每次都可以回收几十、上百公斤废品，客单价更高，可以最大化分摊物流成本。目前"闲豆回收""笨哥哥"就是2B的回收企业。

相比于"闲豆回收"回收商场、超市、写字楼等废纸，"千鸟互联"切入的是更垂直的印刷包装厂，供纸量更集中。除了回收业务外，"千鸟互联"还想延伸到金融服务和原纸供应链服务。

印刷厂普遍面临着融资难的困境，因为制造业的收款往往有滞后性，在前期的设备采购、升级和印刷过程都需要印刷厂垫资。由此，"千鸟互联"想给包装印刷企业做金融服务，解决传统企业融资难的问题。

至于原纸供应链，"千鸟互联"则想打通印刷厂和造纸厂的通路。印刷厂的废纸由千鸟互联运送到造纸厂，而后将造纸厂的原纸供应给印刷厂，完成销售闭环。

目前"千鸟互联"的主要市场在广州，每个月保持100%增长，单月自营收入即将突破2 000万元，实现了全面盈利。

谈及核心优势，"千鸟互联"的创始人刘闻波认为，物流体系是其核心竞争力。刘闻波是"1号货的"创始人，在"1号货的"三年的创业过程中，已经打通了计划性物流和非计划性物流相互融合的智慧物流运营体系。而废纸回收从回收、分拣、搬运、装卸、仓储、物流，以及车辆的调度管控，跟"1号货的"所积累的物流资源高度匹配。

关于团队，刘闻波是连续创业者，创办的"1号货的"三年五次融资，估值过亿；联合创始人胡景军曾任媒体集团公司总经理，有200人销售团队管理经验；运营负责人刘朝村有十二年再生资源行业经验，两年的互联网+回收纸运营经验。

——摘自百度百家号

"我"的观点

逻辑明晰、条理清楚、重点突出的创业计划书往往能在无形中为我们的创业提供强大的助力。通过一份合理规范的创业计划书为融资、项目推介上带来的裨益是不可估量的。

2. 创业计划注意点

制作一份成功的创业计划时应该注意以下几点。

第一，清楚、简洁。

第二，展示市场调查和市场容量。

第三，了解顾客的需要并引导顾客。

第四，解释顾客为什么会掏钱买你的产品或服务。

第五，在头脑中要有一个投资退出策略。

第六，解释为什么你最合适做这件事。

失败的饮品小店

张力是一名刚刚毕业不久的大学生，不同于选择进入企业就业的大多数同学，张力选择用自己大学期间积攒下来的资金和家庭方面提供的支持，开了一家饮品店。然后由于没有做好前期的市场调研，草草选择了学校附近，盲目按照自己心中想要的店面风格进行装修，花了大价钱。没有调查清楚学生的实际消费水平，产品价格高到普通学生难以接受。同时面对同行激烈的竞争，他的产品口味并没有展现出明显的优势，无法与周边的另外几家同质类店铺相抗衡。最终难以为继，创业失败。

——摘自餐饮商机网

"我"的观点

制作一份成功的创业计划时不应该犯如下错误。

第一,过分乐观。

第二,拿出一些与产业标准相去甚远的数据。

第三,消费群体价格定位不准确。

第四,忽视竞争威胁。

第五,无自身优势。

(三)筹集创业资金

1. 银行贷款

银行方面,会提供小额贷款。比如,在东莞,东莞户籍的大学毕业生自谋职业、自主创业的,今后可申请到最高8万元的贷款;合伙经营或组织起来创办中小企业的,申请小额贷款最高额度为20万。东莞市财政局对符合条件的小额担保贷款数据实行全额补贴。

2. 投资资金

一部分创业者在创业初期会选择民间资本投资,也就是我们常说的天使投资,在保证项目正常开始运转后,再根据运营状况和进展,有针对性地寻找专业的风险投资机构。

风险投资

风险投资(Venture Capital,缩写为VC)简称风投,又称为创业投资,主要是指向初创企业提供资金支持并取得该公司股份的一种融资方式。风险投资是私人股权投资的一种形式。风险投资公司为一专业的投资公司,由一群具有科技及财务相关知识与经验的人所组合而成,经由直接投资被投资公司股权的方式,提供资金给需要资金者(被投资公司)。风投公司的资金大多用于投资新创事业或是未上市企业(虽然现今法规上已大幅放宽资金用途),并不以经营被投资公司为目的,仅是提供资金及专业上的知识与经验,以协助被投资公司获取更大的利润为目的,所以是一追求长期利润的高风险高报酬事业。

——摘自百度知道

"我"的观点

风险投资之所以被称为风险投资，是因为在风险投资中有很多的不确定性，给投资及其回报带来很大的风险。一般来说，风险投资都是投资于拥有高新技术的初创企业，这些企业的创始人都具有很出色的技术专长，但是在公司管理上缺乏经验。另外一点就是一种新技术能否在短期内转化为实际产品并为市场所接受，这也是不确定的。还有其他的一些不确定因素导致人们普遍认为这种投资具有高风险性，但是不容否认的是风险投资的高回报率。

3. 朋友众筹

所谓众筹，即大众筹资，一种向群众筹集资金、人力、技术等，以支持发起的个人或组织的行为。一般而言是通过网络上的平台连接起赞助者与提案者。具有低门槛、多样性、依靠大众力量、注重创意的特征。

小资料

朋友众筹的注意事项

首先，任何合法经营都是需要遵守国家法律法规的。严格遵循国家法律法规，在法律允许范围内从事符合国家法律、当地法规的正当经营。

其次，正所谓"亲兄弟，明算账"。创办企业熟人搭伙是常见的，但是注意签订必备的契约，建立严格的约束制度。特别是筹集创业启动资金，要认真考虑筹资成本和自己实际的资金需求情况。要精打细算，留有余地。找投资、贷款也要货比三家，定好相关的协议和合同。

众筹的优势主要表现为中小企业、投资者、普通个人以及产品提供了联结纽带和展示平台。

第一，资本门槛降低，为广大普通人提供了机会。

第二，为广大小企业提供机会。众筹改变了小企业的困境，只要有好的项目，在广大的小投资者中间不怕找不到资金，同时也获得了一份市场调查报告。

第三，众筹是一个不错的广告平台。无论是否融资成功，你的项目都获得了展示，给潜在的投资人看。

第四，众筹平台有成千上万的投资者使用它。投资者形成了一个群体，而众筹平台往往也能让他们相互交流，在尽职调查中提供投资帮助。借助集体的智慧，投资者也往往能做出更理性的决策。

第五，可以通过众筹的方式，让产品先有用户，先有传播。这种方式可以极大地降低企业的风险,可以真正改变整个中国社会金融的格局,真正带来民主和开放,这才是普惠金融的概念。

众筹的劣势主要表现为法律界限模糊、法律实施困难以及缺乏更加完善的法律保障机制。

(四) 确定创业场地

1. 自有场地

大学生创业初期资金相对紧张,自有场地在一定程度上节约了大部分成本,缩减开支。

2. 租赁场地

对于没有自有场地的创业者来说,选择租赁场地是比较便捷的一种方式。在租赁场地时需要注意,针对经营项目有选择地进行场地的选择,包括地段、服务人群、辐射范围,还要考虑是否需要利用集聚效应,与周围同类商家形成规模经济共用基础设施,减少成本,吸引消费者。

3. 创业平台或创业孵化园

创业孵化园是指为创业之初的公司提供办公场地、设备,甚至是咨询意见和资金的企业。孵化园为有想法的年轻人提供了良好的创业平台,进入之后借助平台的资源,创始企业可以快速度过"婴儿期",有机会获得投资发展壮大。

李开复与他的创新工场

创新工场由李开复博士创办于 2009 年 9 月,是一家致力于早期阶段投资,并提供全方位创业培训的投资机构。创新工场是一个全方位的创业平台,旨在培养创新人才和新一代高科技企业。创新工场通过针对早期创业者需求的资金、商业、技术、市场、人力、法律、培训等提供一揽子服务,帮助早期阶段的创业公司顺利启动和快速成长;同时,帮助创业者开创出一批最有市场价值和商业潜力的产品。创新工场的投资方向将立足于信息产业最热门领域:移动互联网、消费互联网、电子商务和云计算。

创新工场无论在公司规模、孵化项目数、聚集精英人才数,还是募集资金、知识产权申请等参数,都已大大超出创新工场建立时的预期。截至 2011 年 7 月,创新工场已审阅了超过 2 500 个项目,投资孵化了 39 个项目和公司,总投资额超过 2.5 亿元人民币。预计到 2011 年年底,创新工场投资的企业价值将超过 50 亿元人民币。

创新工场投资牵头者为刘宇环先生创立的中经合集团,投资者还包括财富 100 强企业、知名创投和中美精英人士,其中有富士康科技集团的郭台铭、联想控股有限公司的柳传志、新东方教育科技集团的俞敏洪、YouTube创始人陈士骏等，同时也得到了来自硅谷银行、联发科以及美国、欧洲、亚洲等多位顶尖投资者的鼎力相助。在这些已经是成功传奇的明星创业者中，很多人表示愿意共同辅导青年创业者。他们的加入使创新工场如虎添翼，而他们的参与将使创业精神在一批批创业者中薪火相传。

创新工场以及投资的项目团队中聚焦了一批行业精英：既不乏来自本土知名企业的专业人士和有过多次创业实践的本土创业者，又有来自硅谷的自身技术人才，以及著名跨国公司的业内高手。各个创业团队除了已经吸引到国内高校计算机系的优秀毕业生加盟，多为来自斯坦福大学、哈佛大学、耶鲁大学、牛津大学、加州大学伯克利分校、麻省理工学院、芝加哥大学等不同专业的杰出校友。创新工场已成为人中科技创新的青年创业者的摇篮。

——摘自百度百科

"我"的观点

中国市场上的风险投资，更多只是扮演财务投资人的角色，并不太多参与投资项目运营。创新工场的特点是，在帮助创业人和投资人创造财富的同时，也可以为整个行业发现、聚集、培养一大批技术、管理人才。所谓"工场"，就是说它有高效克隆的能力，能规模化、产业化地将最佳创意高效地市场化。

（五）办理相关手续

公司注册是开始创业的第一步。一般来说，公司注册的流程包括：企业核名→提交材料→领取执照→刻章，就可以完成公司注册，进行开业了。但是，公司想要正式开始经营，还需要办理以下事项：银行开户→税务报到→申请税控和发票→社保开户。

小资料

注册流程

第一步：核准名称。

时间：1~3个工作日。

操作：确定公司类型、名称、注册资本、股东及出资比例后，可以到工商局现场或线上提交核名申请。

结果：核名通过，失败则需重新核名。

第二步：提交材料。

时间：5~15个工作日。

操作：核名通过后，确认地址信息、高管信息、经营范围，在线提交预申请。在线预审通过之后，按照预约时间到工商局递交申请材料。

结果：收到准予设立登记通知书。

第三步：领取执照。

时间：预约当天。

操作：携带准予设立登记通知书、办理人身份证原件，到工商局领取三证合一营业执照正、副本。

结果：领取营业执照。

第四步：刻章等事项。

时间：1~2个工作日。

操作：凭营业执照，到公安局指定刻章点办理公司公章、财务章、合同章、法人代表章、发票章。

至此，一个公司注册完成。

注册的意义在于以下几点。

第一，公司作为独立的法人，是市场活动的主体，如：有些招投标项目，会限定参加成员只能是公司等机构；在跟合作伙伴签合同时，需要加盖公司的公章。

第二，在经营过程中，如果公司需要扩展渠道或平台，就要遵守这些平台的入驻规则，如天猫、京东等都需要提供营业执照。

第三，公司作为市场和社会中的一个力量，通过与外界的合作，反复的磨合，可以起到优化资源配置、推动市场发展和承担社会责任的重要作用。

——摘自《创办你的企业》

   活动体验

活动名称：我将如何运营我的公司。

活动目的：为培养同学们对创业的兴趣，丰富课余生活；让同学们挖掘自身的潜力，了解运营管理的方式方法，给同学们一个锻炼自己、提高自己、认识自己的平台。

活动对象：全体同学。

活动方式：从"员工招聘""员工培训""市场推广""制度订立"中任选一个角度，谈谈自己的想法，字数1 000字左右。

国家支持大学生创业

国家出台相关政策，鼓励有条件的大学生创业。例如，今后大、中专和技校毕业

生两年内从事个体经营的，自其在工商部门首次注册登记之日起 3 年内免交登记类、证照类和管理类等行政事业性收费。政府及其部门所属的人力资源公共服务机构要为创业的大、中专和技校毕业提供劳动保障（人事）事务代理，并免收两年代理费。

此外，部分地区政务服务中心还设立了大学生"一站式"创业服务窗口。例如，自 2015 年 8 月 3 日，新疆首个大学生"一站式"创业服务窗口在佳木斯市政务服务中心投入使用以来，窗口日平均接待大学生 80 人以上，两个月内，已累计为大学生提供各类创业服务近 5 000 人次。其中推介精品创业项目 162 个，办理创业担保贷款 32 笔，办理"四证合一"工商营业执照 38 本，提供税收政策咨询、人事代理、创业培训申报、社保补贴、见习补贴、专家指导等各类综合政策服务 3 360 人。

2015 年 8 月 9 日，黑龙江首个大学生创业"一站式"服务窗口近日在佳木斯市投入使用。这一窗口面向创业大学生群体，高校在校生、毕业 5 年内的高校毕业生、留学回国人员等，可提供多样化、跟进式、面对面的综合创业服务。在此窗口，人社局、财政局、工商局、科技局、农村信用社等多部门集中于此，联合为创业大学生办理登记、援助、科技扶持等事项。创业者还可通过这里，接受创业专家指导、进行创业培训申报，完成创业项目推介。据了解，为更好地体现办事效果，这个"一站式"窗口明确了"办理事项公开、办理流程透明、承诺办结时限、服务首问负责"四项规定。

模块五

保驾护航——法律法规常识

学法、懂法、守法——让青春无憾

全面依法治国是中国特色社会主义的本质要求和重要保障，是"四个全面"战略布局的重要组成部分，是国家治理的一场深刻革命。党的十八大以来，尤其是刚刚结束的十九大，以习近平同志为核心的党中央提出了全面依法治国的新理念新思想新战略，开辟了全面依法治国理论和实践的新境界，开启了中国特色社会主义法治的新时代。

由于法律常识的缺失，近些年很多毕业生在就业、创业过程中屡屡遭遇"陷阱"，自身合法权益被侵害而束手无措。这就提醒当代大学生，在校期间要多注重相关法律常识的积累，了解就业、创业相关法律制度的内容，掌握《中华人民共和国劳动法》《中华人民共和国劳动合同法》《中华人民共和国合同法》《中华人民共和国公司法》等法律法规的具体内容，以法傍身，平稳择业。

作为新时代中国特色社会主义事业建设的主力军，要顺应时代号召，跟紧时代步伐，在敬畏法、信仰法、遵守法的同时，知法懂法，明晰自己的权利义务关系，在劳动就业、创业阶段，依法维护自身的合法权益，让自己的青春不存在遗憾。

项目一　就业法律常识

毕业前夕往往是大学生们最忙碌和最紧张的一段时光，找工作、选择用人单位、签订三方协议和劳动合同……在这个过程中，户口和档案的安置、三方协议中的细节条款、试用期的纠纷等让初出茅庐的学生应接不暇。

很多毕业生由于在校期间接触社会不多，平时对就业方面的法律常识知之甚少，导致在求职就业过程当中落入陷阱，自身权益得不到应有的保护。

第一节　就业协议书

就业协议书，作为在校生毕业前与校企双方签订的三方协议，是毕业生劳动就业权益的首要保障，它兼具政策性与法律性，为毕业生成功走向社会，转型为职场新人奠定了坚实的基础。

工作情境

小李是某专科大三学生，马上要毕业的他有一天接到了辅导员的电话，要求他回学校取就业协议书并且在毕业之前找用人单位填好并上交。第一次听说就业协议书的他心中不禁有一个疑问，如果我不签这个协议书会怎么样呢？

情境分析

关于这个问题首先要明确的是：就业协议书是国家就业主管部门把毕业生列入就业派遣计划的基本依据。学校依据就业协议书编制就业方案，报省毕业生就业主管部门审核备案，并办理就业报到证。

其次，办理了就业协议书就是说该公司或人事局决定接收你的档案，准备正式留用你了。有人接收你的档案就说明你从这一刻起可以开始算工龄了。

那么，关于就业协议书，大家还应该知道哪些方面的内容呢？

知识泉眼

（一）什么是就业协议书

就业协议书是《全国普通高等学校毕业生就业协议书》的简称，也叫三方协议，是普通高等学校毕业生和用人单位在正式确立劳动人事关系前，经双向选择，在规定期限内确立就业关系、明确双方权利和义务而达成的书面协议，是用人单位确认毕业生相关信息真实可靠以及接收毕业生的重要凭据，也是高校进行毕业生就业管理、编制就业方案以及毕业生办理就业落户手续等有关事项的重要依据。协议在毕业生到单位报到、用人单位正式接收后自行终止。就业协议一般由国家教育部或各省、市、自治区就业主管部门统一制表。

（二）就业协议书与劳动合同的区别

小赵应届毕业后入职某商贸公司。已经工作半年的小赵在和同学聊天时发现，只有自己还没有与用人单位签订劳动合同。针对小赵的疑问，商贸公司解释是：公司、小赵及小赵的毕业学校，彼此之间签订有"三方协议"，该协议已经确定了小赵的劳动关系，因此无须另行签订劳动合同。

随后，在与商贸公司协商未果的情况下，小赵以商贸公司未与自己签订劳动合同为由提起劳动仲裁，要求商贸公司支付未签劳动合同的二倍工资差额。

提醒：签了"三方协议"，仍应签劳动合同。

《劳动合同法》第10条明确规定：建立劳动关系应当订立书面劳动合同。已建立劳动关系，未同时订立书面劳动合同的，应当自用工之日起一个月内订立书面劳动合同。商贸公司将"三方协议"视同于劳动合同，并以此为由未与小赵签订书面劳动合同的行为有违法律规定。

"三方协议"通常由教育部门、相关就业主管部门统一制表，由学校下发、毕业生签字、用人单位盖章，毕业生本人保管一份作为报到、转接户口关系的依据。"三方协议"是明确毕业生、学校、用人单位三方在应届毕业生就业过程中权利义务的书面文件。而劳动合同是由用人单位提供，经与毕业生平等协商后签订的，对工作岗位、工作待遇等劳动法上权利义务关系进行约定的书面文件。

因此，"三方协议"与"劳动合同"在签约主体、约定内容等方面具有明显区别，"三方协议"并不具有"劳动合同"的法律效力。

——摘自找法网

就业协议书与劳动合同是用人单位录用毕业生时所订立的书面协议，但两者分处两个相互联系的不同阶段。

（1）毕业生就业协议书是毕业生在校时，由学校参与见证的，与用人单位协商签订的，是编制毕业生就业计划方案和毕业生派遣的依据。劳动合同是毕业生与用人单位明确劳动关系中权利义务关系的协议，学校不是劳动合同的主体，也不是劳动合同的见证方，劳动合同是上岗毕业生从事何种岗位、享受何种待遇等权利和义务的依据。

（2）毕业生就业协议书的内容主要是毕业生如实介绍自身情况，并表示愿意到用人单位就业、用人单位表示愿意接收毕业生，学校同意推荐毕业生并列入就业计划进行派遣。劳动合同的内容涉及劳动报酬、劳动保护、工作内容、劳动纪律等方方面面，更为具体，劳动权利义务更为明确。

（3）一般来说就业协议签订在前，劳动合同订立在后，如果毕业生与用人单位就工资待遇、住房等有事先约定，亦可在就业协议备注条款中予以注明，日后订立劳动合同对此内容应予认可。

（4）就业协议是毕业生和用人单位关于将来就业意向的初步约定，对于双方的基本条件以及即将签订劳动合同的部分基本内容大体认可，并经用人单位的上级主管部门，高校毕业生和用人单位签字盖章承诺履行协议，高校不作为第三方。高校只在"有关信息及意见"一栏填写（或制作长条章加盖）学校的联系电话、邮箱、邮寄地址及相关意见等信息。一经毕业生、用人单位、高校、用人单位主管部门签字盖章，即具有一定的法律效应，是编制毕业生的就业计划和将来可能发生违约情况时的判断依据。

（三）就业协议书的法律效力

（1）就业协议书是毕业生、用人单位双方在平等互利的基础上进行的民事法律行为。在毕业生的就业选择中，毕业生可以自由地选择用人单位，到工作条件好、待遇好、适合自身发展的用人单位去工作，用人单位也可以根据本单位的实际需要选择优秀的毕业生到本单位工作，从而为单位谋求更大的利益和发展。其他的任何人或单位、组织非依法定理由不得对于毕业生与用人单位达成的就业协议书加以干涉。

（2）就业协议书是毕业生、用人单位双方的民事法律行为。只有双方的意思表示达成一致，就业协议书才能成立，否则就业协议书就不能成立。在签订就业协议书的过程中，毕业生要有到用人单位工作的真实意思表示，用人单位要有接收安排毕业生工作的真实意思表示，因此只有双方的意思表示一致，该协议才能成立。

（3）就业协议书是用人单位和毕业生双方当事人设立各自权利义务的民事法律行为。由于全国各地的实际情况的不同，各地制订的就业协议书的格式文本中规定的当事人的权利义务各有不同。以《福建省普通高校就业协议书》为例，它包括以下条款：工作期限、岗位、工资报酬、劳动待遇、就业协议终止的条件、违反就业协议的责任等内容，依此协议毕业生享有到用人单位工作劳动的权利，而用人单位则享有对毕业生的人事管理权。

 小资料

就业协议书的基本内容如下。

（1）高校毕业生基本情况，应包括：姓名、性别、身份证号码、专业、学制、毕业时间、学历、联系方式，等等。

（2）用人单位基本情况，应包括：单位名称、组织机构代码、单位性质、联系人及联系方式、档案接收地，等等。

（3）高校毕业生和用人单位约定的有关内容，可包括：工作地点及工作岗位，户口迁入地，违约责任，协议自动失效条款、协议终止条款，双方约定的其他事宜。

（4）各方应严格履行协议，任何一方若违反协议，应承担违约责任。

（5）其他补充协议。

关于就业协议的以上内容，如果在时间条件紧张的情况之下，你会主要研究哪方面的条款，为什么？

 小资料

辽宁省就业协议书范本如下。

编号：

全国普通高等学校毕业生就业协议书

毕业生姓名：_____
用 人 单 位：_____
学 校 名 称：_____

国家教育部高校学生司制表

辽宁省大学生就业市场
微信平台：bestjob521

辽宁省高校毕业生就业创业服务中心
微信平台：ln91work
关注微信，获得更多就业创业服务
回复"就业协议"了解更多相关事项

签约须知

根据国家规定，普通高校毕业生（以下简称"毕业生"）就业实行"市场导向、政府调控、学校推荐、学生与用人单位双向选择"的就业机制，为维护国家就业方案的严肃性，规范毕业生、用人单位、学校三方在毕业生就业工作中的权利和义务，特制定本协议书，内容如下。

第一，本协议书的使用范围：国家计划内统招非定向毕业生［含高职（高专）毕业生、本科毕业生、毕业研究生］；定向生、委培生按定向委培协议就业，不使用就业协议书。

第二，签约各方必须遵守国家的有关法律、法规和教育部的有关规定，坚持公开、公平、公正和诚实守信原则。

第三，毕业生应按国家和省毕业生就业政策规定就业，向用人单位如实介绍自己的情况，了解单位的用工意图，表明自己的就业意向，在规定时间内到用人单位报到。

第四，用人单位要如实介绍本单位的情况，明确对毕业生要求及用工意图，做好各项接收工作。凡取得毕业资格的毕业生，用人单位不得以学习成绩为由提出违约；未取得毕业资格的结业生若与用人单位签订本协议，用人单位应同时出具同意接收结业生的证明。

第五，学校要如实向用人单位介绍毕业生的情况，做好推荐工作，用人单位签订协议后，由学校审核汇总并报省毕业生就业主管部门鉴证或国家教育部批准，列入就业方案下达执行，学校负责到省毕业生就业主管部门办理派遣手续。

第六，毕业生、用人单位如有其他约定，必须在"双方约定"中明确，并视为本协议书的一部分。

第七，毕业生、用人单位、学校中有一方要变动协议，需征得另外两方同意，由违约方承担毕业生、用人单位双方约定的违约责任及政府有关部门规定的违约责任。

第八，本协议一式四份，毕业生、用人单位、学校各执一份，省毕业生就业主管部门留存一份，复印件无效。

用人单位情况	单位名称			组织机构代码	
	通信地址			单位所在地	
	安排岗位		单位所属行业	邮编	
	联系人		联系电话	E－mail	
	单位性质	国有企业/其他企业/机关事业单位/医疗卫生/教育/科研/其他			
毕业生档案、户口党团关系接收	档案接收单位名称			联系人	
	档案转寄详细地址			邮编	
	户口接收单位			接收单位电话	
	党、团组织关系接收单位				
毕业生情况	姓名		身份证号码	性别		民族	
---	---	---	---	---	---	---	---
	政治面貌		学号	专业			
	毕业时间		学历	学位类别			
	联系方式		/	E－mail			
	家庭地址			QQ			
	应聘方式	学校招聘会/政府举办招聘会/人才市场/网络签约		应聘时间			

应聘意见：

毕业生签名：　　　　年　月　日

用人单位意见	用人单位上级主管部门或所属地人社局意见
      签章 年　月　日	 签章 年　月　日
院（系）意见	校（院）就业部门意见
      经办人：　　　　　　签章 联系电话：　　　　年　月　日	 经办人：　　　　　　签章 联系电话：　　　　年　月　日

双方约定	毕业生对用人单位约定	签章 年　月　日
	用人单位对毕业生约定	签章 年　月　日

第二节 《中华人民共和国劳动法》有关常识

（以下简称《劳动法》）是我国新中国成立以来第一部全面规范劳动关系的劳动法律，它关系到数以亿计的劳动者的切身利益，它的颁行有重大意义。它打破了所有制界限，建立公平的市场竞争规则。《劳动法》充分体现了宪法原则，突出对劳动者权益的保护。《劳动法》肯定了劳动体制改革的成果，强有力地促进现代企业制度的建立。

工作情境

——摘自网易·求职招聘

情境分析

在就业形势严峻的现实下，毕业生往往为了找到工作，忽视了对自身权益的保护，甚至有的毕业生根本就不懂如何保护自己的合法权益，为以后的各种纠纷埋下隐患。接下来将探寻《劳动法》范畴内，关于就业的那些盲点与陷阱。

 知识泉眼

（一）劳动关系的确立

 小资料

小芳自2013年开始，就在一家民办学校担任教师一职。多年来都是和学校每年签订一年期的聘用合同。每年的合同签订日期均为3月15日前后。但在今年合同到期之后，学校一直迟迟未与小芳签订劳动合同。截至6月15日，小芳一直在按部就班地从事教学工作。校方一直没提签合同的事儿，她也没问。但她心里一直放不下这件事，怕校方有一天会以未签合同为由，直接辞退她。

劳动关系的确定对劳动者而言有极为重要的意义，这意味着劳动者可以因此享受《劳动法》的保护。与一般的法律保护不同，《劳动法》实行的是倾斜保护，简单来说，就是给劳动者更多权利并要求雇主承担更多的义务。

其中，尤其突出的是国家在《劳动法》中以一只"看得见的手"出现，直接对劳动条件、劳动报酬、劳动时间等劳动标准作了明确的规定。例如，近日出台的"上海市最低工资，每月不得低于2 300元，小时工每小时不得低于20元"的规定，为劳动者的保护划定了底线，雇主只能支付高于最低工资的报酬，而不能低于它，否则，国家将予以制裁。

而如果劳动者不被认定为劳动关系中的劳动者，将得不到《劳动法》的保护。现实中存在大量劳动者本身实际上属于《劳动法》中定义的"劳动者"的范畴，但由于没有签订劳动合同，而难以证明自己的身份，也难主张自己的权利，因此得不到《劳动法》的保护。

劳动关系，是指用人单位与劳动者之间，依法所确立的劳动过程中的权利义务关系。

用人单位，是指中华人民共和国境内的企业、个体经济组织、民办非企业单位等组织，同时也包括国家机关、事业单位、社会团体与劳动者建立劳动关系的。

劳动者，是指达到法定年龄，具有劳动能力，以从事某种社会劳动获得收入为主要生活来源，依据法律或合同的规定，在用人单位的管理下从事劳动并获取劳动报酬的自然人。

生活中大量存在着事实劳动关系。

事实劳动关系是指无书面合同或无有效书面合同形成的劳动雇佣关系以及口头协议达成的劳动雇佣关系。事实劳动关系的确认需存在雇佣劳动的事实存在。"事实劳动关系"合法地位，确认了劳动关系不依赖书面合同的存在而存在，扩大了劳动保护范围，对不签订劳动合同的雇主有了更大约束，更多维护了劳动者的合法权益。

那么事实劳动关系如何认定呢？主要参考以下三个标准。

第一，用人单位和劳动者符合法律、法规规定的主体资格。

第二，用人单位依法制定的各项劳动规章制度适用于劳动者，劳动者受用人单位的劳动管理，从事用人单位安排的有报酬的劳动。

第三，劳动者提供的劳动是用人单位业务的组成部分。

这三条标准实际包括对"用人单位""劳动行为""劳动者"三方面的考察。"用人单位"必须是我国劳动法中的"企业、个体经济组织等"；"劳动行为"是劳动者在用人单位的管理下，从事具体劳动，并获得报酬的过程；"劳动者"同样必须具备合法的资格。

如果劳动者发现用人单位没有与自己签订劳动合同的，就要注意收集以下证据，以备不时之需。

一是工资支付凭证或记录（职工工资发放花名册）、缴纳各项社会保险费的记录。

二是用人单位向劳动者发放的"工作证""服务证"等能够证明身份的证件。

三是劳动者填写的用人单位招工招聘"登记表""报名表"等招用记录。

四是考勤记录。

五是其他劳动者的证言等。

归纳来说，劳动者就是要注意收集自己的收入凭证、与用人单位有关的身份证明、用人单位的招工材料、用人单位对劳动者实施管理的证明、其他可以作为旁证的证明。需要特别说明的是，用人单位的报销凭证、因公传递的电子邮件等也属于有效证据。总之一句话，能证明自己在用人单位工作过的各种东西。

用人单位提出终止劳动关系的，应当按照劳动者在本单位工作年限每满一年支付一个月工资的经济补偿金。

（二）劳动者的基本权利

1. 劳动者休息权

信达公司为减员增效，规定传达室由3人减至2人，要求轮流值白班和夜班，无周休日，节假日由保卫科人员轮流到传达室值班。两名门卫每天工作12小时，两个月后感到体力不支，拒绝双休日长期加班，与公司发生争议。公司认为门卫工作时间虽长，但工作量不如车间大，特别是夜间门卫可以睡觉；双休日加班并不少给加班费。两名门卫则不同意厂方观点，认为双休日长期加班有损健康，尽管厂方并不少给加班费，但要求按工时制度执行，每月加班、加点不超过36小时，保证依法享有休息权。双方协商不成，两名门卫遂向劳动争议仲裁委员会提出申诉。

——摘自360百科

劳动者享有休息权。

劳动者的休息权是我国宪法规定的公民享有的基本权利之一。我国《劳动法》第四章"工作时间和休息休假"中对劳动者休息权作了专门规定。劳动者依法享有休息权，休息权不可剥夺。我国《宪法》第四十三条第2款规定："国家发展劳动者休息和休养的设施，规定职工的工作时间和休假制度。"以保证劳动者享受休息的权利。

实行每日工作8小时、每周工作40小时的新工时制度，并不一定要每周休息两天。有些企业因工作性质和生产特点不能实行标准工时制度的，应将贯彻《国务院关于职工工作时间的规定》和贯彻《中华人民共和国劳动法》结合起来，保证职工每周工作时间不超过40小时，每周至少休息1日；有些企业还可以实行不定时工作制、综合计算工时工作制等其他工作和休息办法。

劳动者都有哪些假期？

根据现行政策、法律、法规、规章规定，劳动者主要有以下休假日。

（1）法定节假日。①元旦，放假1天（1月1日），②春节，放假3天（农历除夕、正月初一、初二），③清明节，放假1天（农历清明当日），④劳动节，放假1天，⑤端午节，放假1天，⑥中秋节，放假1天，⑦国庆节，放假3天（10月1日、2日、3日）。

（2）带薪年休假。《劳动法》第四十五条规定，"国家实行带薪年休假制度。劳动者连续工作一年以上的，享受带薪年休假。具体办法由国务院规定。"目前国务院还没有发布带薪年休假规定，只是各地有地方规定，如《广东省企业职工假期待遇死亡抚恤待遇暂行规定》第二条规定"在一个单位连续工作满一年以上的职工，可享受带薪年休假。休假时间按本企业工龄计算：工作满一年未满五年者5天，满五年未满十年者7天，满十年未满二十年者10天，满二十年以上者14天"。

（3）病假。病假，是指劳动者本人因患病或非因工负伤，需要停止工作医疗时，企业应该根据劳动者本人实际参加工作年限和在本单位工作年限，给予一定的医疗假期。病假期劳动者可照常拿工资，对于病假工资，不低于当地最低工资的80%。

（4）探亲假。探亲假，是指与父母或配偶分居两地的职工，每年享有的与父母或配偶团聚的假期。规定探亲假的目的是适当解决职工同亲属长期远居两地的探亲问题。对于享受探亲假的条件和探亲假期，我国《关于职工探亲待遇的规定》有具体规定。职工享有保留工作岗位和工资，依法探望与自己不住在一起；又不能在公休假日团聚的配偶或父母的带薪假期。它是职工《国务院关于职工探亲待遇的规定》是1981年出台的，探亲假是指职工与配偶、父母团聚的时间，根据实际情况可以给予路程假。

（5）婚假。婚假，是指劳动者本人结婚依法享受的假期。婚假是劳动者结婚时给予的假期,并由用人单位如数支付工资,这是对劳动者的精神抚慰,体现了政府对劳动者的福利政策,也是对其权益的保护,对于调动劳动者的积极性具有重要意义。

2016年6月,29个省取消了原有的晚婚假,其中有11个省份删除了相关晚婚假的条例,与国家法律规定保持一致,仅有三天法定婚假。这些省份包括广东、湖北、四川、浙江、江西、宁夏、广西、安徽、湖南、天津、山东。

(6) 丧假。丧假指的是根据原国家劳动总局、财政部《关于国营企业职工请婚丧假和路程假问题的规定》,国有企业职工的直系亲属死亡时,企业应该根据具体情况,酌情给予职工1~3天的丧假。直系亲属,指和自己有直接血缘关系或婚姻关系的人,如配偶、父母、子女。

如果职工死亡的直系亲属在外地,需要职工本人去外地料理丧事的,企业应该根据路程远近,另外给予职工路程假。职工在休丧假和路程假期间,企业均应当照常发放职工的工资。职工在途中的车船费等,由职工本人自理。

(7) 女职工产假。根据《劳动法》及国务院发布的《女职工劳动保护规定》,任何用人单位的女职工均享有产假,假期为90天,其中产前休假15天。难产的,增加产假15天。多胞胎生育的,每多生育一个婴儿,增加产假15天。女职工怀孕流产的,所在单位应当根据医务部门的证明,给予一定时间的产假。女职工怀孕不满4个月流产时,给予15天至30天的产假;怀孕满4个月以上流产者,给予42天产假。

除了国家统一规定的产假外,各地一般都规定了奖励产假,各地奖励产假的期限有所不同。如《广东省企业职工假期待遇死亡抚恤待遇暂行规定》第六条规定"女职工生育,产假90天,其中产前休假15天。难产的增加产假30天。多胞胎生育的,每多生育一个婴儿增加产假15天。实行晚育者(24周岁后生育第一胎)增加产假15天。领取《独生子女优待证》者增加产假35天,产假期间给予男方看护假10天"。

2. 劳动者及时获得劳动报酬权

南昌人陈锋在快餐店里找了份兼职,要求月底发放当月工资,快餐店不同意。

工资结算周期不能超15天。

陈锋属于非全日制用工。非全日制用工,是指以小时计酬为主,劳动者在同一用人单位一般平均每日工作时间不超过4小时,每周工作时间累计不超过24小时的用工形式。非全日制用工的工资报酬结算周期最长不能超过15天。

单位可不与非全日制用工签劳动合同,但工资要含社保、医保、失业保险。其中任何一方都可以随时终止用工关系,而不用支付经济补偿金。

 小资料

程伟在一家公司已经工作两年了。当初双方约定每个月10日发工资,可是,公司没有一次是按时发放工资的,有的时候甚至拖欠了几个月才发。

拖欠工资劳动者可申请支付令。

如果公司拖欠工资的事情还存在,程先生就可以要求单位支付赔偿金。恶意拖欠、克扣劳动者工资是目前劳动者反映较为强烈的问题。

用人单位克扣或无故拖欠劳动者工资的,由劳动行政部门责令限期支付劳动报酬,逾期不支付的,责令用人单位按应付金额50%~100%的标准向劳动者加付赔偿金。用人单位拖欠或未足额支付劳动报酬的,劳动者可以依法向当地人民法院申请支付令,人民法院应当依法发出支付令。用人单位安排加班应依法支付加班费。

 小资料

第三十条 用人单位应当按照劳动合同约定和国家规定,向劳动者及时足额支付劳动报酬。

用人单位拖欠或者未足额支付劳动报酬的,劳动者可以依法向当地人民法院申请支付令,人民法院应当依法发出支付令。

第三十一条 用人单位应当严格执行劳动定额标准,不得强迫或者变相强迫劳动者加班。用人单位安排加班的,应当按照国家有关规定向劳动者支付加班费。

3."五险一金"

 小资料

小苏是北京某高校的应届毕业生,现在正在忙着四处求职。在应聘过程中,他经常会听别人在说起工资待遇的时候提到什么"五险一金""四险一金"。小苏觉得这几险几金的似乎与自己就业后的利益有很大关系,但是自己却弄不明白它们究竟是什么?

——www.9ht.com

"五险一金"是指用人单位给予劳动者的几种保障性待遇的合称,"五险"包括养老保险、医疗保险、失业保险、工伤保险和生育保险;"一金"指的是住房公积金。其中养老保险、医疗保险和失业保险,这三种险是由企业和个人共同缴纳的保费;工伤保险和生育保险完全是由企业承担的,个人不需要缴纳。这里要注意的是"五险"是法定的,而"一金"不是法定的。五险一金的缴纳额度每个地区的规定都不同,基数是以工资总额为基数。

——www.jrzj.com

（1）养老保险。

养老保险自然是用于以后养老的。那这个钱怎么交呢？

个人每月缴纳上年月平均工资的8%,进入养老保险个人账户;企业每月缴纳上年月平均工资的19%,进入养老统筹账户（国家设立的公共账户）。

养老缴费期直至退休,最短期限15年,达到法定退休年龄时,累计缴费不满15年

的，可以补满15年，按月领取基本养老金。（若没有补缴，则只能领取个人账户的钱）

那么缴纳满了15年，到了退休年龄后每月可以领取多少养老金呢？

$$每月领取养老金 = 个人账户养老金 + 基础养老金$$

（2）医疗保险。

医疗保险顾名思义，就是平时看病，用来报销的，医疗保险无疑是大家最为关注的一项。

缴费比例：个人缴纳2%，进入医保卡；公司缴纳10%，其中1%进入医保卡，剩余部分进入统筹账户，只有符合医疗报销的费用才能支付。

但医保下有起付线，上有封顶线，而且有很多项目是报销不了的，比如自费药、护理费、收入损失等。举个例子，如果不幸得了癌症，那么很多对于治疗特别有效的进口药物都不在医保范围内的。

所以建议大家缴纳医保的前提下，可以搭配一些消费型的医疗保险作为医保的补充，解决报销上限和自费药的问题，大病保险也必须提前备好，避免以后面临无钱可治的窘境。

（3）工伤保险。

工伤保险由公司缴纳。在工作期间（包括上下班途中），由于意外伤害或者职业病等原因，暂时或者永久丧失劳动能力，甚至不幸死亡，都可以通过工伤保险获得补偿。

工伤待遇：工伤医疗费、工资福利、住院伙食费补助、伤残补助金、伤残就业补助金，等等（视伤残等级而定）。

工伤保险只负责赔偿因工作的原因导致的意外事故，平常生活中的意外是不保的。

（4）生育保险。

生育保险由公司缴纳生育保险费，生育保险对女性职工还是非常实用的，可以解决生孩子所花费的医疗费用问题。

在生产后，可以领到一笔生育津贴。

$$生育津贴 = 当月本单位人平均缴费工资 \div 30（天）\times 产假天数$$

男性上生育险有什么用？

很多人都纳闷，男性不生孩子，为啥每个月都要缴纳生育保险呢？其实，生育保险都是由公司全额缴纳的，个人不需缴纳一分钱即可享受生育保险相关的福利待遇。

（1）男职工本人在实施计划生育手术时可享受生育津贴及医疗费用待遇。

生育津贴按职工所在用人单位上年度月平均工资，以每月30天进行折算，按日计发。

（2）男职工的配偶未就业且未参加其他社会保险生育的，可以按照国家规定享受生育的医疗费用待遇。

(5)失业保险。

缴费比例:个人缴纳 0.5%,公司缴纳 0.5%。

主动离职人员无法领取失业金;被公司辞退的,连续缴纳失业险 12 个月以上,在被辞退后 60 天内办理申领程序方可领取失业金。

但是,失业保险金很少,领取过程也很复杂,还有时间限制,还是安心工作挣钱要更实在。

(6)住房公积金。住房公积金是由员工和公司按同等比例缴纳的。这些钱是全部进入个人账户的。

公积金用处一:能享受非常低的利率贷款买房。

公积金用处二:提取现金。适用于还贷提取、住房提取、离职提取、退休提取,等等,提供相关资料即可提取。

总而言之,"五险一金"都是福利,所以能交最好全部交上,好处总是显而易见的。

(三)劳动争议的解决途径

劳动争议是社会生活中经常发生的一类纠纷,发生劳动纠纷如何选择解决方式呢?根据《劳动法》第七十七条规定:"用人单位与劳动者发生劳动争议,当事人可以依法申请调解、仲裁、提起诉讼,也可以协商解决。调解原则适用于仲裁和诉讼程序。"根据上述规定,劳动者与用人单位可以选择如下图所示的办法解决劳动争议。

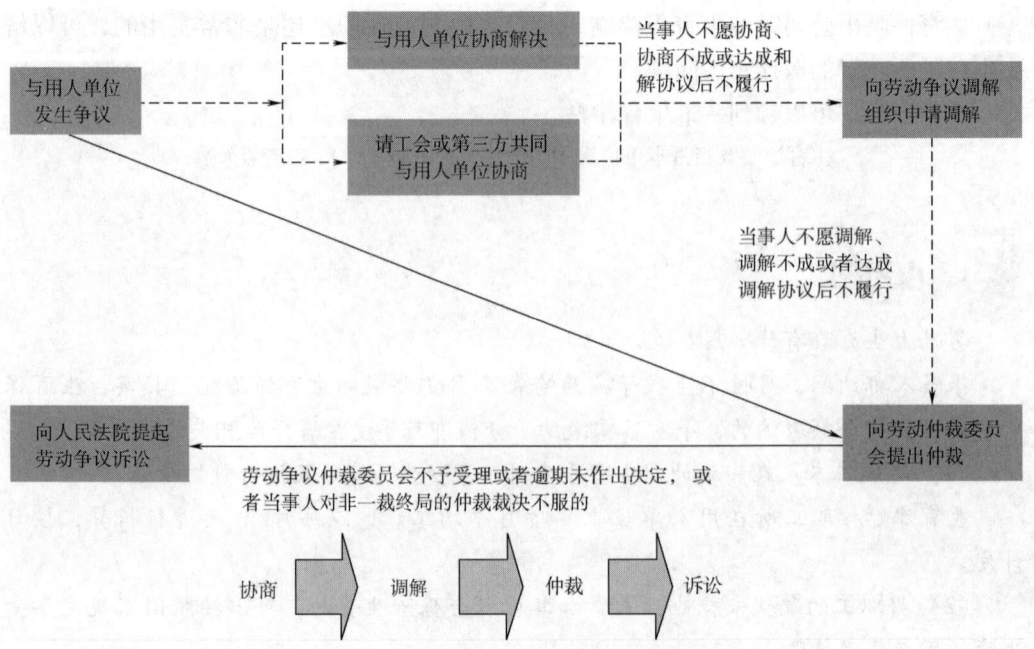

模块五 保驾护航——法律法规常识

——摘自百度图库

运用《劳动法》内容，分析上图所反映出来的问题。

第三节 《中华人民共和国劳动合同法》有关常识

2008年1月1日实施的《中华人民共和国劳动合同法》简称《劳动合同法》是一部规范人才市场和企业用工的根本大法，对于规范劳资双方的行为提供了更好的法律依据，特别是为在就业中处于弱势地位的毕业生撑起了一把保护伞，创造了一个更好的就业环境。其中的某些条款会保护大学生在劳动合同的建立和终止、试用期、劳动报酬等方面的利益。

参加工作之后的困惑

人物介绍：小刘、小张、小李均为2013级沈阳某职业院校应届毕业生，现共同租住在一所公寓中。

1. **场景一：好漫长的试用期**

经过一天的工作，三人晚饭后在客厅闲聊。

小刘：你们知道吗？今儿单位和我签合同了，一签就是三年啊！

小李：是吗？动作挺快啊，这回你就踏踏实实好好干吧！

小张：我们单位人事处说先不着急签，等过了试用期再说。

小李：是吗？那应该也快吧！

小张：快什么啊，说试用期起码得一年呢，一年之后表现好，签合同，表现不好就得走人了。哎，真愁人啊。我这是什么命啊！

小李：一年啊，那小刘他怎么那么快呢？

小刘：我也不知道啊。但我看我签的那份合同里也说试用期的事儿了，说是得六个月呢。六个月之后给我转正。

小张：那到底是咋回事儿啊？我们单位这样做合法不？

小李：我们哪懂啊，单位怎么说就怎么听呗，还能跟他们讨价还价吗？

小张：哎，是啊！

2. 场景二：为啥管我要押金？

一天下班回到家，小李情绪十分低落，小刘觉得不对，就主动问了问。

小刘：咋了，今儿情绪不高啊，发生啥事儿了？

小李：别提了，今儿我们集体发了套工装，本来是好事儿，后来居然管我们要200块钱押金，说是等转正之后再还给我们，你说这是什么事儿啊！

小刘：啊，押金啊。你这不算啥，我还听说有的单位怕员工突然辞职，押身份证呢！你说现在买个火车票还要身份证呢，没身份证多费劲啊。

小李：是吗？那看来我这200块钱不算啥大事儿。

小刘：哥们，别郁闷，但凡能用钱办到的事儿那都不是事儿，你说对不？

小李：哈哈。

3. 场景三：可怕的违约金

小刘、小李、小张上班期间在微信群里聊天。

小李：同志们，今儿我也签合同了，晚上回家庆祝一下啊！

小刘：恭喜恭喜！

小张：是吗？签卖身契了？几年啊？

小李：5年。我的青春啊！

小刘：行，你们单位效益好，要是招我，我签一辈子的卖身契都行。

小李：得了吧，你以为是啥好事儿啊。我跟你们说，合同里清清楚楚写着呢，要是提前违约，违约金2万呢！

小刘：啥？2万？这么多啊，我的小心脏啊。

小李：可不。

小张：不对啊，有一天我看个法制节目，说是现在解除劳动合同，只需要提前通知就行啊，也不用什么违约金啊？

小李：是吗？那我这是怎么回事儿啊？

小张：我也把不准啊。

小刘：这样吧，等有时间咱们找专业人士问问吧。

小李：也行。

情境分析

上学的时候盼着有一天能毕业、找工作、挣钱，等真的毕业了，费尽千辛万苦找到了一份工作才发现，愁人的事儿还真不少。

现实生活中，上述三人在工作后遇到的问题与困惑比比皆是、屡见不鲜。那么，到底是先签合同还是先试用呢？试用期到底有多长？用人单位要是以各种理由管我们要押金、证件，我们是给还是不给呢？违约金到底应不应该给？给多少呢？这都是下面要研究的问题。

 **知识泉眼**

（一）巧妙避开劳动合同陷阱

1. 试用期"陷阱"

每年6月是毕业季和就业季，找到工作的应届生们都进入企业，开始自己的职业生涯。

职业生涯的开篇就是试用期，那今天就来聊一聊试用期的那些陷阱，可以帮助大家在试用期中有更好的辨别力！

首先弄清楚一个问题，为什么试用期会有陷阱？最主要的原因还是个别企业为了降低用工成本！

（1）试用期不签订劳动合同，而签订试用期合同。

有些单位为降低用人成本，打着"试用期"的幌子，招聘一些应届生，并且只与劳动者签订试用期合同。过低的试用期工资不但侵犯了劳动者的权益，也违反了《劳动合同法》中对试用期工资的规定。并在试用期只支付约定的工资标准的一部分。

提醒：仅约定试用期的劳动合同不成立。《劳动合同法》规定，用人单位自与劳动者建立劳动关系之日起一个月内必须与劳动者签订劳动合同。

对于试用期工资标准，《劳动合同法》中有明确的条款：试用期的工资，不得低于本单位相同岗位最低档工资或者劳动合同约定工资的80%，并不得低于用人单位所在地的最低工资标准。

（2）试用期不缴纳社保。

某些企业在试用期的时候不为员工购买社保，等员工通过了试用期之后再开始为员工购买社保，这其实是违反《劳动法》规定的。劳动关系一旦建立，用人单位就应依法为劳动者缴纳社会保险。

提醒：如果用人单位在试用期拒绝为劳动者办理社会保险，劳动者可以向劳动和社会保障部门投诉；劳动者以此原因提出解除劳动关系的，用人单位还应支付补偿金。

（3）试用期企业无故随意辞退。

劳动合同中，对试用期解约的规定有限制，企业对劳动者不能说辞就辞。

《劳动法》规定，只有在试用期间被证明不符合录用条件的；严重违反用人单位的规章制度的；严重失职，营私舞弊，给用人单位造成重大损害的等情况下才可解除劳动合同。

（4）无故延长试用期。

《劳动合同法》对试用期长短做了如下限定。

①劳动合同期限三个月以上不满一年的，试用期不得超过一个月。

②劳动合同期限一年以上不满三年的，试用期不得超过两个月。

③三年以上固定期限和无固定期限的劳动合同，试用期不得超过6个月。

以完成一定工作任务为期限的劳动合同或者劳动合同期限不满三个月的，不得约定试用期。

此外，同一用人单位与同一劳动者只能约定一次试用期。即使是要调整岗位或是转正，用人单位依旧无权约定二次试用期。所以，在上岗之前，一定要与用人单位对试用期做具体的约定。

2. 口头约定"陷阱"

有些毕业生在毕业之前通过实习，已经和实习单位达成了录用的意向，但只是口头约定，并没有签订任何合同、契约，因此最后也遭到了不公正的对待。在这里提醒，即使是就业协议，也不能代替劳动合同，更不用说口头约定。

小资料

小张事先在某公司毕业实习，实习结束后双方达成了就业录用意向。由于相互之间情况比较了解，彼此比较信任，因此双方仅就就业录用的相关事项进行了口头约定，小张认为自己工作的事就这么定了。没想到的是，等他毕业后正式到公司报到时，公司以岗位已录满为由拒绝予以录用。由于小张与公司之间没有签订书面的就业协议，孰是孰非，已无法定论，小张只能自吞苦果。

法律规定，劳动合同必须采取书面形式，但不少企业不想承担劳动法律责任，千方百计不签协议，只作口头承诺。有的求职者经熟人介绍，只简单地口头约定双方的权利义务，没有书面合同，口头承诺毫无证据，一旦出现劳动争议，口说无凭，有理难辩，对求职者非常不利。

——摘自中国就业网

用人单位不签劳动合同将面临严厉罚则。

《劳动合同法》第十条：建立劳动关系，应当订立书面劳动合同。

第十四条：用人单位自用工之日起满一年不与劳动者订立书面劳动合同的，视为用人单位与劳动者已订立无固定期限劳动合同。

第八十二条：用人单位自用工之日起超过一个月不满一年未与劳动者订立书面劳

动合同的，应当向劳动者每月支付二倍的工资。

用人单位违反本法规定不与劳动者订立无固定期限劳动合同的，自应当订立无固定期限劳动合同之日起向劳动者每月支付二倍的工资。

形成劳动关系而没有签订书面劳动合同的，法律上称之为"事实劳动关系"。这些条款对签订劳动合同的时间以及事实劳动关系的法律责任进行了严格的规定。

对于用人单位来说，应在管理中采取各种强化措施，建立单位内部严格的劳动合同签订纪律，禁止或防范出现员工不与单位签订劳动合同的现象，避免与员工形成事实劳动关系。

3. 高薪诱惑"陷阱"

在职场中总有那么一些用人单位承诺给新员工高薪，有的甚至可以达到老员工的薪酬标准，其实在真正发放工资时，有的是以各种方式克扣、不缴纳社会保险费等的借口，把刚刚毕业的大学生当作廉价劳动力使用。按照《劳动法》以及国家有关规定，企业必须为职工缴纳各类保险的部分费用，以及由职工缴纳的部分，有明确的数额规定。

小资料

小花是中国传媒大学新闻专业的大四毕业生，暑假时她在一家规模较大的报社实习。由于表现出色，实习结束后被报社录取。这样大四后不久，她便在这家报社上班了。报社表示要为她办理相关手续需要再等两个月，小花也同意了，毕竟工作难找。这样尽管签订了劳动合同，小花仍未正式进入报社。慢慢她了解到，自己和同岗位的同事相比，工资是他们的60%，而且由于单位一直说的手续问题拖着不给她办，至今她还没有上社会保险。

通过这个例子，其实小花已经有了初步的法律意识，但是仍然缺乏维护自己权益的意识，她虽然发现了问题，却不知道要怎么去解决。而类似的事情也发生在了肖维的身上，肖维却采取了有效的方法维护了自己以及同事的合法权益。

肖维是复旦大学的毕业生，毕业后到一家实习公司报到上班。工作了一段时间后，发现公司存在无故克扣员工工资和无故不缴纳社会保险费的现象。员工们对公司的这一做法感到义愤填膺，但是考虑到自己的工作岗位和发展机会，没有人敢于站出来对此提出质疑。肖维知道公司的做法是违反《劳动法》的，强烈的维权意识使他认为一定要采取措施保护自己和同事的合法权益。于是，他以匿名的方式向当地劳动监察部门举报了公司的恶劣行径。劳动监察部门接到举报后，马上在查证属实的基础上对公司进行了处罚，同时责令公司返还克扣的员工工资，并按规定补缴社会保险费。肖维利用法律武器维护了自己和同事的正当权益。

www.jianzhi8.com

我国宪法规定给予劳动者的劳动权利以现实的、物质的和法律的保障。劳动者付出劳动，依照合同以及国家有关规定取得劳动报酬，是劳动者的权利，而及时足额地向劳动者支付工资是用人单位的义务。

《劳动合同法》第三十条规定：用人单位应当按照劳动合同约定和国家规定，向劳动者及时足额支付劳动报酬。

用人单位拖欠或者未足额支付劳动报酬的，劳动者可以依法向当地人民法院申请支付令，人民法院应当依法发出支付令。

劳动报酬权是市场经济条件下劳动者的基本权利，是法律赋予劳动者的重要劳动权利之一，这一权利的实现关系到劳动者的生存和发展。劳动者实现劳动报酬权的重要形式是工资。劳动报酬权是劳动者按自己提供劳动的数量和质量取得应得工资收入的权利。劳动者的劳动报酬权有切实的内容，作为劳动者有权要求用人单位按劳动法规、集体合同和劳动合同的规定以货币形式支付各种工资收入（在我国，工资形式包括计时工资、计件工资、奖金、津贴和补贴、加班加点工资、特殊情况下的保障工资等），有权获得最低工资保障，女职工有权要求实行男女同工同酬；作为用人单位和国家有义务保障劳动者劳动报酬权的实现。

4. 警惕押金"陷阱"

凡是简单聊两句，草草应付面试后就说你被录用的招聘企业，往往重视的是你的"财"而不是"才"。一般让求职者交保证金的理由是，一旦由于求职者的原因造成业务和客户的损失应该由求职者分担，求职心切的人在交钱后没等到上班或有机会犯错误的时候，往往又被告知招聘职位已经满了，但钱也不退还了。另外，更加隐蔽的收费还包括服装费、档案管理费、培训费等，这些应该是用人企业承担的；而求职者很少有能通过后期的培训考核的，即使通过了，再用苛刻的工作环境和要求迫使求职者知难而退。其实国家已经有明确规定要求用人单位不得以收取押金、保证金、集资等作为录用条件，如果用人单位连国家的规定都不遵守，他们怎么会遵守对求职者许下的其他承诺呢？

小资料

上海市某大学2011届计算机专业学生李军从2011年10月中旬起投出了60多份简历，但是均石沉大海，毫无音讯。

然而在11月18日，当他打开自己的邮箱时，看见了一封来自广东省粤海电子科技有限公司的回信，信的大概意思是：企业看到他的个人简历之后，比较满意，决定录取为本公司员工，并且会为他建立个人档案，具体工资待遇每月为3 000元。为了避免张同学进行多项选择，公司决定先向他收取200元的抵押金，并且附上了公司的账号。

当时李军看到此消息，十分高兴，就像等到了曙光一样，正好一直想要去南方的他，看到要求交抵押金时，稍微有一丝的犹豫，但是转念又想，不能因为200元就失去了一次这么好的工作机会，于是第二天就直接将钱汇了过去。

但是当李军在 11 月 21 日打那个公司的电话想要询问钱是否到账时，却发现所有的电话不是关机就是处于占线，李军表示，直到现在为止，他也没有联系到这家公司。

《劳动合同法》第九条：用人单位招用劳动者，不得扣押劳动者的居民身份证和其他证件，不得要求劳动者提供担保或者以其他名义向劳动者收取财物。

根据我国《劳动法》的明确规定，建立劳动关系，不能向劳动者收取抵押金、报名费、培训费等。只要是一家正规的用人单位，是不会向就业学生收取任何费用或者出现扣留证件等情况。因而，提醒广大学生求职者，在寻求工作时，一定要擦亮自己的双眼，不要被不法分子或不法企业蒙骗。

（二）如何签劳动合同

1. 劳动合同的签订

劳动合同是劳动者与用人单位之间用来确定劳动关系，明确双方权利和义务的书面协议。劳动合同要遵循合法、公平、平等自愿、协商一致、诚实信用等原则。

劳动合同的作用是完善劳动合同制度，明确双方当事人的权利和义务；保护劳动者的合法权益；构建和发展和谐稳定的劳动关系。

认真观察下面的图，请回答：这样的工作能找吗？

——摘自百度图库

第十条　建立劳动关系，应当订立书面劳动合同。

已建立劳动关系，未同时订立书面劳动合同的，应当自用工之日起一个月内订立书面劳动合同。

——摘自百度图库

第十七条　劳动合同应当具备以下条款：

（1）用人单位的名称、住所和法定代表人或者主要负责人；

（2）劳动者的姓名、住址和居民身份证或者其他有效身份证件号码；

（3）劳动合同期限；

（4）工作内容和工作地点；

（5）工作时间和休息休假；

（6）劳动报酬；

（7）社会保险；

（8）劳动保护、劳动条件和职业危害防护；

（9）法律、法规规定应当纳入劳动合同的其他事项。

劳动合同除前款规定的必备条款外，用人单位与劳动者可以约定试用期、培训、保守秘密、补充保险和福利待遇等其他事项。

第八十一条　用人单位提供的劳动合同文本未载明本法规定的劳动合同必备条款的，由劳动行政部门责令改正；给劳动者造成损害的，应当承担赔偿责任。

——摘自百度图库

小资料

第七十三条　劳动者在下列情形下，依法享受社会保险待遇：
（1）退休；
（2）患病、负伤；
（3）因工伤残或者患职业病；
（4）失业；
（5）生育。

——摘自百度图库

 小资料

第九条　用人单位招用劳动者，不得扣押劳动者的居民身份证和其他证件，不得要求劳动者提供担保或者以其他名义向劳动者收取财物。

——摘自百度图库

 **小资料**

第十六条 劳动合同由用人单位与劳动者协商一致,并经用人单位与劳动者在劳动合同文本上签字或者盖章生效。

劳动合同文本由用人单位和劳动者各执一份。

2. 劳动合同期限签多久?谁说了算?

劳动合同期限是劳动关系当事人双方享有权利和履行义务的时间。劳动合同订立后,双方当事人便建立了劳动关系,各自要依据自己的劳动行为来享受权利和履行义务。但是,这种权利义务关系不可能无头无尾,也不可能成为永恒不变的关系,尤其是市场经济条件下,劳动力的流动是必然的。劳动关系可能是较长期限的,也可能是短暂的,到底要维系多久,必须通过一定的具体时间表现出来,这就产生了劳动合同的期限。劳动合同如果没有期限,双方当事人享有权利和履行义务处于不确定状态,不利于维护各自的合法权益。

劳动合同期限是劳动合同存在的前提条件,是实现劳动合同内容的保证。劳动合同的目的是实现劳动过程,劳动过程是一个相当复杂的过程。劳动合同如果没有期限,这个过程就难以确定,生产或工作任务的完成就无法保证,合同也就失去了存在的真正意义。正因为如此,本法把劳动合同期限作为劳动合同的必备条款之一作出规定。

 **小资料**

2011年3月15日是小苏合同到期的日子。2月14日,小苏就跟单位提交了"续签无固定期限劳动合同"的申请。从2005年进公司至今,小苏与单位已签过两次固定期限劳动合同,期限都是三年。小苏觉得,按照《劳动合同法》规定,今年合同到期,他正好符合签无固定期限劳动合同的条件。可谁知,单位以"不同意续签,合同到期终止"为由,拒绝了小苏的请求。

小苏是否可以向单位提出签无固定期限劳动合同?单位可以拒绝吗?

签不签无固定期限劳动合同,更多时候由劳动者说了算。

为了保护劳动者的利益,《劳动合同法》不仅扩大了签订无固定期限劳动合同的范围,而且对劳动者来说更加有利。如连续在单位工作十年以上的员工,签订了两次固定期限的劳动合同(新增加),无论单位是否愿意续签,只要劳动者提出续签无固定期限劳动合同,单位就必须无条件执行。

案例中的小苏符合《劳动合同法》规定的签订无固定期限劳动合同的条件。签订过两次固定期限劳动合同,第二次合同期满,只要小苏跟单位提签无固定期限劳动合同,单位就不能拒绝,这是法律规定。除非小苏本人表示想签固定期限合同或者选择离职走人。也就是说,决定权在小苏手上。

长期或无固定期限的劳动合同，被认为是构建和谐劳资关系的重要基础。因此，立法者试图通过这些条款引导用人单位与员工签订长期或无固定期限劳动合同，以推动长期或无固定期限劳动合同在国内的"落地生根"。

尽管仍有不少用人单位对无固定期限劳动合同及该条款存有恐惧之心，但实际上，无固定期限劳动合同并非是不可解除的劳动合同。从解除的法定条件上说，用人单位解除无固定期限劳动合同与解除固定期限劳动合同事实上是一样的。从用人单位长远发展来看，无固定期限劳动合同如果运用得当，能帮助用人单位吸引人才、留住人才、激励员工、提升团队凝聚力等。因此可以说，无固定期限劳动合同对用人单位的利益大于风险。

——www.hbzgh.com

小资料

第十二条　劳动合同分为固定期限劳动合同、无固定期限劳动合同和以完成一定工作任务为期限的劳动合同。

第十三条　固定期限劳动合同，是指用人单位与劳动者约定合同终止时间的劳动合同。

用人单位与劳动者协商一致，可以订立固定期限劳动合同。

第十四条　无固定期限劳动合同，是指用人单位与劳动者约定无确定终止时间的劳动合同。

用人单位与劳动者协商一致，可以订立无固定期限劳动合同。有下列情形之一，劳动者提出或者同意续订、订立劳动合同的，除劳动者提出订立固定期限劳动合同外，应当订立无固定期限劳动合同：

（1）劳动者在该用人单位连续工作满十年的；

（2）用人单位初次实行劳动合同制度或者国有企业改制重新订立劳动合同时，劳动者在该用人单位连续工作满十年且距法定退休年龄不足十年的；

（3）连续订立二次固定期限劳动合同，且劳动者没有本法第三十九条和第四十条第一项、第二项规定的情形，续订劳动合同的。

用人单位自用工之日起满一年不与劳动者订立书面劳动合同的，视为用人单位与劳动者已订立无固定期限劳动合同。

小资料

劳动合同签约八大骗局

1. 口头合同

法律规定，劳动合同必须采取书面形式，但是，不少企业不想承担劳动法律责任，千方百计不签合同，而只是进行口头承诺。在求职者方面，有的求职者经熟人介绍，只是简单地口头约定双方的权利义务，而没有书面合同。口头承诺毫无证据，一旦出现劳动争议，口说无凭，有理难辩，对求职者非常不利。

2. 不当面签字

有不少企业在签约时，先让职工签好字后，声称统一盖章，不与求职者当面签字，之后，单方面增加一些对求职者不利的条款或更改时间、数量等。这种"手脚"往往令求职者吃哑巴亏。因此，求职者拿到劳动合同时，应该让企业负责人当面签字盖章，并自存一份，免其在合同文本上"动手脚"。

3. 格式合同

企业一般会先准备好格式合同，条款内容准备好，只要求职者签好字就行了。对于这类格式合同，有相当多条款是对求职者不利的。但企业往往会威胁说："同意就签字，不同意我们公司不聘你。"如此，求职者应权衡利弊，做出选择。

4. 简单合同

不少小型企业的劳动合同十分简单，只有几项条款。条款不齐、不具体是发生劳动争议的原因，求职者如果没有必要的细则条款去约束企业，一旦"打官司"就难以说理，最后吃亏的往往是求职者自己。

5. 卖身合同

劳动合同是双方的，即企业和劳动者都有权利与义务。但不少企业利用求职者急求职业的心态，或要劳动者签订劳动保证书，或者只约定劳动者有何义务，如何遵守企业的制度，如何承担责任等。这种合同实为"卖身契"，求职者最好别签。

6. 生死合同

劳动者工伤应由企业或社保承担责任，但是不少企业利用劳动者对劳动保护知识的缺乏，常常在签约时候要求求职者签下"工伤自理"的条款。不少缺乏法律知识的员工发生工伤后，看到"工伤自理"时，自觉理亏，不敢理直气壮地找企业负责。这种"血汗工厂"，求职者千万要小心。

7. 阴阳合同

法律规定，企业必须与员工签订劳动合同，并为职工购买社会保险等，否则给予罚款等处罚。不少工厂企业，慑于劳动主管部门的监督，为逃避检查，与劳动者签订两份合同，即阴阳合同，一份对劳动局，一份对劳动者，而后一份往往对劳动者十分不利。

8. 抵押合同

法律规定，企业不允许为签订劳动合同而收取职工的任何东西作抵押。但是某些企业在招用了一些有技术特长的劳动者后，为了防止劳动者"跳槽"，便在签订合同时，违反有关规定，要求职工把一些证件、财产抵押给企业，并在合同中说明扣留职工平时应得福利待遇工资作押金，如违反约定，保证金没收，抵押物品不退。抵押后，用工者因为有了把柄便有恃无恐，而就业者只好唯命是从。

9. 敲竹杠合同

某些企业自恃待遇丰厚或借垄断地位等，在其招工时提出苛刻条件，借机谋利，让求职者先"入股"，或交集资款等，并在合同中约定，企业好以表面的自愿形式使其行为合法化。这一切都是违法的。

（三）劳动合同的"分手机制"

 小资料

小丽是某县一家酒店的服务员，到 2011 年已工作 3 年，月工资 1 000 元。2011 年春天，该酒店被原来的老板出售给了李某，李某在接收酒店之后，为了有更好的效益对酒店工作人员进行了全面考察并进行部分更换。因为小丽只有初中文化水平，李某认为她服务不了较高层次的客人，新招聘来的服务员都是高中或专科毕业，于是李某以酒店的名义给小丽发了辞退通知。小丽觉得自己在酒店干得不错，客人也很喜欢自己，接受不了李某的辞退理由，在协商没用的情况下，向劳动仲裁委员会提出了申诉，小李觉得李某的行为让自己很失望，自己也不想继续在该酒店工作，所以要求酒店给予补偿。

仲裁委员会在审理该案中，认为酒店没有法定理由，也没有按照法定程序解除与小丽的劳动合同，根据《劳动合同法》第四十七条、四十八条及八十七条的规定，裁决酒店双倍支付小丽经济补偿，小丽工作满 3 年，需要支付 3 个月的经济补偿金共计 3 000 元，同时要双倍支付，所以应为 6 000 元。

——摘自文库网

劳动合同的解除，需要依法进行，用人单位辞退劳动者，可以和劳动者协商解除，或者提前三十日以书面形式通知劳动者本人或者额外支付劳动者一个月工资，再或者有法定理由，否则就是违法解除劳动合同，劳动者可以要求继续履行劳动合同或者可以依法要求赔偿。本案中，小丽与酒店的劳动合同仍旧有效，尚未到期，没有特殊的情况需要解除劳动合同，而且小丽也没有和酒店协商过要解除劳动合同，那么酒店给小丽发出辞退通知不符合法律规定，属于违法解除劳动合同。根据《劳动合同法》第四十八条的规定，用人单位违反本法规定解除或者终止劳动合同，劳动者要求继续履行劳动合同的，用人单位应当继续履行；劳动者不要求继续履行劳动合同或者劳动合同已经不能继续履行的，用人单位应当支付赔偿金，本案中，因为小丽觉得李某的行为伤害了自己，不愿意继续履行劳动合同，那么用人单位违反相关法律规定解除或者终止劳动合同的，需要按照相应的经济补偿标准向劳动者支付赔偿金。

解除劳动合同时，劳动者可以依法获得经济补偿，根据《劳动合同法》第四十七条规定，经济补偿是按照劳动者在本单位工作的年限，每满一年支付一个月工资

的标准向劳动者支付。其中，六个月以上不满一年的，按一年计算；不满六个月的，向劳动者支付半个月工资的经济补偿。同时根据《劳动合同法》第八十七条规定，用人单位违法解除或者终止劳动合同时，按照经济补偿标准的二倍进行赔偿，所以小丽在酒店工作三年，可以获得的经济补偿是3个月的工资3 000元，双倍就是6 000元。

 小资料

史小姐供职于一家律师事务所，担任行政工作。2007年底，史小姐发现自己怀孕了，刚开始史小姐不敢向事务所说明这个情况，后来随着肚子越来越大，再也无法隐瞒时，才向所主任说明了怀孕这个事实。主任得知后，较为恼火，第二天就让行政主管通知史小姐被辞退了。史小姐怎么也想不到是这个结果。在这种情况下，如何办才好？

——摘自CN人才网

由于史小姐正在孕期，应当受到特别的保护。根据《劳动合同法》第四十二条第四项规定：女职工在孕期、产期、哺乳期的，用人单位不得依照本法第四十条、第四十一条的规定解除劳动合同。《妇女权益保障法》第二十七条规定：任何单位不得因结婚、怀孕、产假、哺乳等情形，降低女职工的工资，辞退女职工，单方解除劳动（聘用）合同或者服务协议。因此，这家律师事务所以女职工怀孕为由进行辞退的做法，是一种严重的违法行为。所以，按照《劳动合同法》的规定，史小姐可以要求用人单位继续履行劳动合同。

 小资料

原在重庆市一家股份公司从事管理工作的王勤辞职回南昌。让小王郁闷的是，当他向公司提出辞职时，却被告知，因为所签订的劳动合同尚未到期，他必须向公司支付5 000元的违约金。

单位不能任意订违约金。

为了防止用人单位滥用违约金条款，保护劳动者的自主择业权，《劳动合同法》规定，只有在两种情况下，用人单位可以约定由劳动者承担违约金。

第一，用人单位为劳动者提供专项培训费用，对其进行专业技术培训的，可以与该劳动者订立协议，约定服务期。劳动者违反服务期约定的，应当按照约定向用人单位支付违约金。违约金的数额不得超过用人单位提供的培训费用。用人单位要求劳动者支付的违约金，不得超过服务期尚未履行部分所应分摊的培训费用。

第二，用人单位与劳动者可以在劳动合同中约定保守用人单位的商业秘密和与知识产权相关的保密事项。劳动者违反约定，应当按照约定向用人单位支付违约金。

 小资料

第三十七条　劳动者提前三十日以书面形式通知用人单位，可以解除劳动合同。劳动者在试用期内提前三日通知用人单位，可以解除劳动合同。

劳动者随时解除权如下。

第三十八条　用人单位有下列情形之一的，劳动者可以解除劳动合同：

（1）未按照劳动合同约定提供劳动保护或者劳动条件的；

（2）未及时足额支付劳动报酬的；

（3）未依法为劳动者缴纳社会保险费的；

（4）用人单位的规章制度违反法律、法规的规定，损害劳动者权益的；

（5）因本法第二十六条第一款规定的情形致使劳动合同无效的；

（6）法律、行政法规规定劳动者可以解除劳动合同的其他情形。

用人单位以暴力、威胁或者非法限制人身自由的手段强迫劳动者劳动的，或者用人单位违章指挥、强令冒险作业危及劳动者人身安全的，劳动者可以立即解除劳动合同，不需事先告知用人单位。

用人单位随时解除如下。

第三十九条　劳动者有下列情形之一的，用人单位可以解除劳动合同：

（1）在试用期间被证明不符合录用条件的；

（2）严重违反用人单位的规章制度的；

（3）严重失职，营私舞弊，给用人单位造成重大损害的；

（4）劳动者同时与其他用人单位建立劳动关系，对完成本单位的工作任务造成严重影响，或者经用人单位提出，拒不改正的；

（5）因本法第二十六条第一款第一项规定的情形致使劳动合同无效的；

（6）被依法追究刑事责任的。

用人单位预告解除如下。

第四十条　有下列情形之一的，用人单位提前三十日以书面形式通知劳动者本人或者额外支付劳动者一个月工资后，可以解除劳动合同：

（1）劳动者患病或者非因工负伤，在规定的医疗期满后不能从事原工作，也不能从事由用人单位另行安排的工作的；

（2）劳动者不能胜任工作，经过培训或者调整工作岗位，仍不能胜任工作的；

（3）劳动合同订立时所依据的客观情况发生重大变化，致使劳动合同无法履行，经用人单位与劳动者协商，未能就变更劳动合同内容达成协议的。

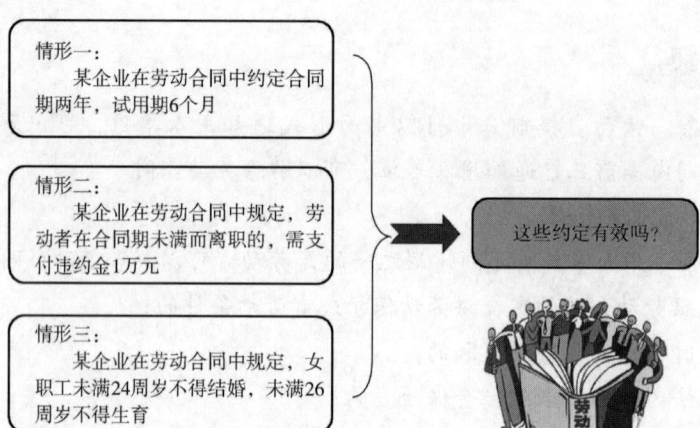

分组讨论：如果是你遭遇了以上情形，你会怎么做？你会如何维权？

专家教你三招，巧避求职陷阱

假期是学生兼职的旺季，每到寒暑假工商部门和劳动监察部门接到的学生兼职投诉也比较多。

陷阱一：介绍不成功不退中介费

记者昨日从市工商部门和劳动监察部门了解到，近一个月来，已接到近百起大学生兼职的投诉。

武汉市12315投诉中心工作人员王惠说，被骗的多是外地大学生，那些中介机构巧立名目收取中介费、押金、信息咨询费等；收费后，拖延提供岗位，或者以搬运工、押运等工作敷衍大学生。劳动部门专家提醒，大学生暑期兼职要小心中介的陷阱。

7月初，人力资源管理专业大二学生严婷婷接到一家中介的兼职信息，为饮料企业做促销，每天工作7小时，月薪1300元，还有提成，不过需先交200元中介费。严婷婷交了200元后，又被告知一周后面谈，再去面试时又说工作换了，不是促销员而是话务员，每月基本工资500元。严婷婷想要回中介费，可对方说，介绍工作不上岗是她自己的问题，中介费不能退。

专家支招：很多违规中介借名企招人的幌子骗取中介费。求职者可先上网查询这些企业联系方式，咨询近期是否有招聘计划，是否委托这家中介招人。按有关规定，职业介绍不成功，需退还中介费，求职者可向劳动监察部门举报。

陷阱二：工时拉长工资缩水

今年暑假，哲学专业大一学生李丽在学校附近的酒楼当服务员，事前和老板协商日薪35元，每天工作8小时，包午饭。

在实际工作中，李丽每天早上7点要准时到店里，晚8点以后才能下班。工作10天后，实在受不了老板的挑剔及繁重的工作，准备辞职。但老板却以她迟到、服务不到位等为由，扣掉了40元的工资，最后只领到310元。

专家支招：大学生最好与用人单位签订劳动协议，注明工资待遇和工作时间等，必要时可以作为处理纠纷的有力凭证。

陷阱三：未工作先交押金

大三学生杨菁应聘到一家服装企业做销售，公司要求她先交200元的服装费，兼职结束后再退还。工作一个月后，由于销售业绩平平，杨菁准备提前结束兼职，老板却认为她未履行承诺，拒退押金。

专家支招：按照有关规定，招聘单位不得以招聘为由向求职者收取任何费用，求职者可及时向劳动监察部门举报投诉。

项目二　创业法律常识

随着创业不断升温，越来越多的大学生投入创业的大潮中，可是由于大学生创业者缺乏创业法律知识而导致大学生创业涉法案例屡见不鲜。很多律师也提醒大学生创业者，在创业前应多多学习法律法规知识，大学生创业者应在创业中，很好地运用法律来保障自己创业的合法权益，避免盲目创业走入歧途。

第一节　《中华人民共和国合同法》有关常识

大学生就业形势紧张，自主创业成为很多毕业生的选择，国家也出台了很多政策予以鼓励。但是大学生社会经验不足，所以在创业前还是先就业，学习一些社会经验比较好。同时在创业之前应多学习《中华人民共和国合同法》（简称《合同法》）、《中华人民共和国公司法》（简称《公司法》）等有关法律。在利益受到侵犯时以法律为武器，保护自己的合法权益。

 工作情境

创业者中合同"法盲"最多

创业者沈德平,现做"红豆"服装代理。他有一个上海客户,拿了3 000元的货,只手写了一张货款欠条,什么合同也没签就走了,之后再无音信。他追到上海,要求当地派出所帮助查找这个人,被拒绝,派出所说他出示的手写欠条不能作为法律凭证,还要再拿一个正式的律师函才行。

情境分析

某律师事务所田宏律师说:"在日常接待中,我也经常遇到这样的情况,有些创业者认为,只要签了合同,就什么保障都有了,对方使什么坏都不怕。其实,这种认识是错误的。"

首先,任何合同内容都要合法,只有内容合法的合同,才能在双方发生纠纷时起到保护当事人利益的作用;否则合同内容不规范,不合法或合同条款不严谨,一旦发生纠纷,麻烦会更大。

其次,创业者签合同前要弄清对方有无签合同的合法授权,如果对方连签合同的权利都没有,签出来的合同也等于废纸一张。

再次,合同有固定格式,但没有固定文本可模仿,不管什么合同都是自由缔约的,缔约的内容主要由缔约双方协商决定。所以,签合同前如一点法律常识都没有,给别人钻空子的可能性就较大。

 知识泉眼

(一)合同条款

合同条款是合同条件的表现和固定化,是确定合同当事人权利和义务的根据。即从法律文书而言,合同的内容是指合同的各项条款。因此,合同条款应当明确、肯定、完整,而且条款之间不能相互矛盾。否则将影响合同成立、生效和履行以及实现订立合同的目的,所以准确理解条款含义有很重要作用。

1. 格式条款

格式条款又称为标准条款,是指当事人为了重复使用而预先拟订,并在订立合同时未与对方协商的条款,如保险合同、拍卖成交确认书等,都是格式合同。《合同法》从维护公平、保护弱者角度出发,对格式条款从三个方面予以限制:第一,提供格式条款一方有提示、说明的义务,应当提请对方注意免除或者限制其责任的条款,并按照对方的要求予以说明;第二,免除提供格式条款一方当事人主要义务、排除对方当事人主要权利的格式条款无效;第三,对格式条款的理解发生争议的,应按通常理解

予以解释，对格式条款有两种以上解释的，应当做出不利于提供格式条款一方的解释。

2. 免责条款

2016年大年三十晚上，外出经商的郭某准备回家过春节，在公路上等候汽车，因当天刚下过大雪，公路上车辆稀少。郭某等候多时，才拦到一辆个体出租车，但该车已挂出"停止营业"的标志，司机赵某准备回家休息。郭某说明自己要赶火车回家，再三恳求赵某送至火车站。赵某提出"路面太滑，如发生意外本人概不负责，并且加倍收费"。郭某急于赶车，表示同意。当车行至一转弯处，由于路面太滑，赵某又采取紧急措施不当，该车撞伤路边行人宋某后又撞到电线杆上，并将乘车的郭某撞成重伤，车也撞坏了。郭某和宋某都被随后赶来的120送往医院抢救。郭某要求司机赵某赔偿，宋某也要求赵某赔偿其损害。赵某称他事先与郭某有约定，本人对此事故不负责任，损坏的车辆及对宋某的损害应由郭某一人负责。双方争执不下，起诉到法院。

本案中民事责任应当由谁承担？

免责条款是指当事人约定的用以免除或限制其未来合同责任的条款。免责条款常被合同一方当事人写入合同或格式合同之中，作为明确或隐含的意思要约，以获得另一方当事人的承诺，使其发生法律效力。就其本意讲是指合同中双方当事人在订立合同或格式合同提供者提供格式合同时，为免除或限制一方或者双方当事人责任而设立的条款。

最典型的免责就是不可抗力，另外由于受害人自己故意而造成自己伤害，当然也免责。有的法律还规定受害人存在过失导致的损害，也可以免责。

本案中，郭某与赵某之间事先达成口头合同，他们之间的合同关系成立，赵某所说的"如发生意外本人概不负责"违反了《合同法》第五十三条的规定，属于无效的免责条款。赵某不能因为存在这样的约定而免责。因此，郭某和宋某的损失应当由赵某赔偿。

（二）合同的效力

4位梦想创业的大学生，每人凑齐4 000元，准备在校园附近开一间精品店。当他们和房屋转租者签好转让协议，对店面进行装修时，房东突然出现并进行阻挠。16 000元创业资金已经花光，门面却无法开张。

4人一拍即合忙创业

小王是中南大学铁道校区大三学生，大二时他就忙着在学校做市场调查，他认为定位中高档的男士精品店会很受学生欢迎。这学期开学不久，他和另外三位有创业想法的同学一拍即合，每人投资4 000元准备开店。

校园附近的孙老板有三间紧挨着的店面，其中一个门面闲置着。孙老板同意以12 000元转让这个门面两年的使用权。小王告诉记者，当时孙老板说她有这个门面三年的使用权，但不要让房东知道房子已经转租给他们，就说几个大学生是帮她打工的，以此避免房东找麻烦。"我们虽然知道孙老板不是房东，只是租用了房东的房子，但我们不知道一定要经过房东的同意才能租房。"9月10日，涉世未深的几名大学生和孙老板签下了门面转让协议书，并支付了7 000元钱。

当他们开始对门面进行装修时，房东闻讯赶来。房东表示，他和孙老板签订的合同上明确写了该房子只允许做理发店，并且不允许转租。房东阻止他们装修，并和孙老板发生了冲突。

一扇门挂上三把锁

记者来到中南大学铁道校区，在店面前通过玻璃门看到，几个玻璃柜凌乱地摆放着，地上刨花满地。前不久，小王和另外三个同学还在一边贴墙纸，一边憧憬着美好前景。当时为了不影响上课，他们利用晚上装修，忙到深夜两三点是常事。

现在门上已经挂了三把锁。9月份房东将第一把锁挂了上去，接着孙老板也挂了一把锁。小王等人的玻璃货架等物品都被锁在里面，无奈之下他们也挂了一把锁。现在要进入这个门面，要过三道关。

几把锁锁死了他们的创业之路。孙老板从9月20日起就无影无踪，手机也不开机，不作任何解释。房东也不愿意和他们协商，反正房租已经收到了年底。这可苦了几个大学生，交给孙老板的7 000元房租，加上门面装修的5 000多元，以及进货花去的钱，4人凑的16 000元已经所剩无几。近日，孙老板终于出现，她提出，几个大学生将剩下的5 000元交上，再想办法和房东协商。如果要退还7 000元的房租，必须把已经装修的门面恢复原状并补偿她两个月的误工费。

根据我国法律规定，没有经过房东同意擅自转租房屋是无效行为，所签订的门面转让协议也无效。刘律师表示，在协议双方都知情的情况下，因合同无效造成的损失应由双方共同承担。小王等所支付的装修费用以及孙老板的门面误工费加在一起，双方应各承担一半。如果孙老板不接受这样的条件采取逃避的方式，那么小王应该向法院提起诉讼，用法律的手段解决纠纷。

合同效力是法律赋予依法成立的合同所产生的约束力。合同的效力可分为四大类，即有效合同，无效合同，效力待定合同，可变更、可撤销合同。

（1）所谓有效合同，是指依照法律的规定成立并在当事人之间产生法律约束力的合同。从目前现有的法律规定来看，都没有对合同有效规定统一的条件。但是我们从现有法律的一些规定还是可以归纳出作为一个有效合同所应具有的共同特征。有效合同主要应具有以下条件：①行为人具有相应的民事行为能力，②意思表示真实，③不违反法律或者损害社会公共利益。

（2）所谓无效合同是相对有效合同而言的，它是指合同虽然成立，但因其违反法律、行政法规或损害公共利益，因此被确认无效。其主要特征有：①违法性，②无效合同的不得履行性，③无效合同自始无效。

（3）所谓效力待定的合同，是指合同虽然已经成立，但因其不完全符合法律有关生效要件的规定，因此其发生效力与否尚未确定，一般须经有权人表示承认或追认才能生效。主要包括三种情况："一是无行为能力人订立的和限制行为能力人依法不能独立订立的合同，必须经其法定代理人的承认才能生效；二是无权代理人以本人名义订立的合同，必须经过本人追认，才能对本人产生法律拘束力；三是无处分权人处分他人财产权利而订立的合同，未经权利人追认，合同无效。"

（4）所谓可撤销合同，是指当事人在订立合同的过程中，由于意思表示不真实，或者是出于重大误解从而做出错误的意思表示，依照法律的规定可予以撤销的合同。一般认为，可撤销合同的主要原因是缔约当事人意思表示不真实。这其中包括重大误解、显失公平、欺诈、胁迫或乘人之危等情形。

大学生深陷校园贷溺亡，警方立案调查

2017年20岁的范泽一是北京一所外国语高校的大学生，开学将升入大三。但8月3日，在吉林老家过暑假期间，范泽一留下遗书后出走，家人随即报警，两天后，警方在距离范泽一老家30公里外的一处河流，发现了一具男性尸体，经过DNA比对，8月16日，警方出具了一份"死亡证明"，确认死者是范泽一，死亡原因为"溺死"。

范泽一生前，曾深陷校园贷。范泽一的父亲范立君告诉北青报记者，恢复范泽一的手机卡，读取信息后发现，范泽一此前曾在多个网络借贷平台上借款，但都是无形的"高利贷"，累计13万余元，其中一笔借款数额为1 100元，但一周后需要还1 600元，一周的"利息"高达500元。

此外，范泽一生前还多次遭到催债者言语威胁，称要将范泽一"欠债不还"一事，发到其学校的贴吧、论坛上，并威胁称要告诉学校的领导和辅导员，伤害其家人等。对此，范立君称，"孩子是被这些催债的（人）给逼（死）的。"

从范泽一父亲范立君处了解到，17日晚，蛟河市公安局已经受理了"范泽一人身安全被威胁"一案，并向范立君发送了"受案回执"。"公安局已经成立了专案组，在调查我儿子的死和校园贷的事情，希望能尽快有结果。"但他表示，即使在儿子因校园贷一事留遗书自杀被曝光后，8月18日上午，他仍然收到了多个借贷平台的催债电话和短信。

高利贷的法律效力如何？

年息高于24%的部分不受法律保护。

现实中，一些人借校园贷之名，行高利贷之实。校园贷是否都属于高利贷？法律对高利贷是怎样规定的呢？

校园贷是否属于高利贷，要看具体约定了多少利息。高出银行同期贷款利息的话，可以认定为高利贷。如果年利息高出24%，高出的部分是不受法律保护的。

但是，一些校园贷属于高利贷，并不意味着债务人可以不还款。校园贷只要是在双方自愿、平等的基础上签订的，且年利息不高于24%，就是合法的。如果年利息约定高于24%，高出部分是不受法律保护的，不需要偿还。如果债权人以诱惑借款、"砍头息"、介绍门路去平账等方式引诱债务人贷款，合同可能无效。如果合同无效，债务人只要返还本金即可。

（三）合同的违约责任

——摘自百度图库

买车时是交"定金"还是"订金"？写错这个字，这车你就是不想买也得买。

小王最近看中了一款越野车，很是喜欢。于是这几天都走遍了4S店，为的就是一举将这个车子拿下。这不刚好这家店就在做活动，比上一家便宜了不少钱，还有不少优惠福利。销售员见小王对这款汽车也甚是喜爱，就诱导着小王先交了定金，然后等两天再来提车。过了两天，小王来到了这家4S店准备提车。碰巧旁边的那一家车行也在做活动，小王就进去瞅瞅。

这不瞅还好，一瞅直接瞄准了自己看中的那辆车，优惠活动比自己交定金的那家还要多。这下小王直接去到已经交了定金的4S店中，找经理想要将定金退回。可是经理说这钱已经交了，就退不了了。小王很纳闷自己不是交的定金吗？为何退不了呢？经理拿出发票让小王看，这上面是"定"金，言外之意就是这东西已经是小王的了，他已经定下来了，所以不能退了。

定金是一个规范的法律概念，是合同当事人为确保合同的履行而自愿约定的一种担保形式。定金指为保证合同的履行，消费者预先向销售者（卖方）交纳一定数额的钱款。合同上是"定金"的，依据《合同法》相关规定，一方违约时，双方有约定的按照约定执行；如果无约定，销售者违约时，"定金"双倍返还；消费者违约时，"定金"不返还。"定金"的总额不得超过合同标的的20%。

订金并非一个规范的法律概念，实际上它具有预付款的性质，是当事人的一种支付手段，并不具备担保性质。"订金"的效力取决于双方当事人的约定。双方当事人如果没有约定，"订金"的性质主要是预付款，销售者违约时，应无条件退款；消费者违约时，可以与销售者协商解决并要求经营者退款。如果双方当事人另有约定，则按照约定执行。

合同的违约行为，是指当事人一方不履行合同义务或者履行合同义务不符合约定条件的行为。

第一，违约行为的主体是合同当事人。合同具有相对性，违反合同的行为只能是合同当事人的行为。如果由于第三人的行为导致当事人一方违反合同，对于合同对方来说只能是违反合同的当事人实施了违约行为，第三人的行为不构成违约。

第二，违约行为是一种客观的违反合同的行为。违约行为的认定以当事人的行为是否在客观上与约定的行为或者合同义务相符合为标准，而不管行为人的主观状态如何。

第三，违约行为侵害的客体是合同对方的债权。因违约行为的发生，使债权人的债权无法实现，从而侵害了债权。

违约责任的形式，即承担违约责任的具体方式。对此，《中华人民共和国〈民法通则〉》第一百一十一条和《合同法》第一百零七条作了明文规定。《合同法》第一百零七条规定：当事人一方不履行合同义务或者履行合同义务不符合约定的，应当承担继续履行、采取补救措施或者赔偿损失等违约责任。据此，违约责任有三种基本形式，即继续履行、采取补救措施和赔偿损失。当然，除此之外，违约责任还有其他形式，如违约金和定金责任。

（四）加盟店签合同有哪些注意事项

现在利用加盟店进行创业的越来越多，如果你毕业后想通过开加盟店来实现创业梦想，你除了完成市场调研、自己筹备等多个创业前的准备外，还应该在法律法规层面做好准备。

加盟店签合同有哪些注意事项？注意商标、商号等的使用权，注意合同上有没有注明延展期限，总部提供服务的种类有哪些，加盟店的义务有哪些，总部如何对加盟店的经营进行控制，终止合同及后果，等等。

1. 商标、商号等的使用权

在绝大多数的特许连锁体系中，加盟总部拥有以下无形资产：在签订加盟合同时，应准确清楚地说明总部拥有的无形资产，以及授权加盟店使用这些无形资产的种类和范围。

2. 合同期限

合同期限即加盟双方关系持续的时间。这一时间有长有短，短则3～5年，长则10年以上，没有具体的标准。在合同上，还应注明允许加盟店有延展期限的权利。如果合同上没有注明延展期限，而总部又不愿签订期限较长的合同，这很可能表明将来加盟店要续约时，不得不付出一笔高额的加盟费。

3. 总部提供服务的种类

合同中要详细说明总部将对加盟店提供哪些服务项目，这些服务包括开业前的初始服务和开业后的后续服务。

初始服务包括选址、加盟店装修、培训、开店设备的购置、融资，等等。

后续服务包括总部对加盟店实施有效的活动，以帮助其保持标准化和企业利润；总部继续进行操作方法的改进及革新并向加盟店传授；总部进行市场调查研究并向加盟店传送市场信息；总部开展集中统一的促销与广告活动；总部向加盟店提供集中采购的优惠货源；总部专家向加盟店提供的管理咨询服务，等等。合同中详列这些服务项目，是对加盟店利益的一种法律保护。

4. 加盟店的义务

加盟店要想取得总部的各种无形资产的使用权，并得到总部的各项服务支持，使自己的经营迅速站稳脚跟，走上正轨，就必须得付出一定的代价，并承担相应的责任。为了让加盟者明确自己的责任与义务，也为了约束加盟者履行职责，必须将这些事项也详细列入加盟合同中。

虽然在合同上只有总部和加盟者作为立约人，但总部为建立一套完善的业务制度，都加入一些条款确保其他加盟店及公众的利益，因为任何一家加盟店不能维持应有的水准，或多或少都对特许经营体系的声誉有所损害，继而影响其他加盟店的盈利，所以在合同中应列明双方在合作中的义务来维持各方面的利益。

一般情况下，操作手册有一些内容涉及加盟者应履行的义务，并作为加盟者开业后的经营活动参考指南。随着特许体系的发展，操作手册还将不断更新和完善。

5. 对加盟店的经营控制

特许经营的最大特点就是在经营业务及方式上高度统一，使各自独立的加盟者在合同的规定下形成一个基本统一经营的外在形象。如果其中一个加盟店没有按总部的统一要求去经营，就会破坏这一整体外在形象，使整个特许系统的声誉受到损害。

因此，总部必须对加盟店实施有效的控制，以保证经营的标准和规范能够得到一丝不苟的贯彻。总部采取什么方法控制加盟店的经营，应详细列入合同中，以得到加盟者的理解和接受。

6. 加盟店的转让

加盟者可能会由于种种客观原因而无法继续经营加盟店，这就涉及加盟店转让或出售的问题，加盟店是否能转让、如何转让、转让给何种人等都必须列入合同中，以免将来发生纠纷。

也有些合同明确表明，假如加盟者要转让出售自己的企业，总部将有购买的优先权，或者有权选择转让的对象。在这种情况下，一定要注意说明加盟店的转让价应以市场价为准。

7. 仲裁

加盟双方难免会发生一些冲突，解决冲突的方式用仲裁比较合适。仲裁实际是由双方选择的仲裁人进行的私下诉讼，它的优点在于整个程序是在私下进行的。为了节省时间和费用，双方可以事先在合同中设定仲裁的规则，至于仲裁的时间可以根据当时发生冲突的情况而定。

在这里，选择什么样的人做仲裁人十分重要，如果仲裁人选择不当，做出的决定不公平或不客观，会使双方或其中一方不满意，最后反而会扩大矛盾，以致双方走向法院。

8. 终止合同及后果

合同一旦确立，就不能随意撕毁或中途终止。但是，也有加盟双方不遵守合同的事件发生。合同中应明确规定，任何一方违反协议到什么程度，另一方有权终止合同。当然，也应写明违反协议的一方是否有机会弥补其过失，以避免合同终止的后果。

一般来说，合同终止后，加盟者不能再使用总部所有的贸易商标、名称和其他权利，在一定时期内也不得从事相类似的经营业务。

（五）延伸阅读

网店，作为电子商务的一种形式，是一种能够让人们在浏览的同时进行购买，且通过各种在线支付手段进行支付完成交易的平台。网上购物大多数都是使用淘宝、易趣、拍拍、京东等大型网络贸易平台完成交易的！我们要合理利用网店，争取做到效益最大化。

很多人都会选择以开网店的方式进行创业。那么，开网店需要注意哪些法律问题呢？

1. 签电子合同一样产生法律效力

网店大多采取签订线上电子合同的方式进行关系确认。而这种数据电文（包括电报、电传、传真、电子数据交换和电子邮件）形式的合同在法律上属于书面合同，只要是双方真实意思的表示且当事人具有相应的民事权利能力和民事行为能力就是有效的。

2. 合同里的格式条款要看清

很多人在签署格式条款时要么不知道应该看什么，要么根本就不想看。要知道，密密麻麻的格式条款里规定了很多双方的权利义务关系甚至是免责条款，等出现问题的时候再研究那就来不及了。

格式条款应该主要看的部分包括你方的义务和他方的权利以及最重要的免责条款部分。要敢于跟合同里的霸王条款及无效条款说"不"！

3. 出售假货同样会被追责

不管是实体店铺还是线上网店，只要出售假货就会被依法追究相应的民事及刑事责任。

随着电商的日益发展，相关的法律法规也在逐步健全与完善中，售假货网店将面临工商局、网购平台甚至是消费者的多重追责。维护消费者的合法权益，拒绝制假卖假行为，做守法、守规的良心商家。

4. 知识产权保护，网店亦有责

随着网络信息技术的快速发展，网络技术的发达一方面给人们的生活带来了极大的便利，另一方面由于网络社会的虚拟性等特点，也给网络知识产权受到侵犯提供了滋生的温床。

商标权、著作权等知识产权侵权事件在网店中普遍存在，所谓的"山寨""原单""外贸"商品比比皆是。售卖这类商品的商家同样会被追究相关法律责任。轻则警告罚款，重则吊销营业执照、行政拘留。

5. 网店如何"关门"要按约定

任何网店都有自己的退出机制。

开店之初要按合同约定做好充分准备，关门的时候也必须按照之前的约定，办理相关退店程序，这样才能不留有任何隐患，真正做到"关门大吉"。

第二节 《中华人民共和国公司法》有关常识

面对日益激烈的求职竞争压力，为开启经济增长新引擎，李克强总理提出的"大众创新、万众创业"口号得到了社会各界的广泛关注，伴随着2014年新《公司法》的颁布，不少学子也开始筹划起自己的创业之路。

 **工作情境**

2014年新《公司法》——1元注册公司

又到一年毕业季，此时，大多数同学除了忙于准备毕业论文答辩外，找到一份好工作也成了迫在眉睫的事。或许有人在重复想着那个问题：先就业还是先择业。但当大家仍然在纠结的时候，即将毕业的大学生房兆玲已经给了我们答案——毕业创业开旅游公司。她坦言得益于新《公司法》，才能让其顺利创业——从2014年3月起，注册公司实行认缴制，可以先注册后出资。但创业仍存在很多法律风险，尤其是以公司之名创业。

情境分析

新《公司法》的正式实施,对于房兆玲这样年轻的大学毕业生而言,真的是恰逢其时恰到好处,因为新《公司法》最重要的改变之处在于:①将注册资本实缴登记制改为认缴登记制,放宽了注册资本登记条件;②简化了登记事项和登记手续。具体来说修改的意义,在于降低投资兴业的门槛,减轻了投资者负担,便利了公司准入,对于激励社会投资热情,鼓励创新创业,提供了坚实的法律基础。

按照原来的《公司法》规定,有限责任公司注册资本不得低于3万元(且须一次性到位),一人公司注册资本不得低于10万元,股份有限公司最低注册资本为500万元。《公司法》修订之前,公司全体股东的首次出资额不得低于注册资本的20%,也不得低于法定的注册资本最低限额,其余部分由股东自公司成立之日起两年内缴足,其中,投资公司可以在5年内缴足。一人有限责任公司股东应当一次足额缴纳出资。

这次新《公司法》的修订,废除了公司注册资本的最低限额,法律、行政法规以及国务院另有规定的,从其规定;同时,不再限制公司设立时股东的首次出资比例,不再限制股东的货币出资比例,且无须提供会计师事务所出具的验资报告。不限制公司设立时股东的首次出资比例,说白了就是"零首付",也被称为"先上车,后买票"。而之前在各大论坛上网友戏说的"1元注册公司",现在也可变成现实。

这主要是考虑到,一是为了鼓励投资兴业,二是为了避免公司设立初期因为业务还没完全开展,非要创业者预付部分投资款到公司账上,造成的资金闲置和浪费现象。从这个意义上说,设立公司的首要门槛——"注册资金来源问题"便不再成为草根阶层创业的屏障,开公司也并非是一个遥不可及的梦想。因为像房兆玲这样刚毕业的大学生,家境也许普普通通,如果希望父母出资供读大学之后,再提供创业资金可能无能为力,新《公司法》的出台,恰好给这些有志青年提供了创业起跑的舞台。

知识泉眼

(一)取消注册资本最低限额,鼓励大学生"白手起家"

现行的《公司法》取消了公司最低注册资本制度,使《公司法》改革由此成为现实,注册门槛降低,几近为零。注册资本是公司设立时由公司章程记载并在公司登记机构注册登记的资本总额,是为了政府部门登记注册,也让公众了解公司的目前状况和今后发展后可能达到的规模。

取消最低注册资本制的意义如下。

一是降低了投资创业的门槛。由发起人自主约定认缴出资额,取消有限责任公司最低注册资本3万元,一人有限责任公司最低注册资本10万元,股份有限公司最低注册资本 500 万元的限制。

二是大幅降低了公司设立成本。在公司登记注册环节，实收资本不再作为工商登记事项，不需提交验资报告。

三是减轻投资者负担，激励社会投资热情。

由公司股东（发起人）自主约定公司设立时全体股东（发起人）的首次出资比例，理论上来说可以零首付。另外，股东（发起人）自主约定公司股东（发起人）缴足出资的出资期限，不再限制 2 年内出资到位，可以提高资金的使用效率。

小资料

第二十六条　有限责任公司的注册资本为在公司登记机关登记的全体股东认缴的出资额。法律、行政法规以及国务院决定对有限责任公司注册资本实缴、注册资本最低限额另有规定的，从其规定。

第二十七条　股东可以用货币出资，也可以用实物、知识产权、土地使用权等可以用货币估价并可以依法转让的非货币财产作价出资。但是，法律、行政法规规定不得作为出资的财产除外。

对作为出资的非货币财产应当评估作价，核实财产，不得高估或者低估作价。法律、行政法规对评估作价有规定的，从其规定。

第二十八条　股东应当按期足额缴纳公司章程中规定的各自所认缴的出资额。股东以货币出资的，应当将货币出资足额存入有限责任公司在银行开设的账户；以非货币财产出资的，应当依法办理其财产权的转移手续。

股东不按照前款规定缴纳出资的，除应当向公司足额缴纳外，还应当向已按期足额缴纳出资的股东承担违约责任。

第二十九条　股东认足公司章程规定的出资后，由全体股东指定的代表或者共同委托的代理人向公司登记机关报送公司登记申请书、公司章程等文件，申请设立登记。

第三十条　有限责任公司成立后，发现作为设立公司出资的非货币财产的实际价额显著低于公司章程所定价额的，应当由交付该出资的股东补足其差额；公司设立时的其他股东承担连带责任。

（二）创办一人有限公司，你准备好了吗？

山东鼓励"一人公司"从事创投

2018 年山东省出台关于促进创业投资持续健康发展的通知，将通过鼓励"一人公司"从事创投、利用"先行先试"政策招商引资、健全创业投资退出机制、完善创业投资政策环境等六大项措施促进创业投资持续健康发展，以加快形成"创业、创新+创投"的协同互动发展格局。

山东省提出，鼓励各类机构投资者和个人依法设立公司型、合伙型创业投资企业。鼓励具有资本实力和管理经验的个人依法设立一人公司，从事创业投资活动。鼓励包括天使投资人在内的各类个人从事创业投资活动，同时鼓励创业投资以并购重组等方式实现市场化退出。

此外，对投资于种子期、创建期的科技型中小企业、中小高新技术企业的参股创投机构，投资比例达到资金总规模的50%及以上的，对参股创投机构适当让渡部分投资增值收益。

——摘自中国中小企业信息网

一人公司（one-man company or one member company）也叫独资公司、独股公司，指仅有一个股东持有公司全部出资的有限公司或仅有一个股东持有全部股份的股份有限公司。

由于有限责任公司的规模相对较小，大多为中小企业，而且股东责任相对有限，大部分一人公司尤其是原生性一人公司多属于此种类。

一人公司有以下特点。

1. **股东为一人**

一人公司的出资人即股东只有一人。股东可以是自然人，也可以是法人。这是一人公司与一般情形下的有限责任公司的不同之处，通常情形下有限责任公司的股东是两人或两人以上。一人公司的此一特征也体现其与个人独资企业的区别，后者的投资人只能是自然人，而不包括法人。

2. **股东对公司债务承担有限责任**

一人公司的本质特征同于有限公司，即股东仅以其出资额为限对公司债务承担责任，公司以其全部财产独立承担责任，当公司财产不足以清偿其债务时，股东不承担连带责任。此为一人公司与个人独资企业的本质区别。

3. **组织机构的简化**

一人公司由于只有一个出资人，所以不设股东会，《公司法》关于由股东会行使的职权在一人公司是由股东独自一人行使。至于一人公司是否设立董事会、监事会，则由公司章程规定，可以设立，也可以不设立，法律未规定其必须设立。

一人有限责任公司的特别规定

第五十七条　本法所称一人有限责任公司，是指只有一个自然人股东或者一个法人股东的有限责任公司。

第五十八条　一个自然人只能投资设立一个一人有限责任公司。该一人有限责任公司不能投资设立新的一人有限责任公司。

第五十九条　一人有限责任公司应当在公司登记中注明自然人独资或者法人独资，并在公司营业执照中载明。

第六十条　一人有限责任公司章程由股东制定。

第六十一条　一人有限责任公司不设股东会。

股东做出本法第三十七条第一款所列决定时，应当采用书面形式，并由股东签名后置备于公司。

第六十二条　一人有限责任公司应当在每一会计年度终了时编制财务会计报告，并经会计师事务所审计。

第六十三条　一人有限责任公司的股东不能证明公司财产独立于股东自己的财产的，应当对公司债务承担连带责任。

（三）创业门槛降低，信息监管和诚信要求更高

以前成立一家企业，比如注册资本为100万元，要先将钱存到银行，然后再到会计师事务所进行验资，出具报告，才可以进行工商登记。根据新《公司法》，有限责任公司股东认缴出资额、公司实收资本不再作为公司登记事项。公司登记时，不需要提交验资报告。不需要来来回回往验资机构跑，创业者就可以完成拥有一家公司的梦想。

简化登记注册手续，是方便大家开创投资兴业的舞台。但出资的时候，如果有验资报告，可以对未来做好自我保护有好处。比如说，你说出资到位，债权人说你没出资到位，你还是得承担举证责任。立法者不苛求，是为了降低验资的费用。建议有条件的股东，还是要自愿去做验资程序，提交验资报告，作为自己及时履行缴纳出资义务的证据，因为虽然废除了最低法定注册资本限额，但没有废除法定注册资本制度。

此外，既要看到公司设立时手续的简化、成本的降低，也要看到《公司法》更强调公司和股东对社会每年要提交年报，要确保年报的真实性和合法性，一旦造假还是要承担责任。

创业门槛降低和保护交易安全，这二者都要抓，都要硬。不能因为鼓励投资兴业，就忽视交易安全。负责任的立法者，这两者都必须考虑。目前，在制度上已经做出一些配套建设。

首先，是信息披露制度。新《公司法》明确，将企业年度检验制度改为企业年度报

告公示制度。年检改年报后,企业将自主把年度经营情况及资产情况向工商部门报送,工商部门事先不再审查年报内容,但这不是说对企业的监管就轻了。今后,企业的年度报告、惩罚情况都将在市场主体信用信息公示系统中公示,谁都可以看到。这意味着在推进社会诚信建设的同时,也将从传统的"重审批轻监管"转变为"宽准入严监管"。

国家工商总局已经开通了企业信用信息公示系统,方便相关人登录查询。这是成本低、效果好的保护债权人的最好方法。

此外,债权人不要轻信公司认缴的注册资本,无论是1 000亿、10 000亿,都不要当真。如果不放心,可以让公司提供真实合法有效的担保。

如果公司资不抵债,股东没有履行出资义务,那么,股东一定要履行认缴的出资义务。所以,认缴要量力而行,适度承诺。

《公司法》还规定了揭开公司面纱的制度。如果有股东滥用控制权优势,或者说导致母公司和子公司在资产、财务、机构、人员、业务等5个方面混淆不分,公司债权人既可以要求公司承担债务清偿责任,也可以让公司股东承担连带责任。

第三节　《中华人民共和国合伙企业法》有关常识

毕业生合作创业的优势在于:优势互补、资源共享、智慧结晶、群策群力、降低风险。

在创业的路上单飞或合伙各有利弊,如何让双方优势互补,合作成功,选择一个合适的合作伙伴是至关重要的。

在校大学生合伙创业,年销售额超500万元

郑州大学数学与统计学院,有两位学生在家乡经营家庭农场,发展苗木经济,没毕业就已经当了"老板"。创业一年多,销售额达500多万元。

1. 大一首创业

郑州大学这两位创业的大学生,一位名叫王硕,另一位名叫聂威振。王硕家是做生意的,可能是受到家人熏陶,他很有经济头脑。入学不到一个月,他和聂威振就合伙在校园里开始了第一次创业。

第一次创业,他们选择在学校卖化妆品。当时,全校一共有约40栋宿舍楼,王硕和聂威振雇了40多人做销售。起初经营状况不错,每天能赚两三百块钱。但由于他们经营的都是低价化妆品,供货渠道减少,加上学校商店化妆品专柜的竞争,他们的销售量逐渐下滑,两人最终选择放弃。

2. 进军苗木种植

对第一次创业的失败,王硕和聂威振归结为对化妆品行业不了解,没搞清楚产业链的各个环节。王硕家里有人搞苗木种植,所以二次创业,他们选择了苗木种植。

两人说干就干,通过银行贷了10万元启动资金,承包了100多亩土地,开始雇人种植树苗。两人通过网络寻找求购树苗的信息,推销树苗。但结果并不理想,一天打400多个电话,却没有几个人愿意订购。一年后,他们终于接到了第一笔订单:河北沧州一个客户定购1 400棵树苗。

得知消息后,两人立刻赶往周口,组织员工给客户挖树苗。白天陪同客户选树苗,晚上组织工人把树苗装车,一直忙到第二天凌晨4点。这样持续了一个星期,树苗才全部装车运输完毕。这笔生意,让他们收入10多万元。此后,两人种植的苗木逐渐打开销路,收入也逐渐增加。

3. 扩大种植规模

到了大三,王硕和聂威振就成了学校的名人。他们经营的家庭农场位于周口太康县,主要种植楸树、紫叶李等苗木,嫁接金叶榆。

目前,他们的家庭农场拥有20名固定员工,700亩土地,年销售额500多万元,并间接带动了近50名农村青壮年就业。一年下来,纯利润有40多万元。

——摘自腾讯·大豫网

 情境分析

很多大学生在创业的时候都会选择合伙的方式,很多成功人士在创业的时候都不约而同地选择合伙的方式,那么如何找到自己合适的合伙人呢?在合伙的过程中又涉及哪些法律问题呢?

 **知识泉眼**

(一)如何挑选"中国式"合伙人?

 小资料

阿里巴巴的合伙人制度传播甚广,神通广大的马云在创业初期就通过各种手段拉来不少头顶光环的实力派为其"让天下没有难做的生意"梦想卖命,成功企业的各种合伙人故事也在业界为人津津乐道:新东方三驾马车,携程四君子,腾讯五虎将。它们好像都有一支能全面抗战、处处御敌的机动部队,而不少创业公司,也时不时会爆出各种合伙人离开,初创团队互撕,创始人被踢出局等各种令人讶异的新闻。

那么,究竟怎样的合伙人团队才是最佳拍档?合伙人在团队中需要怎样互补、如何作战,才能发挥最佳战斗力呢?

创业是非常艰难的，需要创业者有良好的综合素质，这不仅包括个人组织能力、创造力和专业素质，还包括良好的心理素质。但创业并不只是依靠一个人的力量就可以完成的，它需要的是一个团队的合作与努力。

要组建一个优秀的团队，创业者选择的创业合作伙伴要符合以下几个标准：

第一，选择合作伙伴一定要是互补型的。

第二，要有远大的志向。

第三，合伙人要善于合作和沟通，有很强的沟通能力和合作能力。

第四，要有相同的价值观和相同的梦想。

第五，创业合作伙伴一定要对自己所做的项目完全信任，相信自己的搭档所做的一切，以及项目的可行性，这样才会尽最大的可能排除万难，走向成功的彼岸。

在创业的路上，还存在一些特殊情况。很多创业者需要家人和朋友的支持，期初刚刚创业可能会得到家庭、亲戚等朋友的帮忙，但是这样在管理上就会存在很多缺陷。家族团队在管理和执行方面是存在很多问题和分歧的，虽然家族团队对创业者在前期会有一定的帮助，但是随后将会对企业造成不利影响。随着创业者的企业走上正轨，需要的是更加默契的合作团队，只有创业团队的队员都是奔着同一目标和理想不断努力，最终才能实现人生价值。

（二）有限合伙 VS 普通合伙

说到合伙创业，许多创业者对有限合伙这个词还是比较陌生，随着《合伙企业法》相关的法律法规逐渐完善，合伙人一起创立有限合伙企业相比传统的有限公司来说还是有不少优势。有限合伙制已经逐渐成为风险投资，股权创投等投资公司创立企业的首选，更多的是以成立有限合伙投资基金的方式加盟，下面我们就来看看有限合伙企业到底有什么吸引人的地方？

合伙企业是指由各合伙人订立合伙协议，共同出资，共同经营，共同享有收益，共同承担风险，并对企业债务承担无限连带责任的营利性组织。合伙企业分为普通合伙企业和有限合伙企业。

普通合伙企业由2人以上的普通合伙人（没有上限规定）组成。普通合伙企业中，合伙人对合伙企业债务承担无限连带责任。

有限合伙企业由2人以上50人以下的普通合伙人和有限合伙人组成，其中普通合伙人和有限合伙人都至少有1人。当有限合伙企业只剩下普通合伙人时，应当转为普通合伙企业，如果只剩下有限合伙人时，应当解散。普通合伙人对合伙企业债务承担无限连带责任，有限合伙人以其认缴的出资额为限对合伙企业债务承担责任。

有限合伙实质上是介于合伙企业和有限责任公司之间的一种企业形式，也就是说它是合伙企业的一种特殊形式，并不是公司。顾名思义，普通合伙人承担无限责任，有限合伙人以出资额为限制承担有限责任。

有限合伙企业的好处是不言而喻的，传统有限责任公司制除了要缴纳企业所得税，公司股东还需要缴纳个人所得税，也就是双重缴税。有限合伙企业只需要缴纳合伙人的个人所得税，不需要缴纳企业所得税。企业成本大大降低。

小资料

有限合伙与普通合伙两者的区别如下。

第一，普通合伙企业合伙人的责任是无限连带责任，有限合伙企业以其认缴的出资额为限对合伙企业债务承担责任。

第二，普通合伙企业的主体是自然人，而有限合伙企业是由普通的合伙人和有限合伙人组成的。

第三，出资范围不同：普通合伙企业合伙人可以用劳务出资，而有限合伙企业有限合伙人不能以劳务出资。

第四，普通合伙人不得同本企业进行交易，但是合伙协议另有约定或者全体合伙人另有约定的除外；有限合伙人可以同本企业进行交易，但是合伙协议另有约定的除外。

第五，普通合伙人不得自营或者同他人合营与本合伙企业相竞争的业务；有限合伙人可以，但是合伙协议另有约定的除外。

第六，普通合伙企业的合伙协议不得约定将全部利润分配给部分合伙人；有限合伙企业不得将全部利润分配给部分合伙人，但是合伙协议另有约定的除外。

第七，普通合伙人以其在合伙企业中的财产份额出质的，须经其他合伙人一致同意，未经其他合伙人一致同意，其行为无效；有限合伙人可以将其在有限合伙企业中的财产份额出质，但是合伙协议另有约定的除外。

（三）何如签订合伙"君子协定"

小资料

合伙人之间的问题是会存在的，但是要寻求合理的方式去解决。俗话说，先小人后君子。合作也好，合资也好，凡能预见到的，都拟出一个彼此都能接受的"君子协议"，将合作以后将要涉及的资金、分配、分红等一系列的问题，白纸黑字认可并按协议执行，那么，就算出现无可避免的问题，也可有依据处理。

合伙协议，既是创业团队的"宪法"，又是合伙人之间的游戏规则。其价值，不仅仅是对合伙人之间彼此权利义务的保护和规范，更是对创业项目的保护。所以，创业团队，一定要充分重视合伙协议。

合伙协议的标配条款如下。

1. 合作背景

合伙背景很容易被忽略，但这恰恰是最基础的。阐述合作背景，是对合伙人之间据以合作的资源整合分析，是合伙人之间各自的角色定位和对项目贡献的梳理过程。

2. 创业项目

创业项目是合伙事业的载体，开工之前，总得把要做什么事情、做成什么样搞明白，包括项目类型、经营范围、领域、定位、运营模式、项目推进计划、发展愿景，等等。

3. 出资方式及出资期限

（1）出资方式。法律规定的出资方式包括资金，土地、厂房等不动产，汽车等各种动产，专利、商标和著作权知识产权权益。创业实践中，有些人是以技术、特定劳务或特定资源出资。那么，这种出资形式可不可以？法律有明确规定劳务不能作为出资方式。但创业实践中，确实需要怎么办呢？那就得通过条款进行技术处理，进行合法化。

（2）出资期限。出资期限包括资金到位期限，动产和不动产权利转移期限，在创业团队中，常见的转移是知识产权权益转移。

出资方式及到位期限，得明确约定，确保合伙人的合作资源同步到位，保证创业项目的顺利推进。

4. 股权比例

一般而言，出资比例就代表了股权比例。但实际上，很多创业团队不是这样安排，因为出资很多情况下仅是考虑资金因素，没有考虑到合伙人对项目的综合贡献因素和价值；并且在做股权结构时，都必须要考虑到股权激励池、未来融资及引进新合伙人的股权代持。所以，在股权比例条款中，不能做常规约定，对于有代持情况的，应予以特别明确。

5. 分工

分工方面，应该不难，在合伙人决定共同创业的那一刻，应该都对彼此分工有明确的认识和界定，但还是要通过书面的方式拟订，这也是决策权限的依据。明确分工的重要性还在于直接关系合伙人在项目的职责，完美的合伙人团队结构是背靠背，各自独当一面，你做你的事，我干我的活。

6. 盈亏承担

盈亏承担是很重要的条款，其意义不言而喻。合伙创业不能只拿情怀说事，情怀不能当饭吃。所以盈亏还是得说清楚，包括盈利怎么分享，亏损怎么承担，其中的原则、规则和流程都应有明确规定。

7. 薪资

创始合伙人一般都是没有发薪资的,如果要薪资的话,可以借鉴 Google 等模式,创始人发象征性工资,每月 1 美元。这个条款看似可有可无,但当如果创业项目首次公开募股的时候,回首坚持拿象征性工资的艰辛岁月,也是一件很开心的事情。当然,对于需要拿薪资的合伙人,还是要做具体约定。

8. 财务

创业团队的财务一般都很不规范,没有专职或兼职会计人员,此时,虽然没有专业人员配备,但还是要规范资金保管、支出、记账和监督制度。

9. 决策和表决

合伙人依法享有法定的股东权利,这点毋庸置疑。但创业的不确定性决定了其决策和表决权,必须不同,必须引入分歧表决规则。创业团队需要核心,这个核心是 CEO,是"带头大哥",所以,在创业项目及团队重大事项表决方面,应当赋予 CEO 极其重要甚至一票通过和否决权,但同时,要做 CEO,也必须有担当,就其决策行为承担责任。

10. 股权成熟

关于股权成熟机制问题也很重要,某律师在此前的文章"某律师观点:创业团队的股权架构设计"一文中,已做概要阐述,所以,在此就不再赘述。

11. 股权稀释

创业项目在融资时,肯定要稀释股份,一般而言,创始人的股权都是按股权比例平等稀释,但也有不作平等稀释的情况,也有股份代持的特殊情况。因此,对于股权稀释,应根据不同情况,作具体安排。

12. 创业项目保护

创业项目是合伙人的心血。但一般的合伙人协议,容易忽略对创业项目的保护问题。

创业团队在创业过程中,很容易因为各种分歧,而导致合伙人分崩离析,部分合伙人退出,带走创业积累的技术、知识、经验和模式,另起炉灶。

为防止这种情况出现,一般要求创业团队在合伙协议中,必须有加入保密、竞业限制、同业禁止、全身心投入和商业模式保护条款。商业模式保护条款比较少见。合伙人尽量加入商业模式保护条款,即对创业项目的商业模式进行明确约定,任何合伙人另起炉灶或泄密,就得承担违约或赔偿责任。

13. 股权转让、退伙和吸收入伙

为保证创业项目的稳定性,一般禁止合伙人对外转让股份。

创业过程中,部分合伙人因各种原因退出,及因项目需要引进新的合伙人,都是很正常,但合伙人的退出及入伙必须定好规则,否则,对项目的影响非常大,甚至是致命的。这就须要对退伙的准许事由、退伙流程、吸收入伙条件、表决和流程,进行详尽约定。

14. 清算

清算条款也很重要，创业项目固然想要成功，但也得考虑可能存在失败的情况，对创业失败后合伙事业、财产的清算流程和规则进行约定，特别是对于创业过程中取得的知识产权成果的清算，尤为重要。

 自我评估

大学生劳动就业相关法律问题调查问卷

亲爱的同学，你好！大学生就业对我们大学生来说是十分重要的问题，为满足大学生对就业过程中涉及法律知识的普法需求，我们特进行这次匿名的问卷调查活动。非常抱歉占用你的宝贵时间，你的认真填写是对我们工作的极大支持，为此我们表示衷心的感谢！（说明：请在每题的答案中符合您情况的选项上打"√"）

(1) 你认为在找工作过程中会遇到法律问题吗？
  □A. 一定会　　□B. 可能会　　□C. 可能不会　　□D. 一定不会
  □E. 不清楚

(2) 你知道劳动合同中可以约定的试用期的上限是多少吗？
  □A. 一年　　□B. 两年　　□C. 六个月　　□D. 不清楚
  □E. 其他＿＿＿

(3) 你认为乙肝病毒携带者就业范围是否应受到限制？
  □A. 应该　　□B. 不应该　　□C. 不清楚

(4) 如果你在找工作过程中遭到性别歧视或其他不公正待遇你会怎么办？（请在"□"中打钩，可多选）
  □A. 与招聘单位协商　　　　□B. 向当地政府劳动保障部门投诉
  □C. 向当地法院起诉　　　　□D. 向当地劳动仲裁委员会申请仲裁
  □E. 其他＿＿＿

(5) 如果你遇到用人单位单方面解除劳动合同时你会怎么办？（请在"□"中打钩，可多选）
  □A. 找用人单位协商　　　　□B. 向当地政府劳动保障部门投诉
  □C. 向法院起诉　　　　　　□D. 向当地劳动仲裁委员会申请仲裁
  □E. 其他＿＿＿

(6) 你认为"就业协议"可以代替"劳动合同"吗？
  □A. 任何情况下都可以　　　□B. 特定情况下才可以
  □C. 不可以　　　　　　　　□D. 不清楚

(7) 你认为用人单位与劳动者订立劳动合同时，可以收取哪些费用？（请在"□"中打钩，可多选）
  □A. 定金　　□B. 保证金　　□C. 抵押金　　□D. 培训费

☐E. 其他_____

（8）你认为大学生在签订劳动合同时应注意下列哪些方面？（请在"☐"中打钩，可多选）

　　☐A. 薪金　　　　　　　　　　☐B. 其他工资待遇

　　☐C. 工作时间　　　　　　　　☐D. 休假情况

　　☐E. 社会保险　　　　　　　　☐F. 其他_____

（9）你是否认为只有在大学毕业后才可以成为用人单位的正式员工？

　　A. 是　　　　　B. 否　　　　　C. 不清楚

（10）你认为哪些情形用人单位不得与劳动者解除合同关系？（请在"☐"中打钩，可多选）

　　☐A. 患病或者非因工负伤，在规定的医疗期内的

　　☐B. 女职工在孕期、产期或哺乳期

　　☐C. 距法定退休年龄不足5年的

　　☐D. 在本单位患职业病

　　☐E. 其他_____

（11）你认为在国家法定节假日加班的工资应是平日工资的多少倍？

　　A. 2倍　　　　B. 3倍　　　　C. 5倍　　　　D. 不清楚

　　E. 其他_____

（12）你认为劳动者要解除合同，需要提前多少天以书面形式通知劳动雇佣方？

　　A. 10天　　　B. 15天　　　C. 30天　　　D. 不清楚

　　E. 其他_____

（13）你认为非全日制用工平均每日工作时间不得超过多少小时？

　　A. 3小时　　　B. 4小时　　　C. 5小时　　　D. 不清楚

　　E. 其他_____

（14）你认为大学生在就业过程中还会遇到哪些法律问题？你还想了解哪些关于大学生就业方面的法律知识？请写在下面的横线上。

_____

_____

参考文献

[1]杨毅宏.世界500强面试实录[M].北京:机械工业出版社,2010.
[2]周耀进,曾凡琪.职业素质修炼[M].南京:南京大学出版社,2012.
[3]姜献生,阳旭.高职学生职业道德与礼仪实训教程[M].北京:科学出版社,2009.
[4]牧之.阳光心态大全集[M].北京:企业管理出版社,2010.
[5]唐朝.用感恩的心去工作[M].北京:中华工商联合出版社,2012.
[6]张群生.职场典型事件与行为优化[M].大连:大连理工大学出版社,2010.
[7]施伟德.没有任何借口[M].北京:电子工业出版社,2013.
[8]杨红玲,徐广.职业素养提升与训练[M].大连:大连理工大学出版社,2012.
[9]高彩艳.细节决定成败[M].呼和浩特:内蒙古人民出版社,2009.
[10]蒋乃平,杜爱玲.职业生涯规划教学参考书[M].北京:高等教育出版社,2009.
[11]许明.激发你的梦想[M].北京:清华大学出版社,2006.
[12]闫继臣.大学生职业生涯规划[M].北京:中国劳动社会保障出版社,2007.
[13]蒋乃平.高等职业院校学生职业指导[M].北京:中国劳动社会保障出版社,2005.
[14]冉超凤,黄天贵.高职大学生心理健康与成长[M].北京:科学出版社,2008.
[15]陈小悠.高职学生求职心理问题及应对策略[J].科技创新导报,2008(20):204-205.
[16]万发瑞,袁剑峰.大学生职业生涯与发展规划[M].北京:北京理工大学出版社,2012.
[17]王志洲,李树斌.职业生涯规划[M].北京:人民邮电出版社,2008.
[18]茶金学,万晓定,徐步朝.大学生职业发展与就业指导[M].北京:北京理工大学出版社,2013.
[19]蔡红建.把握前程:大学生就业与发展[M].北京:北京交通大学出版社,2008.
[20]邢志丽,白妮,丁宁宁.就业与发展[M].北京:北京理工大学出版社,2014.
[21]邢志丽,王玉.职业素质养成读本[M].西安:西北工业大学出版社,2012.